MICHAEL KLEINHANS

Der Glaube in den Schriften der Äbtissin Caritas Pirckheimer

Vena vivida – Lebendige Quelle IV

WFF 8

Werkstatt Franziskanische Forschung

Band 8

Vena vivida – Lebendige Quelle

Texte zu Klara von Assisi und ihrer Bewegung

IV

Werkstatt Franziskanische Forschung

Band 8

Michael Kleinhans

Der Glaube in den Schriften der Äbtissin Caritas Pirckheimer

Vena vivida – Lebendige Quelle
Texte zu Klara von Assisi und ihrer Bewegung
IV

Herausgegeben von der
Werkstatt Franziskanische Forschung
in Verbindung mit der
Fachstelle Franziskanische Forschung

Bibliografische Information der Deutschen Nationalbibliothek
Die Deutsche Nationalbibliothek verzeichnet diese Publikation in der Deutschen Nationalbibliografie; detaillierte bibliografische Daten sind im Internet über http://dnb.ddb.de abrufbar.

Titelblatt: Äbtissin Caritas Pirckheimer im Gebet, Kupferstich des 17. Jahrhunderts
              Foto: Klarissenföderation

Herausgegeben von der Werkstatt Franziskanische Forschung
in Verbindung mit der Fachstelle Franziskanische Forschung
Redaktion: Fachstelle Franziskanische Forschung (FFF)
              Überwasserkirchplatz 2, 48143 Münster

© 2015 Fachstelle Franziskanische Forschung (Münster)

Das Werk ist in allen seinen Teilen urheberrechtlich geschützt. Die dadurch begründeten Rechte, insbesondere die der Übersetzung, des Nachdrucks, der Entnahme von Abbildungen, der Funksendung, der Wiedergabe auf fotomechanischem oder ähnlichem Wege und der Speicherung in Datenverarbeitungssystemen bleiben, auch bei nur auszugsweiser Verwertung, vorbehalten.

Satz: FFF (Münster)
Herstellung und Verlag: Books on Demand GmbH, Norderstedt

ISBN 978-3-7386-4271-1

Inhalt

Abkürzungen 9

Einleitung 11

Kapitel I:
Leben und Schriften von Schwester Caritas Pirckheimer 15

1. Die Lebensdaten 15
1.1. Kindheit und Jugend (1467-1479) 15
1.2. Die ersten Ordensjahre im Klarissenkloster (1479-1503) 18
1.3. Die Verwaltungsaufgaben als Äbtissin (1503-1524) 23
1.4. Die Auseinandersetzung mit den Protestanten (1524-1528) 28
1.5. Letzte Lebensjahre und Tod (1528-1532) 40

2. Der Bildungsstand von Schwester Caritas Pirckheimer 41
2.1. Ihre humanistische Bildung 41
2.2. Ihre theologische Bildung 49
2.3. Ihre spirituelle Bildung 53
2.4. Ihr Wissen um das aktuelle politische Zeitgeschehen 56

3. Die Schriften von Schwester Caritas Pirckheimer 58
3.1. Die Literarkritik der „Denkwürdigkeiten" 58
3.2. Die Literarkritik des Briefwechsels 64
3.3. Die von Schwester Caritas mitgeschriebenen Predigten 73
3.4. Verlorene Schriften 74

4. Die Glaubenspraxis von Schwester Caritas Pirckheimer 76

5. Synthese der biographischen und literarischen Daten 81

Kapitel II:
Die hermeneutische Analyse des Glaubenskonzeptes 87

1. Vorkommen und Anwendung des Glaubensbegriffes 87
1.1. Schlüsselworte und deren Wortstamm 89
1.1.1. Deutscher Wortstamm 89
1.1.2. Lateinischer Wortstamm 91
1.1.3. Zusammengesetzte Worte 93
1.1.4. Wortbedeutung zu Beginn des 16. Jahrhunderts 95

1.2. Eigenschaftsworte zum Glauben und deren semantische Funktion 97
1.2.1. Der semantische Kegel zum Schlüsselwort „Glaube" 97
1.2.2. Rechter Glaube 100
1.2.3. Wahrer Glaube 101
1.2.4. Christlicher Glaube.. 102
1.2.5. Starker Glaube 103
1.2.6. Metaphern zum Schlüsselwort „Glaube" 104
1.3. Deklinierte Schlüsselworte und deren syntaktische Funktion 105
1.3.1. Der Bezug zum Formalprinzip „fides quae – fides qua" 105
1.3.2. Der Bezug zum Formalprinzip „fides implicita – fides explicita" 108
1.3.3. Der Bezug zum Formalprinzip „fides quaerens intellectum" 110
1.3.4. Der Bezug zum Formalprinzip „fides ex auditu" 113
1.4. Hinweise auf einen lehrmäßigen Kontext 114

2. Varianten und Bezüge 117
2.1. Glaube und Vernunft 117
2.2. Glaube und Gewissen 119
2.3. Glaube und Gnade 123
2.4. Glaube und Sakramente 125
2.5. Glaube und Kirche 126
2.6. Glaube und Rechtfertigung 128
2.7. Glaube und Liebe 132
2.8. Glaube und Werke 134

3. Abschließender Versuch einer Definition von Glaube 137

Kapitel III:
Ursprünge des Glaubenskonzeptes von Caritas Pirckheimer **141**

1. Die Familientradition der Pirckheimers 142

2. Der theologiegeschichtliche Hintergrund in Nürnberg 143

3. Das theologische Hintergrundwissen.. 147
3.1. Die mystische Theologie des Johannes Gerson (1363-1429)............. 147
3.2. Die Leidensmystik des Bernhard von Clairvaux (1090-1153) 148
3.3. Wissen und Weisheit bei Papst Gregor dem Großen (540-604) 149
3.4. Die theologische Anthropologie des Bonaventura von Bagnoregio
     (1221-1274) 150
3.5. Jungfräulichkeit in der Theologie des heiligen Hieronymus (347-420) ... 151
3.6. Trinität und Christologie bei Gregor von Nazianz (329-390) 152

3.7. Theologische Erkenntnisse des Fulgentius von Ruspe (462-533) 153
3.8. Der kirchliche Einheitsgedanke des Cyprian von Karthago (210-258) . 154
3.9. Berührungspunkte von Theologie und antiker Philosophie 154

4. Die leidvolle Situation im Klarissenkloster 155

5. Empfangene Impulse zum Glauben 160
5.1. Die Predigten und Vorträge 160
5.2. Die Lektüre 166
5.3. Die Begegnungen 167
5.4. Die erhaltenen Briefe 169
5.5. Die Liturgie im Kloster 173

6. Synthese zu den Ursprüngen des Glaubenskonzeptes 174

Abschließende Wertung und Zusammenfassung 177

Anhang:
Die Zuordnung der Briefliteratur zu den Lebensdaten 183

Bibliographie 193

1. Quellen 193

2. Literatur 194

Über den Autor 205

Abkürzungen

CCL	Corpus Christianorum, Series Latina, Turnhout 1953ff.
CSEL	Corpus Scriptorum Ecclesiasticorum Latinorum, Wien 1866ff.
DWB	Deutsches Wörterbuch von Jakob und Wilhelm GRIMM, Leipzig 1854-1961.
EWNT	Exegetisches Wörterbuch zum Neuen Testament, hrsg. von H.R. BALZ / G. SCHNEIDER, Stuttgart 1980-1983, 1992.
FS	Franziskanische Studien, Werl 1914-1994 (seitdem vereint mit Wissenschaft und Weisheit).
HFTh	Handbuch für Fundamentaltheologie, hrsg. W. KERN / H.J. POTTMEYER / M. SECKLER, Freiburg 1985-1988.
HKG	Handbuch der Kirchengeschichte, hrsg. von H. JEDIN, Freiburg – Basel – Wien 1962-1979.
LSprach	Lexikon der Sprachwissenschaften, hrsg. H. BUSSMANN, Stuttgart 2008.
LThK	Lexikon für Theologie und Kirche, 3. Auflage, hrsg. von W. KASPER, Freiburg – Basel – Wien 1993-2001.
NDB	Neue Deutsche Biographie, hrsg. von der HISTORISCHEN KOMMISSION DER BAYERISCHEN AKADEMIE DER WISSENSCHAFTEN, Berlin 1953ff.
Pirckheimer-FS	Caritas Pirckheimer, Ordensfrau und Humanistin, Vorbild für die Ökumene, Festschrift zum 450. Todestag, hrsg. von G. DEICHSTETTER, Köln 1982.
Pirckheimer-JB	Pirckheimer Jahrbuch für Renaissance- und Humanismusforschung, hrsg. von der PIRCKHEIMER GESELLSCHAFT e.V., Wiesbaden 1957ff.
Pirckheimer-KAT	Caritas Pirckheimer, 1467-1532. Eine Ausstellung der katholischen Stadtkirche Nürnberg, hrsg. von L. KURRAS / F. MACHILEK, München 1982.
TRE	Theologische Realenzyklopädie, hrsg. von G. KRAUSE / G. MÜLLER, Berlin – New York 1976-2004.
WA	MARTIN LUTHER: Werke. Kritische Gesamtausgabe, (Weimarer Ausgabe), Weimar 1883-1929.

Einleitung

Die vorliegende Dissertation leistet einen Beitrag zur Theologie des Glaubens. Sie befasst sich mit dem Glaubenskonzept der Nürnberger Äbtissin Caritas Pirckheimer (1467-1532), das sich größtenteils in der Auseinandersetzung mit dem frühen Protestantismus geformt hat.

Über Leben und Werk der Äbtissin ist in den letzten Jahren viel geforscht worden. Nachdem Dr. Josef Pfanner ihre Schriften in kritischer Edition herausgegeben hatte, nahm das Interesse an ihrem Lebenswerk in der Forschung stets zu. Georg Deichstetter hatte bereits 1959 in Nürnberg die Ausgrabungsarbeiten geleitet, bei denen schließlich die sterblichen Überreste von Schwester Caritas Pirckheimer gefunden wurden. Im Jahr 1982, aus Anlass des 450. Todestages der Äbtissin, gab Frumentius Renner in einer Neuauflage die Klosterchronik der Nürnberger Klarissen heraus, die in den Jahren 1524 bis 1528 verfasst und unter dem Titel „Die Denkwürdigkeiten der Äbtissin Caritas Pirckheimer" bekannt geworden sind. Renners Auflage bildet auch die Grundlage zu dieser Dissertation. Ein Jahr später veröffentlichte Georg Deichstetter mit Hilfe von Schwester Benedicta Schrott diese Quellenschrift in hochdeutscher Sprache, um sie auch dem Leser zugänglich zu machen, der die mittelhochdeutsche Sprache der Originalschrift nicht versteht. Die Festschrift zum 450. Todestag von Caritas Pirckheimer, die wiederum von Georg Deichstetter im Jahr 1982 herausgegeben wurde, würdigt ihr Lebenswerk unter ökumenischem Gesichtspunkt. Zugleich veranschaulichte die Ausstellung der katholischen Stadtkirche Nürnbergs vom 26. Juni bis 8. August 1982 die wissenschaftlichen Forschungsergebnisse einem interessierten Publikum.

In der Folgezeit erschienen weitere wissenschaftliche Artikel, welche die Geschichte des Nürnberger Klarissenklosters erhellten und zum besseren Verständnis der Quellenschriften beitrugen. Viele dieser Beiträge erschienen im „Jahrbuch für Renaissance- und Humanismusforschung". Auch auf internationaler Ebene wuchs das Interesse an diesem Thema. Die letzte größere Abhandlung, die den Freiheitsaspekt und die Gewissensentscheidung zum katholischen Glauben der Äbtissin hervorhebt, erstellte François

Terzer 2010 in Straßburg. Seine Dissertation bringt das Lebenswerk von Schwester Caritas einem französisch sprechenden Publikum nahe und trägt den Titel „Caritas Pirckheimer, une femme voilée de liberté".

Die vorliegende Dissertation nähert sich der Glaubensstärke der großen Nürnberger Äbtissin unter dem Aspekt der spirituellen Theologie. Sie ist von einem Mitglied des Franziskanerordens verfasst, einem „Barfüßer" also, um den Ausdruck von Schwester Caritas zu verwenden. Eine erste Charakterisierung ihres Glaubens wurde bereits von Johannes Gatz im Jahr 1970 erstellt. Er bezeichnete die Geisteshaltung von Schwester Caritas als angewandte Mystik, die eine praktisch eingeübte, wetterfeste Religiosität darstelle. Sie sei nicht die ekstatische Mystikerin, sondern die Bekennerin ihres Glaubens, die um dieses Bekenntnisses willen alle natürlichen und übernatürlichen Kräfte in sich vereine. Dieses Glaubenszeugnis vergleicht er mit einem leuchtenden Diamanten, der sich unter ungeheurem Druck geformt hat.[1]

Diesen inneren Aspekt im Leben von Caritas Pirckheimer möchte die vorliegende Dissertation auf der Grundlage der Quellenschriften weiter untersuchen. Wenn ihr Widerstand gegen den Protestantismus im Glauben seinen Ursprung hatte, so müsste es möglich sein, diesen Glauben näher zu beschreiben. Natürlich fällt Glauben in den inneren Bereich der Persönlichkeit und entzieht sich daher der eigentlichen wissenschaftlichen Erforschung. Das gilt umso mehr, als die Person, um die es sich handelt, seit mehr als 450 Jahren verstorben ist. Aber dennoch sind Annäherungen möglich, wenn man die Forschungsergebnisse der modernen Linguistik berücksichtigt. So führt eine genauere lexikographische Untersuchung über die Wortwahl und die grammatikalische Struktur ihrer Schriften zum Glaubenskonzept, das ihr zugrunde liegt. Man kann davon ausgehen, dass jedes theologische Projekt auch ein philologisches ist und dass sich mit der grammatikalischen Struktur eines Textes auch immer ein ontologisches Prinzip von Sinngebung verbindet.

Diesem Gedankengang folgend, behandelt die vorliegende Arbeit zunächst die geschichtliche und quellenschriftliche Grundlage zum Leben von

---

1 Vgl. GATZ, *Caritas-Pirckheimer-Prozess*, 130f.

Schwester Caritas Pirckheimer. Aus dieser Grundlage erwächst ihr Glaube in einer geschichtlichen Situation durch die Erinnerung an die inspirierten Schriften der Bibel und den Umgang mit ihnen. Eine methodologische Anleihe bei der sprachphilosophischen und lexikographischen Wissenschaft hilft, die grammatikalische Dimension des Wortes „Glaube" zu verdeutlichen. Vom Wortstamm ausgehend erläutert sie einige etymologische Elemente des Wortgebrauchs. Syntaktische und semantische Untersuchungen dieses Schlüsselwortes in den Schriften von Schwester Caritas führen zum Gebrauch theologischer Formalprinzipien. Weiterhin werden semantische Strukturen erkennbar, die anzeigen, auf welche Weise das Schlüsselwort in den Text ihrer Schriften hineinwirkt. Schließlich führt die Gegenüberstellung des Schlüsselwortes zu anderen bedeutenden Hauptwörtern im Text zu einer theologischen Lehrmeinung, worin sich die persönliche, gläubige Hingabe an Gott im Leben von Schwester Caritas ausdrückt.

Zum Abschluss wird mit Hilfe einer intertextuellen Untersuchung nach den Ursprüngen ihres Glaubenskonzeptes gefragt. Gerade auf diese Weise kommt die Erinnerung an die inspirierten biblischen Texte und an die Tradition der Kirche gut zum Ausdruck und macht den Glauben von Schwester Caritas Pirckheimer zu einem definierbaren Thema der spirituellen Theologie. Sicherlich beschreiben diese Überlegungen ihren so lebendigen Glauben in etwas abstrakter Weise, als hätte man ein „Röntgenbild" vor Augen. Aber dennoch helfen sie, nähere Angaben über die besonderen Merkmale dieses Glaubens zu machen. Ohne die Reflexion über den Glauben bleibt bekanntlich auch die Glaubenspraxis unbestimmt. Das gilt besonders dann, wenn diese Praxis eine religiöse Überzeugung sichtbar ausdrücken möchte.[2]

An dieser Stelle möchte ich herzlich meinem Moderator P. Dr. Leonhard Lehmann ofm cap danken, der die Arbeit zu jedem Zeitpunkt mit großer Aufmerksamkeit begleitet hat. Ebenso danke ich P. Dr. Johannes Baptist Freyer ofm und P. Dr. Paolo Martinelli ofm cap für manchen guten, wissenschaftlichen Hinweis. Dr. Marco Guida ofm und Dr. Andrea de Maio halfen mir, die Grundzüge der intertextuellen und sprachphilosophischen

---

2 Vgl. WENDEL, *Handle danach,* 566.

Forschungsmethode zu vertiefen. Ich danke auch P. Dr. Pietro Messa ofm vom Institut für mittelalterliche, franziskanische Forschungen in Rom, der diese Dissertation bereits zu einem frühen Zeitpunkt meines Studiums inspirierte.

Kapitel I:
Leben und Schriften von Schwester Caritas Pirckheimer

1. Die Lebensdaten

1.1. Kindheit und Jugend (1467-1479)

Barbara Pirckheimer wurde am 21. April 1467 in Eichstätt als erste Tochter des Ehepaares Johann Pirckheimer und Barbara Löffelholz geboren. Ihr Vater Dr. Johann Pirckheimer hatte in Italien studiert, war Jurist und Diplomat und arbeitete zur Zeit ihrer Geburt in den Diensten des Eichstätter Bischofs Wilhelm von Reichenau.[1] Die Hochzeit der Eltern fand am 19. April 1466 in Nürnberg statt. Doch fast wäre es nicht dazu gekommen, denn als Johann Pirckheimer zum Studium in Italien weilte, hatte Barbara Löffelholz dem Nürnberger Patrizier Sigmund Stromer ein Eheversprechen gegeben, war aber bei der Rückkehr von Johann Pirckheimer nicht mehr bereit, es einzuhalten. Als Stromer es dann einklagte, musste Pirckheimers Vater einige Gutachten bekannter italienischer Juristen einholen, damit das gerichtliche Urteil in dieser Sache auch zugunsten seines Sohnes Johann Pirckheimer und seiner Frau ausfiel.[2] Kurz darauf siedelte das junge Paar nach Eichstätt über, weil Johann Pirckheimer dort in den Dienst des Bischofs Wilhelm von Reichenau getreten war. Aus dieser Ehe gingen neben Barbara

---

1   Vgl. MACHILEK, *Menschenwürde*, 51; auch GATZ (Hrsg.), *Bischöfe*, 575f. Wilhelm von Reichenau (1426-1496) war Fürstbischof von Eichstätt. Zuvor studierte er an den Universitäten von Erfurt, Wien und Padua und wurde 1458 zum Doktor der Rechtswissenschaften promoviert. In Padua machten ihn seine Lehrer mit dem Humanismus vertraut. Unter seinen Studienkollegen befand sich auch Johann Pirckheimer. Am 27. Mai 1464 wurde Wilhelm von Reichenau zum Bischof von Eichstätt geweiht. Um seine humanistischen Ideale besser in die Pastoral seiner Diözese einzuführen, berief er seinen ehemaligen Studienkollegen Johann Pirckheimer in seine Dienste.

2   Vgl. KURRAS, *Gutachten*, 51.

noch weitere elf Kinder hervor, unter ihnen auch Willibald Pirckheimer, der später zu einem der bedeutendsten Humanisten Deutschlands wurde. In Eichstätt hat Barbara ihre Kindheit verbracht, bis die Familie aus beruflichen Gründen des Vaters im Jahre 1475 nach München umzog.[3] Die junge Barbara wurde jedoch nach vorheriger Absprache der Eltern mit den Großeltern ins großelterliche Haus nach Nürnberg gegeben. Dort erlebte sie vor allem ihren Großvater Hans Pirckheimer als geliebte Respektsperson. Als Ratsherr der Stadt Nürnberg und als ehemaliger Diplomat der Reichsstadt in Wien und Rom, war er weltoffen und hatte politische Erfahrung. Er kannte sich sowohl im römischen wie auch im kanonischen Recht aus und vermittelte sein Wissen, angereichert mit der neuen humanistischen Ausprägung, gern an seine Familie weiter.[4] Ursprünglich kamen die Vorfahren der Familie Pirckheimer jedoch nicht aus Nürnberg, sondern aus dem Gebiet um Lauingen im Donauried. Jedoch fehlen präzise Urkunden über die genaue Herkunft der Familie. Als die kommerzielle Rentabilität der Wasserwege im frühen Mittelalter durch den Bau der großen Handelsstraßen quer durch Europa zu Ende ging, zogen die Pirckheimers nach Nürnberg und stiegen dort in den Handel mit Eisenerz, Samt, Seide und Brokat ein. Die erfolgreiche Handelstätigkeit verschaffte der Familie dann auch bald einen Sitz im Nürnberger Stadtrat. Etwa um 1370 kaufte ein Vorfahre der Familie das Pirckheimer-Haus am Nürnberger Marktplatz, in dem nun die junge Barbara Pirckheimer mit ihren Großeltern wohnte.[5]

In der Familie Pirckheimer herrschte seit den Ursprüngen ein intensives religiöses Klima. Einerseits hatte es in der Familie Pilger ins Heilige Land, Kreuzfahrer und Ritter des Deutschen Ordens gegeben,[6] andererseits paarte sich die Religiosität und Klugheit der Familie bisweilen auch mit Energie, Verbissenheit, Temperament und Leidenschaft. Schon der Großvater Hans Pirckheimer handelte sich im Jahr 1464 eine Turmstrafe ein, als er beim Aufdecken unredlicher Geschäftspraktiken eines Mitbürgers zu heftig und

---

3 Vgl. Pfanner, *Pirckheimer – Biographie*, 45.
4 Vgl. Fuchs, *Hans Pirckheimer († 1492)*, 9-44.
5 Vgl. von Imhoff, *Donauried*, 47f. Ein Stammbaum der Familie Pirckheimer findet sich hier auf S. 49.
6 Vgl. von Imhoff, *Nürnberger Äbtissin*, 156.

beleidigend wurde.[7] Dazu muss man bedenken, dass es unter den Nürnberger Patrizierfamilien zu einer gewissen Cliquenbildung kam. Es gab Neid, Gehässigkeiten und niedere Beweggründe für die Geschäftspraktiken. Dieses Verhalten wurde nur bei der Heiratspolitik zeitweise außer Kraft gesetzt, damit das finanzielle Vermögen der Stadt abgesichert blieb. Die Rivalitäten zwischen den Familien Pirckheimer, Muffel, Tetzel und Nützel hatten also eine lange Vorgeschichte. Es herrschte bei der Familie Pirckheimer immer ein unausgesprochener Verdacht vor, es gäbe Ratsherren, die der angesehenen Familie Schaden zufügen könnten.[8]

Erwähnenswert ist auch ein alter Grundsatz aus der Familientradition der Pirckheimers, nämlich niemanden als Machthaber über das eigene Gewissen anzuerkennen. Dieses Prinzip floss immer wieder in die lokalpolitischen Aktionen der Familie ein, sei es beim Großvater Hans wie später auch bei Willibald Pirckheimer. Beide gingen traditionsgemäß gegen unrechtmäßige Ansprüche und übermächtige Mitglieder vor. Jedoch lag dieser Opposition wohl nichts anderes zugrunde als ein echtes Gefühl für Ehre und Gerechtigkeit.[9]

All diese charakteristischen Elemente ihrer Familientradition nahm die junge Barbara in sich auf. Sie lebte zwar nur vier Jahre im Haus ihres Großvaters, aber es waren entscheidende Jahre. Sei es die Familientradition der freien Gewissensentscheidung, ihr Bildungsstand, die später wieder auftretenden und dann konfessionell geprägten Rivalitäten der Patrizierfamilien oder auch ihre teils temperamentvollen Reaktionen: All das wurde in ihrer Kindheit grundgelegt und prägte ihr weiteres Leben.

Im Jahre 1479 verließ sie im Alter von zwölf Jahren das Haus ihres Großvaters und wurde zur weiteren Erziehung den Klarissen in Nürnberg anvertraut. Dies war damals ein übliches pädagogisches Vorgehen, da es

---

7   Vgl. Fürst, *Ecclesia*, 97. Fürst berichtet hier, dass Hans Pirckheimer aber schon kurze Zeit darauf wieder begnadigt wurde, weil sein Ankläger wegen Unterschlagungen und anderer Verbrechen am 28. Februar 1469 gehängt wurde.
8   Vgl. von Imhoff, *Willibald Pirckheimer*, 14.
9   Vgl. von Imhoff, *Nürnberger Äbtissin*, 156f.

noch keine öffentlichen Schulen für Mädchen gab.[10] Von diesem Zeitpunkt an bis zu ihrem Tod lebte Barbara im Klarissenkloster Nürnberg.

1.2. Die ersten Ordensjahre im Klarissenkloster (1479-1503)

In den folgenden Jahren besuchte Barbara Pirckheimer zunächst die Klosterschule und vervollständigte die Ausbildung, die sie bereits im Haus ihres Großvaters erhalten hatte. Vermutlich ist sie schon mit 16 Jahren, also im Jahr 1483, als Novizin in den Klarissenkonvent eingetreten. Beim Ordenseintritt erhielt sie den Namen Caritas. Zum Zeitpunkt ihres Eintritts war Schwester Margarete Grundherr Äbtissin des Klosters. Im Jahr 1491 trat ihre jüngere Schwester, Klara Pirckheimer (1481-1533), ebenfalls in den Konvent ein.[11]

Caritas Pirckheimer fand bei ihrem Ordenseintritt eine gute und erneuerte Ordensdisziplin vor. Am 27. April 1452 hatte Papst Nikolaus V. nämlich eine Bulle unterzeichnet, mit der er das Klarissenkloster einzig und allein dem Observantenvikar der Straßburger Franziskanerprovinz unterstellte. Gleichzeitig hob er die Verdienste der Nürnberger Ratsherren bezüglich des Klarissenklosters gebührend hervor, so dass es daraufhin bei der Integration des reformierten Klarissenklosters in das soziale Gefüge der Stadt Nürnberg keine Probleme mehr gab.[12] Am 24. Juli 1452 besuchte Johannes von Capistrano (1386-1456) das Klarissenkloster und mahnte die Schwestern in einer Predigt zur treuen Beobachtung der regulären Observanz und zur Nachfolge der heiligen Klara. Sein Einfluss trug sicherlich dazu bei, dass die Einführung der Observanz im Klarissenkloster so reibungslos vonstatten ging.[13] In den folgenden Jahrzehnten erlebte es seine Blütezeit, denn die Observanzbewegung verhalf dem Kloster vor allem auch zu großer innerer Stabilität.

---

10 Vgl. PFANNER, *Pirckheimer – Biographie*, 46.
11 Vgl. GUTH, *Caritas Pirckheimer*, 14.
12 Vgl. FÜRST, *Ecclesia*, 96.
13 Vgl. KIST, *Klarissenkloster*, 54f.

Ganz entscheidend war in diesem Zusammenhang, dass den Schwestern eine eigene, deutsche Übersetzung der Regel von Papst Urban IV. vorlag.[14] Sie wurde im 15. Jahrhundert aus dem Lateinischen ins Deutsche übersetzt, enthielt einen fränkischen Dialekt und war für die Schwestern zweifelsohne von prägender Kraft. Da sie alle vierzehn Tage beim Hauskapitel verlesen wurde, kam es im Kloster auch zu einer natürlichen Assimilierung des reformierten Ordenscharismas.[15] Ähnliches gilt für die Rezeption des „Klara-Büchleins", eines programmatischen Schriftcorpus, der so ziemlich jede Quellenschrift und jede damals in Deutschland verfügbare Klaratradition als Abschrift zusammenfasste. Dieses kompakte Werk ist mit einiger Sicherheit schon in der zweiten Hälfte des 14. Jahrhunderts für die Nürnberger Klarissen redaktionell erstellt worden. Da es ebenfalls im Hauskapitel der Schwestern verlesen wurde, diente es auch zur Vertiefung des eigenen Lebensstils.[16] Daher ist es verständlich, dass das Klarissenkloster Nürnberg nach der Einführung der Observanz zu den bedeutendsten Frauenklöstern Deutschlands im Spätmittelalter gezählt wird.[17]

Über die ersten Jahre von Schwester Caritas Pirckheimer, etwa von 1483 bis 1496, weiß man recht wenig. Sie muss in den Jahren ihrer Anfangsausbildung den Reformgeist des Klarissenklosters assimiliert haben. Nach dem Noviziat wurde sie zunächst Leiterin des Mädchenlyzeums im Kloster, wobei ihr ihre eigene Erfahrung früherer Jahre zugute kam.[18] Am

---

14 Vgl. KUSTER, *San Damiano*, 111-114. Kuster beschreibt die Entstehung und Bedeutung der Urbanregel 1263 als einen kirchenpolitischen Akt, der den vielfältigen Lebensformen weiblicher Gemeinschaften im franziskanischen Umfeld Einheit und Zusammenhalt geben sollte.
15 Vgl. MATTICK, *Übertragung*, 173-232. Mattick hat diese Regelübertragung im Klarissenkloster Brixen entdeckt. Die ins Deutsche übersetzte Urbanregel wurde von Schwester Barbara Freydung angefertigt. Sie ist zeitlich im Zusammenhang mit den Reformbemühungen des Brixener Bischofs Nikolaus von Kues (1401-1464) zu sehen. Er reformierte nämlich das Klarissenkloster in Brixen und unterstellte es am 12. August 1455 der Straßburger Provinz der franziskanischen Observanten. Die Nürnberger Originalhandschrift, die Schwester Barbara Freydung kopierte, blieb leider nicht erhalten. Siehe dazu auch: KNACKMUSS, *Äbtissin*, 110-112.
16 Vgl. SCHNEIDER, *Klara*, 143-160; RUH, *St.-Klara Buch*, 192-206.
17 Vgl. KIST, *Klarissenkloster*, 126.
18 Vgl. DEICHSTETTER, *Kurzbiographie*, VIII.

21. März 1488 verstirbt ihre Mutter. Caritas ist zu diesem Zeitpunkt 21 Jahre alt. Vier Jahre später, am 25. März 1492, verstirbt auch ihr geliebter Großvater. Im Jahr 1495 kommt ihr Bruder Willibald nach beendetem Studium aus Italien zurück und beginnt seine literarische und editoriale Tätigkeit in Nürnberg.[19] Ein Jahr später kam es zur ersten Begegnung von Schwester Caritas mit Sixtus Tucher, der nach seinen Studien in Italien zum Propst der Pfarrei St. Lorenz ernannt worden war. Da das Klarissenkloster in seiner Pfarrei lag, entwickelte sich zwischen beiden in der Folgezeit eine tiefe geistliche Freundschaft, die einen reichhaltigen spirituellen Austausch mit sich brachte.

Sixtus Tucher wurde 1496 geboren. Er stammte aus einem alten Nürnberger Patriziergeschlecht und kam bereits mit 14 Jahren zum Studium der Rechtswissenschaften an die Universität Heidelberg. Seine Studien setzte er in Italien fort und beendete sie 1485 in Bologna mit der Promotion zum Doktor beider Rechte. Im Jahr 1487 wurde er als Professor für Kirchenrecht an die Universität Ingolstadt berufen und noch im gleichen Jahr zum Rektor der Universität gewählt. Als aber 1496 die Pest in Ingolstadt ausbrach, zog er nach Nürnberg und übernahm in seiner Heimatstadt die Pfarrei St. Lorenz.[20]

Etwa um 1500 vermittelte Willibald seiner Schwester den Kontakt zu seinen humanistischen Freunden, denn seine gelehrte Schwester erhöhte ohne Zweifel auch das Prestige der Familie.[21] Die Humanisten trafen sich oft in Gesprächskreisen, wie z.B. dem Staupitzkreis im Augustinerklos-

---

19 Vgl. KRABBEL, *Lebensbild*, 1-6.
20 Vgl. SERAPHIM, *Geben*, 147f.; LIPPE-WEISSENFELD HAMER, *Virgo docta*, 130f.
21 Vgl. J. PFANNER (Hrsg.), *Briefe von, an und über Caritas Pirckheimer*, Landshut 1966, Nr. 165, 259, Willibald Pirckheimer an Erasmus von Rotterdam: „Salutant te geminae meae sorores, abbatissa sanctae Clarae una, et altera eiusdem regulae sectatrix"; oder *Briefe*, Nr. 164, 258, Willibald Pirckheimer an Johannes Reuchlin: „Soror (mea) ob libellum (tuum) sibi (a te) missum ingentes tibi agit gratias seque indignum putat, quae a tali honoretur viro". Diese Briefsammlung wird im Folgenden zitiert als: *Briefe* mit der jeweilig aufgeführten Briefnummer in der Sammlung, der Seitenzahl, dem Absender und Empfänger. – E. Lippe-Weißenfeld Hamer spricht hier sogar von Willibalds Technik der Selbstinszenierung, da das Lob auf seine Schwester auch auf ihn zurückfiel; vgl. LIPPE-WEISSENFELD HAMER, *Virgo docta*, 150-153.

ter zu Nürnberg.[22] In diesen Gruppen ging es vor allem um die religiöse Erneuerung, die Abkehr von der trocken gewordenen Spätscholastik und die Hinwendung zu einer zeitgerechten biblischen Theologie. Man wollte nicht mehr eine Frömmigkeit, die nur aus einer Häufung von religiösen Übungen bestand, sondern wandte sich einem verinnerlichten und zeugnishaften Glaubensleben zu. Die neue Theologie sollte sich durch Klugheit, Bildung, Gelehrsamkeit, Weisheit und praktische Erfahrung auszeichnen.

In diesen Kreisen wurde Schwester Caritas durch die Vermittlung ihres Bruders Willibald schnell als gebildete Ordensfrau bekannt, die auf beeindruckende Weise Gelehrsamkeit, sensible Geistigkeit und Moral mit wahrer Frömmigkeit in Einklang brachte. So kam es, dass sie einigen bedeutenden Humanisten bekannt wurde.

Johannes Reuchlin (1466-1522) ließ ihr ein Grußwort übermitteln,[23] Erasmus von Rotterdam (1466-1536) wusste um sie[24] und Konrad Celtis (1459-1508) hatte direkten Briefkontakt mit ihr.[25] So beginnt etwa um die

---

22 Vgl. VON IMHOFF, *Willibald Pirckheimer*, 25f.; WRIEDT, *Staupitz*, 95f. Johann von Staupitz (1465-1524), der Gründer dieses Gesprächskreises, trat nach seinem Studium zum Magister Artium um 1490 in den Orden der Augustinereremiten ein, promovierte im Jahr 1500 in Tübingen in Theologie und wurde anschließend an die neu gegründete Universität von Wittenberg berufen. Ab 1503 wirkte er als Generalvikar der deutschen Observantenkongregation des Augustinerordens. Aufgrund dieser ordensinternen Leitungsaufgaben übergab er im Jahr 1512 seinen Lehrstuhl an Martin Luther. Seine pastoralen Aufgaben führten ihn auch nach Süddeutschland. In Nürnberg gründete er 1517 einen Gesprächskreis mit dem Ziel, erstarrte Denk- und Lebensgewohnheiten durch den Rückgriff auf die antiken heidnischen und christlichen Quellenschriften aufzulockern. Staupitz war ein hervorragender Theologe der spätmittelalterlichen Frömmigkeitstheologie, die er in seinen Predigten den Hörern wirkungsvoll nahe bringen konnte.
23 Vgl. *Briefe*, Nr. 166, 259, Johannes Reuchlin an Willibald Pirckheimer: „Nec istud factum praeteriero de sororibus et duabus filiis sanctimonialibus tuis [...] et ut bene valeant, meo nomine jubeas obsecro. Ipse quoque vale feliciter, mi tu".
24 Vgl. ebd., Nr.165, 259, Willibald Pirckheimer an Erasmus von Rotterdam: „Salutant te geminae meae sorores, abbatissa sanctae Clarae una et altera eiusdem regulae sectatrix".
25 Vgl. ebd., Nr. 45, 100-103, Caritas Pirckheimer an Konrad Celtis, Nr. 46, 103f., Konrad Celtis an Caritas Pirckheimer, und Nr. 47, 105-108, Caritas Pirckheimer an Konrad Celtis. Die Diskussion über ethische Themen in diesem Briefwechsel soll an anderer Stelle ausführlicher behandelt werden.

Jahrhundertwende ihre epistolare Schreibtätigkeit, die sie weit über die Reichsstadt Nürnberg hinaus bekannt machte.

Im Jahr 1501 stirbt ihr Vater im Franziskanerkloster Nürnberg, nachdem er kurze Zeit zuvor die klösterliche Ruhe aufsuchte, um vor seinem Tod den Frieden mit Gott zu finden.[26] Propst Sixtus Tucher spricht ihr sein Beileid aus und berichtet in einem Brief, dass er sowohl am Begräbnis teilgenommen wie auch die heilige Messe in der Intention des Verstorbenen zelebriert habe.[27]

Am 20. Dezember 1503 wurde Schwester Caritas vom Konvent der Nürnberger Klarissen zur Äbtissin gewählt. Nach der Wahlbestätigung durch die kirchliche Autorität übernahm sie die Leitung des Klosters. Die Schwestern schätzten sie aufgrund ihres langjährigen pädagogischen Wirkens. Die Nürnberger Stadtbevölkerung und die Humanistenkreise achteten sie als eine weise und gelehrte Frau. Sie übernahm ihr Amt im Alter von 36 Jahren.[28] Sixtus Tucher gratulierte ihr in einem Brief zur Wahl. Da er sowohl die Last eines solchen Amtes wie auch die Fähigkeiten der neuen Äbtissin kannte, wußte er nicht recht, ob er nun trauern oder sich freuen sollte.[29] Er versprach als Kaplan des Klosters eine gute Mitarbeit in spirituellen Dingen und wünschte ihr, dass sie aus dem neuen Amt Nutzen für Leib und Seele und das ewige Leben ziehen möge.[30] Ähnlich äußerte sich

---

26 Vgl. KRABBEL, *Lebensbild*, 1-6.
27 Vgl. *Briefe*, Nr. 5, 36, Sixtus Tucher an Caritas Pirckheimer: „Ich bin bey deins vatern begrebnis gewest, hab jnen meines wiewol unwirdiglich volbrachten opfers des hohen altars taylhaftig gemacht". In einer Fußnote nimmt Pfanner dann noch Stellung zum genauen Todestag von Johann Pirckheimer. Nach C. Scheurl, dem ersten Herausgeber von Tuchers vierzig Sendbriefen, sei der Todestag am 29. Mai 1501 gewesen. Das bestätigt laut Pfanners Untersuchung auch Willibald Pirckheimer. Jedoch im Totenbuch der Franziskaner ist der 2. Dezember 1501 angegeben. Doch dieser Tag sei nur das Totengedenken gewesen.
28 Vgl. GUTH, *Caritas Pirckheimer*, 18.
29 Vgl. *Briefe*, Nr. 14, 46, Sixtus Tucher an Caritas Pirckheimer: „ich weis nit, ob ich mit dir trawern oder frolocken soll".
30 Vgl. *ebd.*, Nr. 14, 46, Sixtus Tucher an Caritas Pirckheimer: „der ich dein begirlicher, williger cappellan bin, allezeit bereit, deinen gepoten wilpherig zu erscheynen". Wenig später schreibt er im selben Brief: „Derhalben wunsch ich, daz dir diese wirdigkeit nutz sei zu seel und leib und dem ewigen leben".

auch ihr Bruder Willibald, der ihr ebenfalls kurz nach der erfolgten Wahl einen Brief schrieb.[31] Damit war ihr Leben in eine neue Phase eingetreten.

1.3. Die Verwaltungsaufgaben als Äbtissin (1503-1524)[32]

Ihre neue Aufgabe bestand hauptsächlich darin, die etwa sechzig Schwestern, die größtenteils aus den Nürnberger Patrizierfamilien stammten, im franziskanischen Geist zu leiten. Wie eine kluge Hausmutter stimmte sie zunächst die verschiedenen Elemente des klösterlichen Lebens aufeinander ab. Sie organisierte das geistliche Leben des Konventes mit seinen festen Gebetszeiten und der feierlichen, lateinischen Liturgie. Sie sprach mit den Franziskanern die Predigt- und Beichtseelsorge im Kloster ab. Sie hielt den Kontakt zu den Wohltätern, bedankte sich für deren Spenden und Lebensmittel und versprach ihnen das Gebet der Schwestern.[33]

Ein besonderes Geschenk überreichte der Wohltäter Anton Tucher den Schwestern im Jahre 1517, als er eine Orgel zur Begleitung der liturgischen Gesänge für das Kloster stiftete. Zuvor hatte er die bischöfliche Genehmigung zum liturgischen Gebrauch der Orgel eingeholt.[34] Ein solches

---

31 Vgl. *Briefe,* Nr. 36, 83, Willibald Pirckheimer an Caritas Pirckheimer: „in domo domini adunari praefectam esse, illico solicite mecum cogitare coepi (cum hac de re ad te scripturis essem) numquid congratulatoris seu potius consolatoris fungerer officio".

32 Caritas Pirckheimer war bis zu ihrem Tod im Jahr 1532 Äbtissin des Klarissenklosters in Nürnberg. Diese Abhandlung teilt ihre Amtszeit nur deshalb in drei Abschnitte ein, um deren unterschiedliche Bedeutsamkeit für das Kloster hervorzuheben.

33 Vgl. *Briefe*, Nr. 79, 162, Caritas Pirckheimer an Anton Tucher: „der barmherzig Gott wider leg euch solches alles, so wir uns genczlich versehen E.W. tawsentfeltig in dem ewigen leben"; oder auch ebd. Nr. 85, 167, Caritas Pirckheimer an Anton Tucher: „Ich mit samt allem convent dancken ewr fursichtigen weisheit, das ir uns aber(mals) so reylich (reichlich) und myltiglich begabt habt mit der gutten fastenspeiß, der gutten hering [...] Der parmherzig got sey ewr ewiger lon".

34 Vgl. ebd., Nr. 82, 164, Caritas Pirckheimer an Anton Tucher: „Ich weiß nit mit was worten ich E.F.W. danken soll aller gutthet, so ir uns stettiglich thut, besunder, daß jr yetzunt zu der ere Gottes und unserm trost, on unser wissen, so vil kost, mwe und arbeit gelegt habt auf die orgel in unßer kirch aufzurichten". Eine Vorbemerkung vom Hrsg. zu diesem Brief stellt heraus, dass die Orgel zur Begleitung der liturgischen

Geschenk zeigt, dass die Schwestern in Nürnberg beliebt waren und dass einige fromme Patrizierfamilien, sei es aus persönlicher Frömmigkeit oder spätmittelalterlichem Stiftungseifer, durchaus wertvolle Geschenke überreichten.[35]

Eine weitere Aufgabe der Äbtissin lag in der Verwaltung des Klosters und dessen weit verstreuten Liegenschaften. Durch viele Schenkungen reicher Familien, des Adels und des hohen Klerus, die oft mit ihren Zuwendungen an das Kloster in den vergangenen Jahrhunderten wetteiferten, besaß der Konvent um 1500 einen ansehnlichen Grundbesitz in über 70 Ortschaften im fränkischen Land. Immer wieder geht es in den Briefen der Äbtissin daher auch um Verwaltungsfragen, um Gebäuderenovierungen,[36] um Zinsgelder, um Pfandbriefe und juristische Fragen.[37] Gerade in diesen wirtschaftlichen Fragen, die oftmals auch interne Spannungen zum neuen Ordensideal der Observanz verursachten, waren die Schwestern auf das Wohlwollen und den Schutz der zivilen Autorität angewiesen. Oftmals handelte es sich bei den Liegenschaften auch um geographische Streusiedlungen, die nur von erfahrenen und einflussreichen Verwaltern zu bewirtschaften waren. Eine genaue Kontrolle der Verwaltungsarbeit vor Ort war den Klausurschwestern

---

    Gesänge in der damaligen Zeit noch nicht häufig verwendet wurde. Die Äbtissin wagt nämlich nicht, sie ohne ausdrückliche Genehmigung des Bamberger Bischofs zu benutzen. Diese Genehmigung aber hatte Anton Tucher bereits eingeholt.

35 Vgl. GUTH, *Caritas Pirckheimer*, 19.

36 Vgl. FLEISCHMANN, *Baubüchlein*, 115. Aufgrund eines genau geführten Büchleins ist die Baugeschichte des Klosters gut dokumentiert. Während ihrer Amtszeit ist ein stetiger Ausbau aller Gebäude zu bobachten. Die bedeutendsten Bauarbeiten neben den ständigen Reparaturen und Renovierungen waren: der Neubau des Pfarrhauses zu Regelsbach (1503), die Einfassung eines Baches in Kupferrohre zur Fischproduktion (1508), und die Erstellung einer Altartafel für die eigene Klosterkirche (1522). Das Baubüchlein enthält 78 Blätter, hat eine Größe von 33 x 11 cm und ist im Stadtarchiv Nürnberg unter der Nummer Rep. 89, Nr. 388 zu finden.

37 Vgl. *Briefe*, Nr. 49, 110, Caritas Pirckheimer an Lazarus Holzschuher: „unßer caplan bericht mich, wie man die gult prif seiner pfrünt zwgehörig nit finden kün, die wir zw trwst handten". Vgl. ebd., Nr. 50, 111, Caritas Pirckheimer an den Bürgermeister von Nördlingen: „das gar sorglich diß gelt herzupringen ist und zu der ycz genannten frist nit große handlung der kawfleut von Nürnberg in Eurer stat ist, pit wir E.f.w. demutiglich umb gotes wiln, wölt die gemelten frist verandern und einen andern kawfpriff auf unsern kosten lassen aufrichten".

ohnehin nicht möglich. Dieses System garantierte zwar den Lebensunterhalt des Klosters, schuf aber auch Abhängigkeiten von den Verwaltern und den städtischen Behörden. So richtete der Stadtrat in Nürnberg schon lange Zeit vor der Amtsübernahme von Schwester Caritas das Amt des Klosterprokurators ein. Der Prokurator war regelmäßig ein Ratsherr, verfügte somit über die nötige Autorität in diesen Verwaltungsfragen beim Stadtrat und fungierte als Verbindungsmann zwischen dem Kloster und den städtischen Behörden.[38]

Zu Beginn von Caritas' Amtszeit hatte der Ratsherr Anton Tetzel dieses Amt inne.[39] Ab 1514 trat Kaspar Nützel[40] an seine Stelle. In ihm fand die Äbtissin in den wirtschaftlichen Schwierigkeiten des Alltags eine große Stütze. Er war ihr Vertrauensmann, und ihm übertrug sie fast alle materiellen Sorgen des Klosters.[41] Überhaupt herrschte in den ersten Amtsjahren von Schwester Caritas und auch am Vorabend der Reformation ein gutes Einvernehmen zwischen dem Stadtrat und dem Klarissenkloster. Obwohl Kaspar Nützel selbst die Thesen Luthers für die Nürnberger Stadtbevölkerung übersetzt hatte und Nürnberg eine der ersten Städte war, die die Thesen begeistert aufnahm, blieb die freundschaftliche Beziehung zum Klarissenkloster davon zunächst unberührt. Noch im Jahr 1519 stimmten Kaspar Nützel und auch Hieronymus Ebner dem Wunsch ihrer Töchter zu, ins Klarissenkloster einzutreten. Auf dem Reichstag zu Worms, an dem Nützel als Vertreter der Stadt Nürnberg 1521 teilnahm, bewirkte er noch die Bestätigung eines historischen Privilegs des Klosters von Kaiser Karl V. (1500-1558). Noch im Juli des Jahres 1522 trat die Tochter des Ratsherrn Jakob Muffel mit Zustimmung ihres Vaters in den Konvent ein.

---

38 Vgl. FÜRST, *Ecclesia*, 92.
39 Vgl. KIST, *Klarissenkloster*, 138.
40 Vgl. DIEFENBACHER, *Nützel von Sündersbühl*, 373. Kaspar Nützel (1471-1529) war der bedeutendste diplomatische Vertreter der Reichsstadt in der ersten Hälfte des 16. Jahrhunderts. Als offizieller Stadtvertreter nahm er 1521 am Reichstag zu Worms teil und war seit 1518 ein starker Befürworter der Reformation in Nürnberg. Durch seine Übersetzung von Luthers Thesen trug er in seiner Heimatstadt wesentlich zur Verbreitung der Reformation bei.
41 Vgl. *Briefe*, Nr. 106, 189, Caritas Pirckheimer an Kaspar Nützel: „wir Irs für gut ansecht soll mir allerpest gefallen".

Selbst als Nützel öffentlich zum Protestantismus konvertierte, blieb seine gewachsene Zuneigung zur Äbtissin und den Schwestern vorerst bestehen.[42]

Darüber hinaus bat Schwester Caritas oftmals ihren Bruder Willibald um Rat und bedankte sich dann wiederum für seine Hilfe.[43] Nicht zu unterschätzen ist in diesem Zusammenhang die emotional intensive Familienbeziehung der Pirckheimers, die sowohl hinter den Klostermauern als auch im städtischen Leben Nürnbergs ihren Einfluss hatte. Sie wirkte sich besonders bei Willibalds Ratschlägen in juristischen Fragen, seinen Maßnahmen zur Weiterbildung der Schwestern und seinen diplomatischen Fähigkeiten beim Stadtrat zugunsten der Schwestern aus. Andererseits begünstigte das Amt der Äbtissin auch die Ehre und das Ansehen der Familie außerhalb der Klostermauern. Innerhalb des Klosters machte sich diese Familientradition ebenfalls bemerkbar, denn Klara Pirckheimer (1481-1533) führte als Sekretärin der Äbtissin die Korrespondenz des Klosters. Sie beseitigte auch manchmal die Missverständnisse innerhalb der Familie,[44] die sich belastend auf das Zusammenleben der Schwestern auswirkten. Willibald Pirckheimer empfand gegenüber seiner Schwester Caritas jedenfalls eine tiefe, innere Verbundenheit, die auch durch gelegentlich auftretende familiäre Spannungen nicht getrübt wurde.[45]

Erste Anzeichen der Reformation in Nürnberg zeigten sich bereits im Jahr 1522. Schwester Caritas hatte nämlich in einem Brief vom 6. Juni 1522 dem Theologen und Luthergegner Hieronymus Emser (1478-1527)[46]

---

42 Vgl. PFANNER, *Pirckheimer – Biographie*, 48f.; GUTH, *Caritas Pirckheimer*, 19.

43 Vgl. *Briefe,* Nr. 38, 86, Caritas Pirckheimer an Willibald Pirckheimer: „und gib mir ein untterrichtung, wie ich mich halten solt oder wie wir die leut weisen solln". Die Anfrage betrifft eine Zinsangelegenheit des Klosters.

44 Vgl. ebd., Nr. 108, 191, Klara Pirckheimer an Willibald Pirckheimer: „Ich will dein purg (Bürgin, Anmerk. des Hrsg.) werden, daz dich die w muter nit mer wirt capiteln und laß uns mit lieb und frewntschaft leben [...]. Darumb pitt ich dich allerfrewntlichst, laß dir das hercz nit also verpittern gegen uns".

45 Vgl. KNACKMUSS, *Meine Schwestern*, 80-106. Knackmuß beschreibt hier die Familienbeziehung der Pirckheimers und deren Einfluss innerhalb und außerhalb des Klosters. Gelegentlich bezeichnet sie sogar das Kloster als einen Familienbetrieb und spricht von einem kooperativen Hauskloster.

46 Vgl. GRIMM, *Emser,* 488f. Hieronymus Emser war zunächst der Sekretär von Dr. Johannes Eck (1486-1543) während der Leipziger Disputation (27. Juni bis 16. Juli

für die Übersendung seiner theologischen Schriften gedankt, seine klare theologische Position gegen Luther lobend erwähnt[47] und zugleich kritische Bemerkungen über den Stadtrat und die Zustände in Nürnberg angefügt.[48] Dieser Brief war allerdings von anonymen Anhängern der Reformation abgefangen, mit hämischen Glossen versehen und dann veröffentlicht worden.[49] Emser hatte sich daraufhin zwar entschuldigt,[50] aber Willibald war über den Vorfall dennoch verärgert, da er um den guten Ruf seiner Familie besorgt war. Als wäre diese Episode ein Prolog zu den großen konfessionellen und politischen Auseinandersetzungen um das Klarissenkloster, klingen hier bereits einige grundsätzliche Themen des kommenden Konfliktes an. Die Rechtgläubigkeit und die teilweise temperamentvolle, energische Ausdrucksweise der Äbtissin erscheinen hier ebenso wie der Kampf der Protestanten gegen die herkömmliche Theologie. Auf diesem

---

1519), die seine Abneigung gegen Luthers Positionen erzeugte. Seine Dispute mit Luther wurden in der Folgezeit recht polemisch. Emser bezeichnete Luther als den „Stier von Wittenberg". Luther nannte seinen Gegner den „Emserschen Steinbock" und verhöhnte oft seine umständliche, theologische Ausdrucksweise. Dennoch war er in katholischen Kreisen als Theologe sehr beliebt.

47 Vgl. *Briefe,* Nr. 60, 122, Caritas Pirckheimer an Hieronymus Emser: „O gebenedeyt sey ewer ignitium et evangelicum ingenium, mit dez ir die goetlich warheyt also concipiert", und wenig später im selben Brief (124): „Ir seyt ytzo Unica tuba Ecclesie! Schweigt ir, so erliegen wir alle" und auch (124): „Eya, ich hoff, ich woel euch in celesti patria meynen liben herrn und vatter Emßer sicut alterum Theophrastum Hieronymi sehen gezirt aureola doctorum".

48 Vgl. ebd., Nr. 60, 122, Caritas Pirckheimer an Hieronymus Emser: „denn ich E.E. weynend clag, unser stadt so ihemerlich vorgift ist, allermeinst der regenten halbe, das got im hymmel geclagt sey" und wenig später im selben Brief (122): „et quasi Sodoma fuissemus et quasi Gomorra similes essemus".

49 Vgl. LIPPE-WEISSENFELD HAMER, *Virgo docta,* 128; auch *Briefe,* Nr. 60, 121, Caritas Pirckheimer an Hieronymus Emser. Die hämische Glosse bezieht sich hier auf ein Pauluszitat von Schwester Caritas, mit der sie ihre Haltung zur aktuellen Situation in Nürnberg beschreibt. Sie zitiert 1 Kor 13,7: „Charitas omnia excusat, omnia suffert". Die protestantischen Gegner spielen nun in abweigier Weise mit dem Wort „Caritas omnia suffert" und assoziieren das lateinische Wort „suffert" mit dem deutschen Wort saufen. Siehe dazu *Briefe,* Nr. 168, 261, Emsers Entschuldigung: „Uber das wortlin Charitas omnia suffert, dazu y gesetzt habt: Ja manichen gutten trunck".

50 Vgl. *Briefe,* Nr. 168, 261-263, Emsers Entschuldigung. Gerade diese Episode aus den Anfangsjahren der Reformation zeigt aber auch, dass der konfessionelle Kampf nicht immer mit legalen Mitteln geführt wurde.

lokalpolitischen und historischen Hintergrund brach dann in Nürnberg die Reformation aus.

1.4. Die Auseinandersetzung mit den Protestanten (1524-1528)[51]

Die reformatorischen Gedanken Martin Luthers erreichten die Nürnberger Oberschicht zunächst in den religiösen Gesprächskreisen und hier vor allem im Staupitzkreis. Durch die Predigten von Andreas Osiander (1496-1552)[52] und seiner Kollegen entstand in Nürnberg eine Art reformatorische Volksbewegung, der sich auch der Stadtrat nur schwer entziehen konnte. Offenbar erlebte das Volk mit dieser neuen Art zu predigen eine Befreiung von der Angst, das ewige Heil zu verlieren. Das gilt vor allem dann, wenn das Heil an die zunehmenden Ablassforderungen geknüpft war. Die Predigten aber vermittelten nun den Menschen ein neues Verhältnis zu Gott, in dem die Kirche ihre heilsvermittelnde Funktion und die Priester ihre Vorrechte verloren. Das wiederum führte zu einem regelrechten

---

51 Vgl. SCHMIDT, *Protestation*, 580-582. Der Ausdruck „Protestant" existierte zur Abfassungszeit der „Denkwürdigkeiten" noch nicht. Er entstand erst auf dem zweiten Reichstag in Speyer, als am 19. April 1529 die evangelischen Stände eine reichsrechtliche Protestaktion durchführten. Sie wollten damit einen Mehrheitsbeschluss der Stände verhindern, der die reformatorische Bewegung im Reich stark einschränken sollte. Der Begriff „Protestant" ist daher keine Selbstbezeichnung der evangelischen Kirchen. In den folgenden Kapiteln wird unter Berücksichtigung dieser historischen Entwicklung das Wort „Protestant" im heutigen Sprachgebrauch verwendet. Zum geschichtlichen Verlauf vgl. ISERLOH, *Protestation*, 251-154.

52 Vgl. SEEBASS, *Osiander*, 608-610. Andreas Osiander (1496-1552) studierte ab 1515 in Ingolstadt Theologie und wurde 1520 zum Priester geweiht. Im gleichen Jahr kam er im Nürnberger Augustinerkloster mit den Schriften von Martin Luther in Berührung und wurde schon bald der einflussreichste protestantische Prediger in der Reichsstadt. Seit dem Nürnberger Religionsgespräch im März 1525 war er der eigentliche Reformator Nürnbergs. Sein Verdienst lag vor allem darin, dass er die protestantische Lehre in neue kirchliche und gesellschaftliche Rechtsordnungen umsetzte. In seinen späteren Lebensjahren arbeitete er in Königsberg, wo er am 17. Oktober 1552 verstarb.

Antiklerikalismus, der sich besonders gegenüber allen Mitgliedern der Ordensgemeinschaften entlud.[53]

Schon im Jahr 1523 kam es zu vereinzelten Störungen der Predigt in den Kirchen. So war der Stadtrat gezwungen, eine einheitliche Predigtordnung für die Stadt zu erlassen, um die Spaltung der Stadtbevölkerung zu verhindern. Er folgte dabei dem Rat Luthers, ein Religionsgespräch zwischen den Konfessionen[54] herbeizuführen, denn diese Methode war bereits in anderen Städten mit Erfolg praktiziert worden. Das berühmte Nürnberger Religionsgespräch fand in den Tagen vom 3. bis 14. März 1525 statt und wurde von Luther als vorbildliche Maßnahme zur Einführung der protestantischen Lehre gelobt.[55] Dennoch war die beginnende Reformation in Nürnberg weder eine reine „Ratsreformation" noch eine ausgesprochene „Volksreformation". Vielmehr griffen die Ratsbeschlüsse eine bereits vorhandene Sympathie der Bevölkerung für die neue Lehre auf. Die eigentliche Disputation fand in Anwesenheit der gesamten Führungsschicht Nürnbergs statt. Sowohl die protestantischen wie auch die katholischen Geistlichen

---

53 Vgl. OSIANDER, *Reformation*, 53ff.
54 Vgl. RATSCHOW, *Konfession*, 419-426. Der Ausdruck „Konfession" bestand zu Beginn des 16. Jahrhunderts noch nicht, sondern wurde erst im 19. Jahrhundert in die Theologie eingeführt. Er entstammt in seiner Eigenart der Reformation, deren Vertreter ihre Überzeugungen in Bekenntnissen ausdrückten (z. B. Confessio Augustana). Für die lutheranische Kirche hat das Bekenntnis Zeugnischarakter vor der Welt und begründet die Kirche. Die Anfänge der Bekenntnisse gehen auf Luther selbst zurück, der im Jahr 1528 in seiner Abhandlung „Vom Abendmahl Christi" gegen die theologische Meinung von Ulrich Zwingli (1484-1531) ausdrücklich seinen Glauben bekennt. Die römisch-katholische Kirche definiert ihren Glauben dagegen nicht durch Bekenntnisse, sondern durch die vom Lehramt festgelegten Dogmen. Im Bewusstsein der Gläubigen wurde zu Beginn des 16. Jahrhunderts die Universalkirche oftmals mit der römischen Ortskirche identifiziert. Die daraus folgende Gleichsetzung von Kirche mit dem lateinischen Patriarchat, der römischen Interpretation von Kirche und der gregorianischen Reform sorgte gerade bei den Reformatoren für heftige Spannungen. Zur geschichtlichen Entwicklung vgl. ISERLOH, *Reichstag*, 265-268; zu Luthers Bekenntnis vgl. MARTIN LUTHER, *Vom Abendmahl Christi*, 499: „Weil ich sehe, dass des Rottens und Irrens je länger je mehr wird und kein Aufhören ist des Tobens und Wütens Satans [...] so will ich in dieser Schrift vor Gott und aller Welt meinen Glauben von Stück zu Stück bekennen". Zur katholischen Position vgl. SECKLER, *Konfessionsbezeichnung*, 401-431.
55 Vgl. OSIANDER, *Reformation*, 61-63.

offenbarten ihre Glaubenspositionen. Doch die Einstellung der Bevölkerung war eindeutig proreformatorisch. Die Volksmenge verlieh ihrer Meinung so deutlich Ausdruck, dass die katholischen Abgeordneten und Klosterangehörigen oft unter Geleitschutz den Heimweg antreten mussten.[56] Am Ende dieses Religionsgespräches stand der endgültige Bruch der freien Reichsstadt Nürnberg mit der traditionellen Kirche. Für die Klöster der Stadt hatte dieser Beschluss vor allem zwei Folgen: Zum einen wurden nur noch protestantische Prediger zugelassen und zum anderen wurde die Güterverwaltung der Klöster dem Stadtrat übertragen.

Beachtenswert bei der Durchsetzung der Reformation in Franken ist auch die Rolle der Juristen und Politiker. Der theologische Paradigmenwechsel zu Beginn des 16. Jahrhunderts betraf ja nicht nur die Institution Kirche, sondern auch den Staat und die Gesellschaft. Die geistlichen Hierarchien wurden immer mehr abgebaut und entsakralisiert, was wiederum ein neues Verhältnis von Kirche und ziviler Obrigkeit zur Folge hatte.[57] In diesem Spannungsfeld handelte auch der Prokurator Kaspar Nützel, was zum Teil sein zwiespältiges Verhältnis von Abneigung und Härte auf der einen Seite und Zugewandtheit und Hilfsbereitschaft auf der anderen Seite erklärt. Der Prozess gesellschaftlicher Umwandlung wurde in Nürnberg vom Stadtrat geleitet. Er bestimmte alle städtischen Ereignisse und übte teilweise auch das Kirchenregiment aus, wie z. B. bei der Besetzung der Pfarrstellen in den Hauptkirchen der Stadt. Soziologisch gesehen war der Rat eher ein oligarchisches System mit Expansionsdrang und eine in sich fest geschlossene, von außen nur schwer zugängliche Gruppe. Sie bestand aus den Vertretern von 42 ratsfähigen Familien und acht Vertretern der angesehensten Handwerksbetriebe in Nürnberg.

Auf der anderen Seite stand das kirchliche Leben mit seiner spätmittelalterlichen Frömmigkeitspraxis, dem Stiftungswesen und dem Reliquienkult. Gerade im vorreformatorischen Nürnberg waren Bildung und Frömmigkeit eng miteinander verbunden. Aber genau zwischen diesen Koordinaten der politischen Führung und den Frömmigkeitsformen der Stadtbevölkerung

---

56 Vgl. MACHILEK, *Menschenwürde*, 62-64; auch SEEBASS, *Nürnberger Rat*, 467-499.
57 Vgl. OSIANDER, *Reformation*, 83.

spielte sich dann der Konflikt um das Klarissenkloster ab.[58] Bereits wenige Tage nach Beendigung des Religionsgepräches, am 19. März 1525, kamen die Ratsherrn Christoph Koler und Bernhard Paumgartner ins Kloster und teilten den Schwestern mit, dass an Stelle der Franziskaner nun neue protestantische Prediger im Kloster ihren Dienst antreten würden.[59] Jedoch war Schwester Caritas keineswegs bereit, fremde Prediger in das Kloster einzulassen. Durch mehrere Bittgesuche an einflussreiche Männer der Stadt und an den Stadtrat selbst, versuchte sie, die Situation zu ändern oder zumindest einen Aufschub der Beschlüsse zu erwirken. Ihre Bitte brachte sie sehr eindringlich und pathetisch vor. Hier wies sie auf ein intaktes klösterliches Leben hin und erwähnte auch die ausgezeichnete spirituelle Begleitung der Franziskaner, die die Schwestern über 250 Jahre als Seelsorger betreut hatten. Da normalerweise die kirchliche Autorität die Entscheidungsgewalt über die Klöster hatte, bezweifelte sie das Recht des Stadtrates, die Prediger durch einen zivilen Ratsbeschluss vom Kloster abzuziehen.[60] Doch ihre Mühen waren vergeblich. Am 21. März 1525 zelebrierten die Franziskaner die letzte Heilige Messe im Klarissenkloster, erneuerten das Altarsakrament im Tabernakel, holten ihr restliches Gepäck und gingen fort. Seitdem blieben die Klarissen bis zum Tod der letzten Schwester im Jahr 1596 ohne die Spendung jeglicher Sakramente.[61]

Der vom Stadtrat verordnete Predigtzyklus zur Fasten- und Osterzeit wurde von Johannes Poliander (1487-1541) eröffnet. Den Schwestern blieb nur das passive Ausharren, denn ihre Anwesenheit wurde kontrolliert. Nachgesehen wurde auch, ob die Schwestern sich nicht etwa die Ohren mit

---

58 Vgl. LIPPE-WEISSENFELD HAMER, *Caritas Pirckheimer*, 239-247. Hier finden sich Aussagen über die detaillierte Zusammensetzung des Nürnberger Stadtrates, die historisch gewachsenen Bedingungen der Zugehörigkeit und über seine konkreten Machtbefugnisse; auch TERZER, *La résistance*, 21-23.
59 Vgl. DEICHSTETTER, *Kurzbiographie*, X.
60 Vgl. *Denkwürdigkeiten*, 7: „ir wird euch nit unterstan, das ir nit gwalt habt, denn ir net unßer selsorger seyt".
61 Vgl. ebd., 28: „Für das mal sind sye keyn tag mer herauf gangen, ist auch weder der vater gardion noch unßer oberer noch keyn parfußer kein mal nye zu uns kumen". Vgl. GUTH, *Caritas Pirckheimer*, 21. Zur endgültigen Auflösung des Klarissenklosters und zum Tod der letzten Schwester vgl. OSIANDER, *Reformation*, 152.

Wolle verstopften. Doch die Predigten wurden polemisch, die Schwestern wurden wegen ihres freigewählten Lebensstandes in ihrer eigenen Kirche verteufelt und ihre Angst vor den kriegerischen Bauernhorden[62] systematisch provoziert. In den „Denkwürdigkeiten" beschreibt Schwester Caritas deutlich ihre Eindrücke von diesen Predigten:

„wir haben nun dißer predig auch 111 gehört und auf eine zeit in E. W. gegenwurtigkeit hern Andree Osiander piß in die 4. stund zugehört".[63]

„ich hab meyn tag vil und vil geleßen, hab aber nye selczamers ewangelium geleßen mit so vil schenten und schmechen und dem teuffel geben".[64]

„man hyelt uns auch gancz hart an, daz der gancz c(onvent) predig sollt horn und keyn swester dy versaumen [...] und ob wir nit wolln in dy orn styßen [...] Aber wy gar uncristenlich sy dy h(eilig) geschrifft auf einen fremden syn zwungen, wy gewaltiglich sye dy saczung der kirchen umbstyeßen, wye sy dy h(eilig) meß und alle ceremonia schmechlich verwurffen, wye großlich sye schentten und lesterten all orden und geistlich stend".[65]

In einem privaten Brief an den Patrizier Martin Geuder artikuliert sie ihre Meinung noch deutlicher und sehr temperamentvoll:

---

62 Vgl. OSIANDER, *Reformation*, 107f.; ISERLOH, *Bauernkrieg*, 140-145. Vor allem Luthers Bibelinterpretation gab den Bauern eine gute Grundlage, soziale Rechte und eine Bodenreform einzufordern. Doch die Bauernbewegung radikalisierte sich und führte zu derartigen sozialen Unruhen, dass das gesamte soziale Gefüge Deutschlands unter dem Druck der Bauern zerbrach.

63 Vgl. *Denkwürdigkeiten*, 102.

64 Vgl. ebd., 141.

65 Vgl. ebd., 54. Vor allem die polemische Art von Andreas Osiander (1496-1532), des Predigers der St. Lorenzkirche, forderte den Widerstand der Äbtissin geradezu heraus. Die historische Forschung bescheinigt ihm zwar Festigkeit und klare Überzeugung in Glaubensfragen, aber auch Hochmut, Starrköpfigkeit, Eitelkeit, Unversöhnlichkeit, Streitlust, Streben nach Wohlstand und Geltungsbedürfnis. Vgl. W. OSIANDER, *Die Reformation in Franken*, 11.

*„wer uns lieber und nuczer, ir schickt einen hencker in unßer closter,
der uns allen die kopf abschlug, dann das ir uns die vollen, truncken,
unkeuschen pfaffen zuschickt".*[66]

Es ist bewundernswert, mit welcher Ruhe und Kraft die Äbtissin in dieser Situation die Aktionen der Schwestern dirigierte. Das gilt vor allem, wenn man bedenkt, dass der Stadtrat Maßnahmen gegen die Ordensregel der Schwestern durchsetzte, dass der aufgestachelte Pöbel die Schwestern privat und öffentlich beschimpfte und dass die Stürmung des Klosters durch die aufgebrachten Bauern durchaus möglich war und Ängste erzeugte.[67] Obwohl aber der Stadtrat die Prediger wegen ihrer ungeschickten Verkündigung mehrfach zur Rede stellte[68] und die Äbtissin sich beim Klosterkurator beschwerte, blieben alle Bemühungen um eine angemessene Verkündigung ohne Erfolg. In diesem Klima von Drohung, Angst und Hartherzigkeit mussten die Schwestern das Osterfest des Jahres 1525 ohne Priester feiern.[69]

Nach Ostern verschärften sich die Maßnahmen des Stadtrates gegen die katholische Kirche noch weiter. Um eine einheitliche Gottesdienstordnung zur Wahrung der religiösen Einheit und des kirchlichen Friedens zu schaffen, wurden die bisherigen Messfeiern, die Beichte und alle weiteren Sakramente in der Stadt verboten. In allen Männerklöstern wurde das Inventar aufgelistet. Die Einkünfte aller Kirchen in Nürnberg wurden beschlagnahmt und in einer städtischen Kapitalanlage festgelegt.[70] Die meisten klösterlichen Strukturen zerfielen unter dem Druck des Stadtrats, jegliche kirchliche Ordnung zerbrach. Es kam zum massiven Glaubensabfall und zahlreichen Klosteraustritten.

Nach Pfingsten überreichten die Stadtvertreter unter Berufung auf ihre zivile Autorität ein ultimatives Programm aus fünf Forderungen an die

---

66 Vgl. *Denkwürdigkeiten*, 6.
67 Vgl. TERZER, *La résistance*, 31.
68 Vgl. MACHILEK, *Menschenwürde*, 67.
69 Vgl. *Denkwürdigkeiten*, 64: „musten daz h(eilig) kreucz und alleluia selber erheben, da wir keinen prister kundten haben".
70 Vgl. OSIANDER, *Reformation*, 111. Über den Eindruck, den diese Maßnahmen auf die Schwestern ausübte, vgl. *Denkwürdigkeiten*, 65: „das so ein abtgottisch, gotlesterlichs ding umb die meß wer, darumb sye nit lenger zu leiden wer", und: „alles almußen, alle styfftung ward von allen kirchen hyngenumen und in den gemeynen peudel gelegt".

Klarissen. Demnach sollte die Äbtissin alle Schwestern von den Gelübden lösen, ihnen die Freiheit geben, aus dem Kloster auszutreten, wieder die zivile Kleidung einführen, den Blickkontakt zum Gesprächsraum im Kloster durch ein Fenster ermöglichen und das Inventar des gesamten Besitzes erstellen. Zur Ausführung dieser Forderung gab man den Schwestern vier Wochen Zeit.[71] Mit Hilfe des Hauskapitels und dem Rat einiger Freunde findet Schwester Caritas aber eine gute Lösung für den Konvent. Sie ermöglichte nämlich vorerst nur den Blickkontakt zum Gesprächsraum des Klosters durch ein Fenster und schob die anderen Forderungen auf.[72]

Doch der Höhepunkt der Auseinandersetzung kam erst am Vorabend des Fronleichnamsfestes im Jahre 1525. Die Szene dieses Tages, an dem die Familien Tetzel, Ebner und Nützel ihre volljährigen Töchter Margarethe, Katharina und Klara mit Gewalt aus dem Kloster zerrten, ist an Dramatik kaum zu übertreffen. Durch die protestantischen Predigten beeinflusst, glaubten die Familien nämlich, dass ihre Töchter das wahre Heil im Kloster nicht fänden und dass man sie nötigenfalls auch mit Gewalt von ihrem Irrtum befreien müsse. Schnell kam es zu einem Menschenauflauf vor dem Kloster, denn die schaulustige Menge wollte sich dieses Schauspiel nicht entgehen lassen. Schließlich zogen und schoben je vier Personen eine Schwester gewaltsam aus dem Kloster und verluden sie auf einen Wagen, der sie ins Elternhaus zurückbrachte.[73] Eine vor Schreck erstarrte Schwesterngemeinschaft blieb zurück. Schwester Caritas aber musste diesen Gewaltakt, das Wehklagen, Bitten und Schreien der Schwestern tatenlos mit ansehen. Ihr Schrecken spiegelt sich noch wenige Tage später wider, als sie am 18. Mai 1525 einen Brief an einen unbekannten Ordensmann[74]

---

71 Vgl. GUTH, *Caritas Pirckheimer*, 21. Zum ausführlich beschriebenen Programm des Stadtrates und den Reaktionen der Schwestern *Denkwürdigkeiten*, 69-71.
72 Vgl. *Denkwürdigkeiten*, 75: „darumb ryetten uns dy gutten freunt, wir sollten den hernn willfarn, daz wir ein gesichtsfenster lyeßen machen".
73 Vgl. GUTH, *Caritas Pirckheimer*, 22.
74 Vgl. *Briefe*, Nr. 61, 125-133, Caritas Pirckheimer an einen Ordensmann. Vermutlich handelt es sich bei diesem Ordensmann um Kaspar Schatzgeyer (1463-1527). Nach seiner ersten Amtszeit als Provinzial der Straßburger Observantenprovinz war er von 1517-1520 Guardian im Nürnberger Franziskanerkloster. In dieser Zeit lernte Schwester Caritas ihn kennen und schätzen.

schrieb. In ihrer schriftlichen Nacherzählung dieser erschütternden Szenen wird sowohl die augenblickliche, trostlose Situation des Klosters wie auch die Angst vor weiterer Gewaltanwendung in der Zukunft deutlich. Auf dem Hintergrund der Bauernkriege hatte sie Sorge, dass diese Gewalt eskalieren könnte. Das aber würde eine reale Bedrohung der Institution des Klosters bedeuten und im schlimmsten Fall Aufruhr, ein gewaltsames Eindringen in die Klausur, Brandschatzung und Vertreibung.[75] Als verantwortliche Äbtissin sah sich Schwester Caritas der schwersten Aufgabe in der Geschichte des Nürnberger Klarissenklosters gegenüber. Doch trotz aller Einschüchterungen, Drohungen und Ängste bekannte sie sich leidenschaftlich zum traditionellen Glauben.[76]

Die nächste Maßnahme des Rats beschäftigte sich wiederum mit der Unterweisung der Schwestern im protestantischen Glauben. Da Kaspar Nützel jedoch einsah, dass Schwester Caritas ihm theologisch überlegen war, bat er den Augustinereremiten Wenzeslaus Link (1483-1540), den Schwestern theologischen Unterricht zu erteilen. Diesen Auftrag erfüllte Link und schickte den Schwestern zwei theologische Lehrbriefe, die Schwester Caritas auch beantwortete.[77] Thematisch ging es in diesen Lehrbriefen um die Heilige Schrift als einzige Inspirationsquelle, die alleinige Rechtfertigung des Menschen durch den Glauben an Christus und die spezifischen Ausdrucksformen des katholischen Ordenslebens wie die Klausur, die Gelübde und die verschiedenen Formen christlicher Frömmigkeit.[78] Für sie war Glaube Gnade, der nicht mit Gewalt in die Menschen eingeführt werden könne.

Im November des Jahres 1525 kam es zur Entspannung der Beziehungen zwischen dem protestantischen Stadtrat und dem Klarissenkloster. Auf die

---

75 Die Gefahr der gewaltsamen Zerstörung des Klarissenklosters durch die radikalen Bauern bestand in der Tat. Die Bauern wurden erst durch die Heere der schwäbischen Fürsten am 2. und 4. Juli 1525 bei Königshofen und Ingolstadt entscheidend geschlagen; vgl. ISERLOH, *Bauernkrieg,* 144.
76 Vgl. *Denkwürdigkeiten,* 33: „daz wir uns weder leben(d) noch sterben(d) mit der hilf des lebendigen gotts von der mutter der h(eiligen) kristenheit wollen loßen tringen".
77 Vgl. GUTH, *Caritas Pirckheimer,* 22; zu den Lehrbriefen Links und den Antwortschreiben der Äbtissin vgl. *Denkwürdigkeiten,* 104-115, 117-131.
78 Vgl. LORZ, *Kommentar,* 119-129.

Bitte Willibald Pirckheimers hin[79] war Philipp Melanchton (1497-1560) bereit, in diesem Konflikt zu vermitteln. Melanchton, der bereits zuvor mehrfach bei Willibald Pirckheimer zu Gast war, kam 1525 wegen einer Schuleinweihung nach Nürnberg, um zugleich auch das protestantische Ideal von Ratsschulen zu fördern. Caritas Pirckheimer hörte Ende Oktober 1525 vom Besuch Melanchtons in der Stadt. Sie hatte viel Positives über ihn gehört, sowohl von ihrem Bruder als auch vom Klosterkurator. Auch Nützel schlug dieses Gespräch vor.[80] Dennoch löste sein Vorschlag bei den Schwestern nicht nur Freude, sondern zunächst Verunsicherung aus. Aus einem Brief von Klara Pirckheimer an ihren Bruder geht nämlich die Vermutung hervor, Nützel wolle Melanchton auf die Klarissen hetzen, zumal auch ein vorheriges vierstündiges Gespräch der Äbtissin mit Osiander ergebnislos verlaufen war.[81] Aber dennoch lud die Äbtissin nach Rücksprache mit ihrem Bruder Melanchton zum Gespräch ein. Dieser weilte vom 12. bis 28. November 1525 in Nürnberg und nutzte die Gelegenheit zum Gespräch. Melanchton erkennt im Gespräch, dass die Schwestern sich im Ordensleben auf die Gnade Gottes und nicht auf die eigenen Werke berufen.[82] Das ergab eine gute Grundlage zur gegenseitigen Verständigung. Auch die Äbtissin war beeindruckt von ihm und schilderte ihn als einen Mann, der bescheiden auftritt und Gewaltmaßnahmen ablehnt. Doch bei allem gegenseitigen Verständnis haben sie über die Gültigkeit der Gelübde und deren bindende Form unterschiedliche Meinungen. Ihren Eindruck über dieses Gespräch notierte Schwester Caritas in den „Denkwürdigkeiten":

---

79 Vgl. *Briefe*, Nr. 171, 269-271, Willibald Pirckheimer an Melanchton. In diesem Brief, der nur unvollendet überliefert ist, schildert Willibald Pirckheimer seinem Freund Melanchton die Situation des Klarissenklosters und bittet ihn um Rat in dieser Situation.

80 Vgl. *Denkwürdigkeiten*, 116: „ob villeicht got euch in synn wolt geben mit im (Melanchton), als den ich ein schacz der kristenheit acht, [...] zu reden".

81 Vgl. *Briefe*, Nr. 134, 226, Klara Pirckheimer an Willibald Pirckheimer. „Sol sy (Caritas) dem pfeger entpieten, das er mit dem Melanthan heraußkum, so besorgt sy, er werd in fast auf uns heczen"; und kurz darauf: „Es ist ir nichs guts auß dem entsprungen, daz sy piß 4 stund mit dem Osiander geredt hat. Soll sy es denn gancz abschlagen, hat sy große sorg, es werd ir einen großen ungelympf pringen".

82 Vgl. *Denkwürdigkeiten*, 131: „das wir unßern grunt auf die gnad gotes und nit uf unser aygne werck seczten".

„*Er war bescheidner mit seiner red denn ich noch keinen lutterischen gehort hab; was im ser wider, das man die leut mit gewalt nottet [...] Wir concordirten zu peder seyten und in allen puncten, dann allein der gelubt halber kunt wir nit eins werden; er meynet ye, sie pinden nichcz, man wer sy nit schuldig zu halten, so maynet ich, was man got gelobt hat, wer man schuldig zu halten, mit seiner hilf.*"[83]

Melanchtons Meinung zu den Ordensgelübden formte sich in der Auseinandersetzung mit Luthers Schrift „De votis monastibus" von 1521. In seiner Grundposition stand er den klösterlichen Gelübden ablehnend gegenüber. Als Menschensatzungen waren sie für ihn ungültig. In der praktischen Anwendung seiner Position konnte er jedoch sehr gemäßigt sein. Er bewirkte Akzeptanz, war einfühlsam gegenüber den altgläubigen Frömmigkeitsformen, auf Ausgleich bedacht und polarisierte nicht. Das aber unterschied ihn grundlegend von Luther und Osiander und machte ihn zum idealen Gesprächspartner für Caritas Pirckheimer.[84]

Die weitgehende Übereinkunft beider im Gespräch rettete das Kloster vor der endgültigen Zerstörung. Damit war das Krisenjahr 1525 zwar überstanden, doch am Ende waren viele Schwestern verängstigt und hatten den Eindruck vom drohenden, gewaltsamen Ende des Klosters. Melanchton hinterfragte das gewaltsame Vorgehen des Stadtrates gegen die Schwestern.[85] Als Nützel nach Melanchtons Intervention daran dach-

---

[83] Vgl. *Denkwürdigkeiten*, 132. Die Tatsache, dass die Äbtissin einen protestantischen Theologen lobt und auch die Schwachpunkte des Gespräches nicht verschweigt, spricht für die Glaubwürdigkeit des in den Denkwürdigkeiten aufgezeichneten Gespräches. Das Lob Melanchtons hätte ihr gerade in dieser Zeit auf katholischer Seite viel Kritik einbringen können; vgl. dazu JUNG, *Begegnung*, 251.

[84] Vgl. JUNG, *Begegnung*, 253-256. In seiner Untersuchung weist Jung in Melanchtons theologischer Abhandlung „Loci Communes rerum theologicarum" wie auch in der von ihm verfassten Bekenntnisschrift „Confessio fidei exhibita invictis" (Confessio Augustana) scharfe Worte gegen das Ordensleben und die Gelübde nach, wie etwa: Sklaverei, Gefängnis oder Versorgungsanstalt. Zu Melanchtons Rezeption von Luthers theologischer Abhandlung „De votis monastibus" vgl. Fußnote 106 und 108 mit weiterführender Literatur zur Gelübdefrage bei Luther und Melanchton.

[85] Vgl. *Denkwürdigkeiten*, 132: „Hat darnach dem pfleger und den anderen herrn in vil stucken heftilich eingeredt [...] sagt in unter augen, wie sy groß sund daran gethun hetten".

te, sein Amt als Klosterkurator aufzugeben, bestätigt die Äbtissin seine Dienstleistungen für das Kloster.[86] Nützels Entlassung hätte die Situation für das Kloster unter den vorherrschenden lokalpolitischen Verhältnissen wohl eher verschlechtert.

Erst zwei Jahre später, am Allerseelentag des Jahres 1527, kam es zu neuen bedrückenden Maßnahmen des Rates gegen das Kloster. Mittlerweile waren unter der Anleitung Osianders die Nürnberger Visitationsartikel vom Stadtrat verabschiedet worden. Sie gaben der zivilen Obrigkeit das Recht, Visitationen in kirchlichen Institutionen durchzuführen, und übertrugen somit das Recht der Bischöfe und Ordensoberen, die kanonische Visitation durchzuführen, auf die zivile Obrigkeit. Um die Reformation in Nürnberg auch zivilrechtlich durchzusetzen und eine neue Gestalt des kirchlichen Lebens herbeizuführen, sprach Osiander sich für die Visitationsartikel aus. Der Bischof von Bamberg wollte sie unbedingt verhindern. Immerhin verweigerten in der Praxis viele Priester und Ordensangehörige die Aussage vor der Visitationskommission.[87]

Diese Visitation geschah nun auch im Klarissenkloster.[88] Doch durch einer interne Absprache im Konvent waren die Aussagen der Schwestern alle gleichlautend, so dass die Visitatoren kurz darauf die Gespräche abbrachen.[89] Dennoch blieb ein grauenhafter Eindruck bei der Äbtissin zurück. In einem darauf folgenden Brief an den Ratsherrn Sigmund Führer bat sie inständig und verängstigt darum, den lokalen Politikern und

---

86 Vgl. *Denkwürdigkeiten*, 133: „pitten wir E.W. umb gotes willen, dy woll irm erpietten nach lenger unßer pfleger, schuczer und schyrmer sein, wann wir ye derselben kein wexel begern".
87 Vgl. OSIANDER, *Reformation*, 111-113. Der Autor fügt noch an, dass Osiander bei der Abfassung dieser Artikel größtenteils die Gedanken seiner Theologie praktisch durchsetzen wollte. In der theologischen Begründung der Vistitationsgesetze stellte Osiander Gesetz und Evangelium einander gegenüber. Seine Lehre gleicht somit stark einer reformierten, mittelalterlichen Idee von den zwei Schwertern.
88 Vgl. *Denkwürdigkeiten*, 137: „darumb solt wir in frey und unerschrocken ansagen all unßer mengel und geprechen und ein itliche swester wollten sie alleyn verhorn, dy sollten in sagen alle beschwerung, dy sy heten in geistlichen und zeitlichen dingen und alles anligen ir gewißen und, was sy fur scrupel in ir conciencz heten".
89 Vgl. ebd., 143: „es pfyffen dy swester all in eyn ror, es sungen dy swester all ein lydelein".

Predigern nichts von dieser Visitation zu berichten.⁹⁰ Dabei ging es vor allem darum, die Intimität der Schwestern zu schützen und klosterinterne Gewissensangelegenheiten nicht zu missbrauchen.

Nur eine einzige Schwester, Anna Schwarz, verließ in diesen Jahren freiwillig den Konvent. Zuvor ging sie regelmäßig zu den Predigten und sympathisierte stark mit den protestantischen Ideen. Da sie auf alle Ermahnungen und Anfragen verstockt reagierte, hatten die Schwestern den Eindruck, dass sie das Ordenscharisma nicht mehr lebte.⁹¹ Am 23. Februar 1528 verließ sie das Kloster. Sie blieb bis zum Aussterben des Klosters die einzige Schwester, die den Konvent freiwillig verließ.⁹²

In der Folgezeit griff der Stadtrat zu steuerpolitischen Maßnahmen gegen das Kloster. Zunächst überwachte der Rat genau die Bier- und Weinbestände und erhob Steuern, ohne Rücksicht auf Privilegien zu nehmen, die dem Kloster in der Vergangenheit von Päpsten, Kaisern und Königen zugestanden wurden. Auch die früheren Verdienste des Klosters, die zu diesen Privilegien geführt hatten, interessierten den Stadtrat in diesem geschichtlichen Augenblick nicht.⁹³ Immer wieder wurden Mahnungen der Steuerbevollmächtigten ins Kloster gesandt und immer wieder musste die Äbtissin ihre Zahlungsunfähigkeit erklären.⁹⁴ Dadurch fiel der ohnehin schon bescheidene Lebensstil der Klarissen auf das Existenzminimum zurück. Zwar half der Klosterkurator mit einem persönlichen Darlehen aus, aber in seiner Grundsatzentscheidung blieb der Stadtrat trotz aller Bitten um Zahlungsaufschub vonseiten der Äbtissin letztlich unnachgiebig.

---

90 Vgl. *Denkwürdigkeiten,* 143f.: „das ir durch gots willen darvor seit, das man die handlung so gester geschehen ist, nit woll weytter fur die gelehrten und prediger schieben, die, als E.W. selbs woll wiß, zu vil spiczig und hicsig auf uns sind".
91 Vgl. ebd., 145: „Ging emsig zu predig, furt ein widerorden".
92 Vgl. GUTH, *Caritas Pirckheimer,* 24.
93 Vgl. *Denkwürdigkeiten,* 149: „Das wir daz mußen geben unangesehen aller unnßer freyheyt und privilegia, die wir von bebsten, kaysern und kungen haben unnd waz sich von jaren zu jaren hat zugetragen".
94 Vgl. ebd., 156: „so it ye solche bezalung uber unnßer vermugen"; oder an anderer Stelle, 159: „aber diße große summa ycz par zu bezalen, ist warlich inn unnßerm vermugen nit".

1.5. Letzte Lebensjahre und Tod (1528-1532)

Nach all diesen Auseinandersetzungen kam es am Osterfest des Jahres 1529 doch noch zu einem freudigen Ereignis im Kloster. Schwester Caritas feierte nämlich ihr silbernes Jubiläum als Äbtissin im Konvent. Nie zuvor in der Geschichte des Klosters war eine Äbtissin 25 Jahre lang im Amt geblieben. Eine feierliche Liturgie eröffnete das Fest. Beim anschließenden Festmahl stiftete ihr Bruder Willibald und andere Familienmitglieder die Speisen, den Wein und sogar das Silberbesteck. Danach wurde sogar getanzt, und die Äbtissin selbst spielte dazu auf der Zither.[95]

Aber auch die letzten Lebensjahre der Äbtissin waren keineswegs von Stillstand und Ruhe geprägt. Die Nachricht nämlich, dass die Stadtvertreter nun die Visitationsartikel mit Hilfe einer eidesstattlichen Erklärung im benachbarten Katharinenkloster durchführen wollten, beunruhigte die Schwestern erneut. Schwester Caritas erbat wiederum den Rat ihres Bruders Willibald.[96] Aber zu dieser Maßnahme kam es im Klarissenkloster nicht mehr. Einige gute Freunde und Berater hielten auch weiterhin zu der Äbtissin, wie z. B. der Prior der Augustinerchorherrn von Rebdorf, Kilian Leib.[97] Das Kloster durfte zwar weiter bestehen, jedoch war jede weitere Aufnahme einer Novizin vom Stadtrat verboten worden. Damit war das Kloster zum Aussterben verurteilt.[98]

---

95 Vgl. *Briefe,* Nr. 151, 241, Katharina Pirckheimer d. J. an Willibald Pirckheimer: „Es ist keyn sparnwirdt da gewest", und (242): „und die praut schlug auf einem hackpret. Es war der dancz so groß, das sye sprach: Lieben kindt, schont mir neur meins disch". Siehe auch PFANNER, *Pirckheimer – Biographie,* 56; und im selben Band LAGIER, *Festliche Tage,* 165-169.
96 Vgl. *Briefe,* Nr. 153, 245, Katharina Pirckheimer d. J. an Willibald Pirckheimer: „Man hat der w(irdig) muter gesagt fur ein warheyt, das dy swester zu St. Katerina den herrn des rots, so pey in sindt gewest, einen aydt haben mußen schwern inen zu sagen, was sie fragen. Hat dich die muter herczlich laßen pitten, solst ir durch gottes willen einen rat geben, wie wir uns darinnen sollen halten".
97 Vgl. ebd., Nr. 64, 135f., Caritas Pirckheimer an Kilian Leib. In diesem Brief vom 7. März 1530 bedankt sie sich für einen Rat, den Leib ihr bezüglich der Gültigkeit der Gelübde gab.
98 Vgl. PFANNER, *Pirckheimer – Biographie,* 58.

Am 20. Dezember 1530 verstirbt Willibald Pirckheimer. Am 19. August 1532 verstirbt dann auch Schwester Caritas und wurde im Kloster nahe der Kapellentür bestattet.[99] Dort fanden Archäologen, die unter Anleitung des Jesuiten Georg Deichstetter und mit Genehmigung des Erzbischofs von Bamberg arbeiteten, am 8. Oktober 1959 ihre Gebeine wieder. Sie wurden dann am 14. April 1960 in der St. Klarakirche in Nürnberg mit allen kirchlichen Ehren beigesetzt.[100]

2. Der Bildungsstand von Schwester Caritas Pirckheimer

2.1. Ihre humanistische Bildung

Die humanistische Ausbildung der jungen Barbara Pirckheimer begann schon früh im Haus ihres Großvaters Hans Pirckheimer. Er hatte bereits während seiner Studienzeit in Italien in den Jahren von 1447 bis 1451 unter dem Einfluss von frühhumanistischen Lehrern und Schriftstellern begonnen, eine größere Büchersammlung anzulegen. Sein Vater Franz Pirckheimer (1388-1451) wiederum hatte schon den Traktat des Albertus Magnus (1200-1280) „De occultis naturae" eigenhändig kopiert. Dem fügte der Sohn neben vielen Büchereinkäufen noch die Übersetzungen der Türkenreden des Enea Silvio Piccolomini (1405-1464) hinzu. Zudem erarbeitete er einen umfangreichen Kommentar zum Gesamtwerk des lateinischen Poeten Vergil. Im Jahr 1463 schloss er seine große humanistische Kompilation ab, die Lesefrüchte der antiken Schriftsteller und der Kirchenväter zu allen Fragen der Ethik beinhaltete.[101] Damit war auch der Grundstock für die bedeutsame Bibliothek der Familie Pirckheimer gelegt. Hans Pirckheimer vererbte seine reiche Bibliothek nach dem Tod an seinen

---

99 Vgl. KRABBEL, *Lebensbild*, 210-237.
100 Vgl. SYNDIKUS (Hrsg.), *Grab*, 49.
101 Vgl. FUCHS, *Hans Pirckheimer (†1492)*, 43.

Sohn Johann Pirckheimer. Schließlich kam sie in den Besitz von Willibald Pirckheimer, der später immer wieder auf sie zurückgreifen konnte und sie auch durch eigene Forschungen noch ausbaute.[102] Diese ständig wachsende Bibliothek zeigt schon das dauernde Interesse, das die Familie Pirckheimer an Bildungsfragen hatte.

Hinzu kam noch eine ausgesprochene Gastfreundschaft der Familie, die vielen gelehrten Gästen auf der Durchreise in Nürnberg einen Aufenthalt gewährte. Das Haus wurde zu einer Herberge der Gelehrten. Die Anwesenheit dieser Gäste aus ganz Europa gewährte vielen Familienmitgliedern einen regen intellektuellen Gedankenaustausch, denn man diskutierte mit ihnen viel über kulturelle, politische, juristische und religiöse Fragen.[103]

Auch die Großtante von Schwester Caritas, die „doctissima" Katharina Pirckheimer, war eine sehr gebildete Frau und hatte Zugang zur großen Familienbibliothek. In einem späteren Brief Willibald Pirckheimers an seine Schwester Caritas erinnert er sie an die Großtante und bemerkt, dass Nürnberg wohl kaum eine gebildetere und vollkommenere Frau gesehen habe als die Großtante Katharina.[104] Selbst wenn Pirckheimer mit diesem Lob etwas zur eigenen Familienehre beitragen wollte, muss Katharina Pirckheimer dennoch eine außergewöhnliche Frau gewesen sein, die über literarisches Wissen verfügte, Bücher sammelte und die lateinische Sprache verstand. Es liegt nahe anzunehmen, dass gerade die Pirckheimers schon früh großen Wert auf die Selbstbestimmung der Frau und ihre harmonische Bildung legten. Darüber hinaus hatte Katherina Pirckheimer guten Kontakt zum Klarissenkloster in Nürnberg. Sie war auch an der Entscheidung der Eltern beteiligt, die junge Barbara den Klarissen zur weiteren Ausbildung anzuvertrauen.[105] Aus der Tatsache, dass sie der Weiterbildung der jungen

---

102 Vgl. FUCHS, *Hans Pirckheimer (†1492)*, 10. Nach Willibalds Tod wird die Bibliothek von seinem Urenkel Hans Hieronymus Imhoff an Thomas Howard, Earl of Arundel and Surrey, verkauft und nach England transportiert.
103 Vgl. VON IMHOFF, *Willibald Pirckheimer*, 33-38.
104 Vgl. *Briefe*, Nr. 39, 87, Willibald Pirckheimer an Caritas Pirckheimer: „Nam ut virile decus ac vetustiora praeteream quid amita nostra magna urbs haec cultus, doctus aut absolutius vidit, quam tu indolis foelicitate adeo ex amussim refers, ut plane ex discipula magistrae specimen dignosci queat".
105 Vgl. MACHILEK, *Menschenwürde*, 53.

Barbara bei den Klarissen zustimmte, lässt sich entnehmen, dass sie den Klarissen wohlwollend gegenüberstand und auch auf die religiöse Erziehung Barbaras Wert legte.

In dieser traditionell humanistisch geprägten Patrizierfamilie und unter dem Einfluss ihrer Großtante wuchs die junge Barbara auf. Hier erlangte sie schon frühzeitig ihre ersten Lateinkenntnisse. Im Jahr 1481, als sie das vierzehnte Lebensjahr noch nicht erreicht hatte und bereits zwei Jahre die Klosterschule besuchte, sind ihre Lateinkenntnisse zum ersten Mal bezeugt. Sie bat nämlich den Generalvikar der Observanten, Wilhelm Bertho, bei seiner Visitation im Nürnberger Klarissenkloster darum, zu den Gelübden zugelassen zu werden. Dem Generalvikar scheint die junge Barbara Pirckheimer gerade deshalb aufgefallen zu sein, weil er sich mit ihr in lateinischer Sprache verständigen konnte. Da sie jedoch das kanonische Alter zur Gelübdeablegung zu diesem Zeitpunkt noch nicht erreicht hatte, konnte er ihr diese Bitte nicht gewähren.[106]

In den späteren Jahren im Kloster konnte sie ihre humanistische Bildung fortsetzen. Als ihr Bruder Willibald im Jahr 1495 nach seinem Studium aus Italien zurückkehrte, machte er ihr immer wieder wertvolle Buchgeschenke. Im Jahr 1513 überreichte und widmete er ihr das von ihm edierte Werk des griechischen Philosophen Plutarch von Chaeronea (45-125 n. Chr.) „Von der späten Rache der Gottheit".[107] Er betonte in seinem Widmungsschreiben einige humanistische Elemente, wie die Ebenbürtigkeit von Mann und Frau und die Moralphilosophie, die zu einem guten und glücklichen Leben führe. Zugleich aber hat man auch den Eindruck, das er seine Schwester fast zur humanistischen Idealfigur stilisiert. Für ihn ist sie in der gelehrten Ahnengalerie der Pirckheimers sicherlich der Höhepunkt an weiblicher Bildung und Tugend.[108] In ihrem Dankesbrief

---

106 Vgl. HARMENING, *Handschrift*, 45-54. Dieser Vorfall wurde von der damaligen Äbtissin, Schwester Margarete Grundherr, dem Prior des Kartäuserklosters in Nürnberg, Georg Pirckheimer, in einem Brief berichtet; vgl. FLEISCHMANN, *Nachricht,* 110 und MACHILEK, *Menschenwürde,* 50.

107 Vgl. J. PFANNER, *Einführung,* in: *Briefe,* 5. Pirckheimer gab seiner Edition den Titel „De his qui tarde a numine corripiuntur (de sera numinis vindicta)".

108 Vgl. HESS, *Oratrix humilis,* 179-181.

verglich sie ihren Bruder aufgrund seiner Übersetzungsleistung mit dem Kirchenlehrer Hieronymus, der seinen Begleiterinnen ebenfalls den Sinn von antiken Texten vermittelte.[109]

Auch der Briefkontakt zu bekannten Humanisten wie Konrad Celtis (1459-1508), Christoph Scheurl (1481-1542) und Sixtus Tucher (1459-1507) förderte weiterhin ihre humanistische Bildung. Aber ähnlich wie Willibald Pirckheimer erhob auch Celtis sie nahezu zu einer Stilfigur. Im Jahr 1493/94 entdeckte er nämlich in Regensburg eine alte Handschrift mit den lateinischen Werken der Kanonissin Roswitha von Gandersheim (935-973), die er 1501 in Nürnberg herausgab. In der Absicht, die deutsche Geschichtsschreibung und Altertumsforschung etwas von der italienischen Tradition zu lösen, pries er Roswitha als bedeutende deutsche Frau der Vergangenheit und sah nun in Caritas Pirckheimer die willkommene Aktualisierung der Roswitha. Zugleich zielte er in seinen Schreiben auf die Verherrlichung der Familie Pirckheimer im Allgemeinen und auf die Hervorhebung von Schwester Caritas im Besonderen ab.[110] Eine ähnliche Stilisierung geschieht auch in den Briefen von Propst Sixtus Tucher, der in der Hieronymustradition ein gutes Modell der Gesprächsbereitschaft mit gebildeten Frauen vorfand und daran anknüpfte. Ihre humanistischen Freunde sahen in ihr die ideale Verbindung von Gelehrsamkeit und Tugend und bezeichneten sie als „virgo docta" und als „virgo sacra". Zunächst akzeptierte sie ihre Rolle als lernbegierige Schülerin, aber nach ihrer Wahl zur Äbtissin kam es fast zur Umkehr dieser Rollenkonstellation. Alle ihre männlichen Briefpartner rückten immer mehr von ihrer Lehrerrolle ab und würdigen sie als „mater dignissima".[111]

Auch Schwester Caritas konnte mit diesen Denkschemata umgehen und wusste sich auf die Vielfalt der zeitgenössischen Projektionen einzustellen. Oft bediente sie sich der humilitas-Rolle, sah sich als „oratrix humilis", entwickelte aber aus dieser Position auch eine Gesprächsstrategie, um als humanistische Briefpartnerin ernst genommen zu werden. Was zunächst

---

[109] Vgl. *Briefe,* Nr. 40, 90, Caritas Pirckheimer an Willibald Pirckheimer: „Fecisti mihi rem gratissimam, sectator utique factus es Theophrasti Hieronymi".
[110] Vgl. HESS, *Oratrix humilis,* 183-186.
[111] Vgl. ebd., 177, 194.

wie ein Ausdruck sprachlicher Unsicherheit und wie ein Bildungsrückstand im Dialog mit gelehrten Männern aussieht, verbarg im Grunde ihre festen religiösen und ethischen Prinzipien.[112] Ihre Briefe bezeugten einerseits die humanistische Bildungsneugierde und Dialogbereitschaft und andererseits auch die Sichtweise des asketischen und kontemplativen Ordenslebens. Trotz aller Versuche, der süddeutschen Humanisten, Schwester Caritas zur gemeinsamen Kultfigur zu stilisieren, förderten diese Kontakte ihre humanistische Weiterbildung ohnegleichen.

Ein Beispiel ihrer humanistischen Eloquenz ist die Weihnachtsansprache des Jahres 1515, die sie anlässlich der Visitation des Provinzials der Straßburger Observantenprovinz, Kaspar Schatzgeyer (1463-1527), im Klarissenkloster gehalten hat. Sie vereinte dabei in allegorischer Sprache geschickt die zehn Programmpunkte im Protokoll der Visitation mit dem Besuch der Propheten, der Heiligen, der Märtyrer und der Jungfrau Maria im Kloster. Sie alle mahnen die menschlichen Verfehlungen im Kloster an und rufen zur Umkehr auf. Die Adventszeit und die Visitation wurden rhetorisch so geschickt verbunden, dass leicht der Eindruck entstand, der eigentliche Visitator im Kloster sei der menschgewordene Gottessohn.[113]

Auch im Kloster selbst herrschte eine gute rhetorische Ausbildung, für die letztlich die Äbtissin verantwortlich war. Die Früchte dieser Spracherziehung werden zum Beispiel am Fronleichnamstag des Jahres 1525 deutlich, als drei Familien ihre Töchter gewaltsam aus dem Kloster holten. Zu diesem Anlass hielt Schwester Katharina Ebner eine lange Rede zur Verteidigung des Klosterlebens. Sie war mit Schriftzitaten belegt und enthielt keinen logischen Fehler.[114] Ihre Zuhörer bekannten später, niemals

---

112 Vgl. HESS, *Oratrix humilis*, 198f. Das beste Beispiel dafür ist ihr Mahnbrief an Konrad Celtis vom 25. April 1502, auf den später noch ausführlicher eingegangen wird; vgl. *Briefe* Nr. 47, 105-108, Caritas Pirckheimer an Konrad Celtis.
113 Vgl. BONMANN, *Weihnachtsansprache der Äbtissin*, 8-10. An anderer Stelle untersucht Bonmann den literarkritischen Aspekt dieser Weihnachtsansprache und datiert sie mit ziemlicher Sicherheit auf das Weihnachtsfest des Jahres 1515. Die Ansprache befindet sich im Codex cgm 4439 der Münchener Staatsbibliothek; vgl. BONMANN, *Weihnachtsansprache der Charitas Pirckheimer*, 182-189.
114 Vgl. *Denkwürdigkeiten,* 81: „redet die Katerina Ebnerin so dapfferlich und bestendiglich und bewert all ire wort mit der heiligen geschrift und fing sie in all iren

zuvor eine solche Rede gehört zu haben. Zugleich sahen sie sich aber auch konfrontiert mit dem Ergebnis einer systematischen Spracherziehung.[115]

Gegen Ende des 15. Jahrhunderts wurden auch humanistisch-historiographische Interessen im Kloster sichtbar. Mit der Anwesenheit des Ordenschronisten Nikolaus Glasberger[116] erwachte auch bei den Klarissen das Interesse, die Geschichte ihres Klosters zu verfassen. Diese Klosterchronik wurde etwa um 1500 abgeschlossen. Bei der Anfertigung hatten die Schwestern sehr wahrscheinlich einige Grundschemata aus Glasbergs Archiv zur Verfügung, die ihnen Anhaltspunkte gaben, wie man eine Klosterchronik abfasst.[117] Diese Bemühungen, die eigene Klostergeschichte zu erstellen, gehören sicherlich zur humanistischen Ausbildung der Schwestern.

Zudem las Schwester Caritas viel in den Werken des Erasmus von Rotterdam (1466-1536).[118] Seine Abhandlung über die Freiheit des mensch-

---

worten und sagt in, wie sie so großlich wider das heilig ewangelium handelten. Es heten darnach die herrn draußen gesagt, sie heten all ir lebtag des menschen geleichen nye gehort, sie het schier die gancze stundt an unterloß geredt, aber kein vergebens wort, sunder bedechtlich, das ein ylichs wort 1 pfund het gewogen"; vgl. auch SCHLOTHEUBER, *Wissen*, 99.

115 Vgl. MASCHEK, *Humanismus*, 576f. Maschek weist hier freundschaftliche Beziehungen zwischen Konrad Celtis und den Franziskanern Nikolaus Glasberger und Johannes von Laudenburg nach. Da in diesen humanistischen Kreisen eine intensive sprachliche Ausbildung mit exakter Wortwahl und allegorischen Varianten gepflegt wurde und Glasberger zeitweise auch als Seelsorger im Klarissenkloster Nürnberg arbeitete, ist ein Einfluss der Humanisten auf die rhetorische Bildung der Schwestern nachweisbar.

116 Vgl. OLIGER, *De quibusdam*, 392-402. Glasbergers biographische Daten sind nicht vollständig erforscht. Nach 1479 bis zu seinem Tod im Jahr 1508 lebte er ununterbrochen im bayrischen und fränkischen Raum. Die Chronik seiner Ordensprovinz schrieb er größtenteils 1508. Da Glasberger auch als Seelsorger bei den Klarissen tätig war, vermutet Oliger stark seine Mitarbeit an der Abfassung der Chronik des Klarissenklosters. Die deutsche Übersetzung dieser Chronik befindet sich heute im bayrischen Nationalmuseum in München unter der Registration Ms. 1191.

117 Vgl. DURWEN, *Verhältnis*, 59-87.

118 Vgl. *Briefe*, Nr. 115, 201, Clara Pirckheimer an Willibald Pirckheimer: „Die w. muter und ich haben alweg gern geleßen, was der Rotterdam gemacht hat". Da der Brief von Clara Pirckheimer am Neujahrsfest des Jahres 1525 geschrieben wurde, vermutet Pfanner in Fußnote 2, dass es sich hier um eine Anspielung auf Erasmus' Schrift „De libero arbitrio" handelt, die im September 1524 in Basel erschienen ist. Die gleiche Meinung vertritt auch Rapp, der die Stellungnahme der Äbtissin gegenüber der protestantischen Prädestinationslehre untersucht; vgl. RAPP, *La piété*, 206.

lichen Willens, die er im September 1524 in Basel unter dem Titel „De libero arbitrio" veröffentlichte, war für sie von besonderer Bedeutung. Sie bestand aus drei Teilen. Zunächst beschrieb Erasmus die Notwendigkeit, das Thema der Willensfreiheit zu erörtern, denn die protestantische Prädestinationslehre breite sich immer weiter aus und beeinflusse den christlichen Glauben zusehends. Zur Verdeutlichung seiner Ausführungen studierte er auf Anraten seiner Freunde die Theologie der Kirchenväter und einiger scholastischer Theologen zum Thema der Willensfreiheit. Er zitierte den italienischen Humanisten Lorenzo Valla (1405-1457) und den englischen Märtyrerbischof John Fischer (1469-1535). Er folgerte dann, dass der Mensch von Beginn seines Lebens auf die Gnade Gottes angewiesen sei. Auf dem menschlichen Lebensweg kooperieren die Gnade und der freie Wille des Menschen. Der freie Wille sei dabei eine Nebenursache zur Erlösung, die allerdings ohne die Gnade Gottes nicht wirkungsfähig sei.[119]

Aber bereits drei Monate später veröffentlichte Martin Luther mit der Streitschrift „De servo arbitrio" seine Antwort auf die Schrift des Erasmus. Verärgert und leidenschaftlich erklärte er, dass der freie Wille wertlos sei, und scheute sich nicht, Erasmus zu beschimpfen. Er warf ihm vor, die Heilige Schrift zu verachten, sie seinen Ideen anzupassen, und bezeichnete ihn deshalb als Feind der Christenheit. Für Luther stand die Wahrheit über Gott auf dem Spiel. Er ging sogar noch weiter und lehnte für sich den freien Willen ab. Mit seinem freien Willen fühle er sich im Hinblick auf die Erlösung unsicher und sei froh, dass Gott ihn von dieser Sorge durch seinen weisen Ratschluss befreit habe.[120]

Diese polemisch geführte Diskussion um den freien Willen blieb auch in der Reichsstadt Nürnberg nicht unbeachtet. Besonders die Schutzschrift für das Klarissenkloster, die Willibald Pirckheimer mit der Billigung seiner Schwester Caritas im Jahr 1529 verfasste, bezeugt, dass Willibald, ausgehend von der Willensfreiheit, gegen die protestantische Prädestinationslehre

---

119 Vgl. AUGUSTIJN, *Erasmus von Rotterdam*, 121-130.
120 Vgl. MARTIN LUTHER, *De servo arbitrio*, 783: „At nunc cum Deus salutem meam extra meum arbitrium tollens in suum reciperit, et non meo opere aut cursu, sed sua gratia et misericordia promiserit me servare, securus et certus sum"; und AUGUSTIJN, *Erasmus von Rotterdam*, 123.

Stellung bezog. Er schrieb, dass der Mensch durchaus fähig sei, das Gute vom Bösen zu unterscheiden, obwohl die Erbsünde seinen Geist verdunkelt und vereinnahmt habe. Auch Paulus habe in dieser Frage nicht rigoros von der göttlichen Prädestination, sondern vom freien Willen des Menschen gesprochen und zugestanden, dass der freie Wille im Menschen ohne die Gnade Gottes unwirksam wäre.[121]

Dieses humanistische und theologische Hintergrundwissen konnte Schwester Caritas durch die Lektüre von Erasmus' Schriften in sich aufnehmen. In der Debatte um den freien Willen und ganz im Sinn ihrer Familientradition übernahm sie seine Meinung. Ihr Glaube war eine Gnade von Gott. Er war frei und durfte durch nichts genötigt werden.

Darüber hinaus las sie in den Schriften der Kirchenväter, die Erasmus in den Jahren 1516 bis 1529 veröffentlichte. Bereits zuvor hatte er das Neue Testament in mehr als 1000 Seiten und in etwa 1200 Exemplaren ediert. Sein hauptsächliches Ziel war es, allen Lesern, die an den alten Sprachen und an der Botschaft der Bibel interessiert waren, einen Zugang zu diesen Texten zu ermöglichen.[122] Mit seinen Editionen, Vorworten und vereinzelten Kommentaren versuchte er zudem, die große katechetische Not im Spätmittelalter abzuwenden. Seit dem Untergang des altchristlichen Katechumenats war nämlich im gesamten Mittelalter ein großes Vakuum entstanden, dessen Folge eine Verflachung des religiösen Wissens im Volk war.[123] Bei seinen editorialen Bemühungen zeigte Erasmus, dass es ihm nicht nur um die Bibel ging, sondern auch um die Tradition der Kirchenväter. Er vertrat eine lebendige Theologie, die ihr Leben aus der Bibel schöpfte und in der Kirche beheimatet war. Die Bibel und die Tradition waren ihm als Kriterium der Offenbarung sehr wohl bewusst.[124]

---

121 Vgl. *Briefe*, Anhang, 299, Oratio apologetica: „Ceterum quoniam paulo ante praedestinationis incidit mentio, non ab re fuerit, quid de illa et libero sentiamus arbitrio [...] et quod libertas arbitrii sibi sola sine praesidio gratiae sufficere nequit"; auch RAPP, *La piété*, 206.
122 Vgl. AUGUSTIJN, *Erasmus von Rotterdam*, 82-97.
123 Vgl. PADBERG, *Erasmus*, 22-44.
124 Vgl. HENTZE, *Kirche*, 104-106.

Schwester Caritas war die lernwillige Schülerin des Katecheten Erasmus. Sie lernte, die biblische Exegese in Verbindung mit der patristischen Theologie zu schätzen. Ihr Wissen um theologische Prinzipien innerhalb der Offenbarung erhielt durch die Editionen des Erasmus von Rotterdam entscheidende Impulse. So konnte sie in der späteren Auseinandersetzung um das protestantische Formalprinzip der „Sola-Scriptura-Lehre" im Sinne der katholischen Kirche argumentieren.

2.2. Ihre theologische Bildung

Willibald Pirckheimers Studieneifer und seine enorme Privatbibliothek vermittelten seiner Schwester aber nicht nur die humanistische, sondern auch die theologische Weiterbildung. Neben den antiken griechischen Philosophen veröffentlichte er einige Texte der christlichen Kirchenväter, wie z. B. ausgewählte Schriften von Nilus dem Älteren (gest. 430),[125] von Gregor von Nazianz (329-390), Fulgentius von Ruspe (462-533)[126] und Cyprian von Karthago (200-258).[127] Diese Ausgaben, die er mit einer

---

125 Vgl. *Briefe*, Nr. 41, 92, Willibald Pirckheimer an Caritas Pirckheimer: „Annus iam circumactus est, mea iucunda et honoranda Caritas, ex beatissimi patris Nili frugifera in latinum verti preaecepta ac communi sorori nostrae Clarae dicavi". Einige Zeilen später schrieb er im selben Brief: „binas Gregorii Nazanzeni orationes in latinum converti linguam, ut te munere pro inuente anno". Pirckheimer edierte mehrere theologische Reden des Gregor von Nazianz, darunter auch sechs liturgische Predigten von großer theologischer Bedeutung. Ihnen gab er die Titel „In festum Epiphaniorum (oratio XXXVIII), In natalem Salvatoris (oratio XXXIX), In sanctum lavacrum (oratio XL), In sanctam Pentecostem (oratio XLI), In encaenia novum dominicum (oratio XLIV) und in sanctam resurrectionem (oratio LV); vgl. ECKERT / VON IMHOFF, *Dürers Freund*, 371.
126 Vgl. *Briefe*, Nr. 43, 95, Willibald Pirckheimer an Caritas Pirckheimer: „Haec igitur B. Fulgentii nec non reliqua [...] tibi Charitas charissima, et communi sorori nostrae Clarae dedico".
127 Vgl. ebd., Nr. 115, 201, Clara Pirckheimer an Willibald Pirckheimer: „Uns nympt newr wunder, wie du solche feine ding erdencken kanst, die wir so gern haben [...] Aber insunderhait hat die w. muter einen großen trost von dem lieben alten Cipriano. Sy list tag und nacht darinnen".

Widmung versah, schenkte er seiner Schwester häufig zum Weihnachtsfest und vertiefte dadurch ihr großes theologisches Wissen.

Die Seelsorge und die theologische Weiterbildung der Schwestern waren in diesen Jahren den Franziskanern der Straßburger Provinz anvertraut. Heinrich Vigilis erklärte den Schwestern in den Jahren von 1487 bis 1499 die Botschaft der Psalmen.[128] Stephan Fridolin gab hingegen Erläuterungen zum Breviergebet, vermittelte liturgisches Grundwissen und setzte Akzente der Passionsfrömmigkeit. Auf Anregung einiger frommer Christen fasste er im Jahr 1491 viele seiner Predigten in einer Endredaktion zusammen, die unter dem Namen „Schatzbehälter" an die Öffentlichkeit kam.[129]

Auch Kaspar Schatzgeyer (1463-1527) und Oliver Maillard (1430-1502) predigten im Klarissenkloster. Schatzgeyer war von 1517 bis 1520 Guardian des Nürnberger Franziskanerklosters und Seelsorger bei den Klarissen. In dieser Zeit eröffnete er den Schwestern durch seine Predigten ein tieferes Verständnis der täglichen Schriftlesung.[130] Von seinen Anregungen wurde Schwester Caritas in ihrem Ordensleben entscheidend geprägt.[131]

---

128 Vgl. Kist, *Heinrich Vigilis,* 144-150. Vigilis predigte zu den Sonntagsevangelien von Ostern bis zum 24. Sonntag nach Pfingsten. Sein literarischer Nachlass liegt allerdings nicht in kritischer Edition vor und ist daher auch weitgehend unerforscht. Vgl. Landmann, *Predigtwesen,* 316-348.

129 Vgl. Seegets, *Passionstheologie,* 176-178. Sowohl die Predigten Vigilis als auch die von Fridolin sind von Schwester Caritas eigenhändig mitgeschrieben worden. Jedoch sind uns die Originalmitschriften nicht überliefert, sondern liegen nur als spätere Kopien anderer Schwestern vor.

130 Vgl. Landmann, *Predigtwesen,* 340-344. Nach Landmann fallen in Schatzgeyers frühe Schaffensperiode, die für die Bildung von Schwester Caritas wichtig ist, ein Predigtzyklus über das Buch Daniel aus dem Jahr 1497, 55 Predigten über die Bücher der Könige, 6 Predigten über das Buch Ruth, und 31 Predigten über das Buch der Richter. Viele dieser Predigten liegen als Manuskript in verschiedenen Bibliotheken Münchens, vor allem in der Universitätsbibliothek als Cod. Ms. 62 (geschrieben 1513 bis 1514) und Cod. Ms. 61, wie auch in der Münchener Staatsbibliothek unter dem Register: Clm. 7803 und 9056. Zur täglichen Bibellektüre der Schwestern vgl. *Denkwürdigkeiten,* 6: „Wir haben das alt und new testament eben als woll hynnen als ir daußen, leßen es tag und nacht, im chor, ab tisch, lateinisch und teutsch, in der gemeyn und ein itliche besunder, wy will, darumb haben wir von gottes genaden keinen mangel am h(eiligen) ewangellio und Paulo".

131 Vgl. von Loewenich, *Charitas Pirckheimer,* 48.

Oliver Maillard stammte aus der Bretagne und war mehrfach Generalvikar der ultramontanen Observantenfamilie. Seine Besuche und Ansprachen im Klarissenkloster müssen beeindruckend gewesen sein, denn sie sind den Schwestern in besonderer Weise in Erinnerung geblieben. Das Totenbuch des Klosters berichtet über zwölf Besuche.[132] Da Maillard die deutsche Sprache nicht beherrschte, sind seine Predigten wahrscheinlich von Stephan Fridolin übersetzt worden. Die zwei überlieferten Predigten handeln von den geistlichen Voraussetzungen zum rechten Empfang der Eucharistie. Hier nannte Maillard die Ordensdisziplin, das Fasten, die Gebetsvigilen und die Klausur um der Liebe Gottes willen. In Anlehnung an den ersten Johannesbrief können die Schwestern den eucharistischen Christus durch den Geist, das Wasser und das Blut bezeugen.[133] Alle diese Predigten nahm Schwester Caritas in ihren frühen Ordensjahren in sich auf und erhielt somit eine ausgezeichnete theologische Bildung.

Hinzu kam noch ihre Angewohnheit der ständigen Lektüre.[134] Der Briefwechsel mit Propst Sixtus Tucher lässt sogar Rückschlüsse auf einige Bücher zu, die sie gelesen haben muss. Neben den Kirchenvätern Augustinus und Hieronymus und den Schriften des heiligen Franziskus und der heiligen Klara spricht er in seinen Briefen nämlich Autoren an, deren Kenntnis er bei Schwester Caritas voraussetzt. Dazu gehören theologische Erkenntnisse aus den Schriften des heiligen Bonaventura (1221-1274),[135] des

---

132 Vgl. KIST, *Klarissenkloster,* 103: „Der allerwürdigste Vater Oliverius Mayllardi ist III mal vicarius generalis gewest. Er hat unser convent XII mal heimgesucht mit aller vetterlichen trew, gunst und füderung; obiit zu Thalaß (Toulouse, Anmerk. des Autors) anno Domini MCCCCCIII an sant Antonius tag von Padua; cuius anima requiescat in abisso benedicte Trinitatis".

133 Vgl. STRAGANZ, *Ansprachen,* 68-85. Die beiden Predigten sind am 6. und 9. September 1493 im Klarissenkloster gehalten worden. Sie befinden sich mit einem Begleitbrief in der Münchener Staatsbibliothek unter dem Register: Cod. germ. 4439. In seiner zweiten Predigt bezieht Maillard sich auf 1 Joh 5,7f.: „Drei sind es, die Zeugnis ablegen: der Geist, das Wasser und das Blut".

134 Vgl. *Denkwürdigkeiten,* 141: „ich hab meyn tag vil und vil geleßen".

135 Vgl. *Briefe,* Nr. 1, 31, Sixtus Tucher an Caritas Pirckheimer: „der demuetikait und anderer tugenden, do durch ich von ainer stafel auf die andern, dero ich doch bißher noch keine gestigen hab". Der stufenweise Aufstieg des Menschen zu Gott, den man auch bei Bonaventura findet, wird auch in diesem Brief deutlich.

Petrus Lombardus (1095-1153) und Predigtinhalte des heiligen Bernhard von Clairvaux (1090-1153).[136] Durch Tuchers Hinweise lernte sie Thomas von Kempen (1380-1471), sein Buch der Nachfolge Christi, sowie auch die niederländische Spiritualität der „Devotio moderna" kennen.[137] Diese wurde für Schwester Caritas in dem Augenblick bedeutsam, als sie die mystische Vereinigung des Menschen mit Gott als Endpunkt seines Lebensweges beschreibt.

Die Analyse ihres Mahnbriefs an Konrad Celtis vom 25. April 1502 zeigt darüber hinaus auch ihre Kenntnisse der mystischen Theologie.[138] Ihre theologischen Quellen waren also äußerst umfangreich. Das merkt man auch besonders in ihren beiden Antwortbriefen auf die Lehrschreiben des Wenzeslaus Link, der die Klarissen durch seine katechetischen Unterweisungen im Jahr 1525 von der Richtigkeit des protestantischen Glaubens überzeugen wollte. In dieser Abhandlung sammeln sich wie in einem Brennglas alle wichtigen theologischen Themen zur Zeit des beginnenden Protestantismus. In ihren Antwortbriefen ist die Äbtissin dem systematischen Denken der Scholastik verpflichtet, nimmt jedoch die Anregungen und den Argumentationsstil des Humanismus auf. Ihre Aussagen sind dogmatisch genauso gut fundiert wie die ihres protestantischen Opponenten. Ihr Wirklichkeitsbezug ist indessen bedeutend größer. Ihr Grundanliegen lässt sich in zwei Punkten zusammenfassen. Zum einen sollte man niemanden wegen seines Glaubens verurteilen, denn das letzte Urteil stehe Gott, dem Herrn, allein zu. Zum anderen sollte jedem die Gewissensfreiheit gelassen und niemand sollte in seiner Entscheidung bedrängt werden. Auf diesem theoretischen Hintergrund entwickeln sich dann alle Themen der lehrmäßigen Auseinandersetzung: Glaube und Werke, das rechte Schriftverständnis, die Gelübde, die Klausur, die Heiligenverehrung, die christlichen Frömmigkeitsformen sowie die Rechtmäßigkeit

---

136 Vgl. LIPPE-WEISSENFELD HAMER, *Virgo docta*, 135f. Gemeint sind hier vor allem die „Sententiarum libri quattuor" des Petrus Lombardus, das „Itinerarium mentis in Deum" des Bonaventura und die „Sermones in Cantica Canticorum" des Bernhard von Clairvaux.
137 Vgl. RAPP, *La piété*, 199, auch MACHILEK, *Klosterhumanismus*, 26.
138 Vgl. WAILES, *The literary relationship*, 437.

des Ordenslebens.[139] Alle diese schriftlichen Abhandlungen bezeugen ihre ausgezeichnete theologische Bildung. Sie war eine hochintelligente Frau.

2.3. Ihre spirituelle Bildung

Die spirituelle Ausbildung von Schwester Caritas fällt mehr in den Innenbereich der menschlichen Person und ist der wissenschaftlichen Forschung kaum zugänglich. Einige Bedingungen, die diesen menschlichen und christlichen Reifungsprozess förderten, können aber dennoch beschrieben werden. Im Fall von Schwester Caritas waren es die klösterliche Struktur und die nachweisbare geistliche Orientierung, die sie aus den Briefen von Propst Sixtus Tucher empfing. Sie integrierte ihr humanistisches und theologisches Wissen und formte ihre Persönlichkeit.

Der Klosteralltag der Schwestern war größtenteils vom Gebet geprägt. Für den Chorgesang, der ja für die Liturgie von größter Wichtigkeit war, war die Kenntnis der lateinischen Sprache unentbehrlich. Darüber hinaus waren es klösterliche Gebetspraktiken und Betrachtungsweisen, das Rosenkranzgebet, die nächtlichen Vigilien, der Opfergeist zur größeren Liebe, die Angleichung des eigenen Lebens an das Beispiel Christi und der Sakramentenempfang, die das humanistische und theologische Wissen immer mehr in der Persönlichkeit von Schwester Caritas vertieften.[140] Gegen Ende des 15. Jahrhunderts empfingen die Schwestern etwa wöchentlich die Eucharistie. Mindestens einmal im Monat war ihnen die Beichte aufgetragen. Da sie in Nürnberg sehr beliebt waren, bestellten viele Gläubige im Kloster die Messintentionen für ihre verstorbenen Angehörigen. Zudem wurde der Besuch vieler Gottesdienste auch durch die zahlreichen Ablässe gefördert, die in der Klosterkirche gewonnen werden konnten. Im Konvent selbst wurden die Fastenvorschriften streng eingehalten. Nur einmal lockerte ein Dekret vom 10. August 1499 die Abstinenz etwas und erlaubte den Schwestern, in der Fastenzeit Milchspeisen zu verzehren.

---

139 Vgl. LIPPE-WEISSENFELD HAMER, *Caritas Pirckheimer*, 255-267.
140 Vgl. RAPP, *La piété*, 203.

Neben den liturgischen Aufgaben widmeten sie sich noch der Erziehung der weiblichen Jugend in einem klostereigenen Internat, dem Studium, dem Kopieren von antiken Texten oder gehaltenen Predigten und der häuslichen Arbeit in der Küche, der Schneiderei, der Paramentenstickerei oder der Vorratslagerung.[141]

Besondere Beachtung in diesem Zusammenhang verdient der Briefwechsel von Schwester Caritas mit Propst Sixtus Tucher.[142] Der Ausgangspunkt dieser Korrespondenz ist eine herzliche, zweckfreie Zuneigung und gegenseitiges Vertrauen.[143] In den überlieferten Briefen Tuchers werden immer wieder spirituelle Themen erwähnt. Es ging dabei um geistliche Dürrephasen im Gebetsleben, um die rechte Bibellektüre, den Widerstand gegen das Böse und um die Rezeption der Kreuzes- und Passionsmystik. Häufig sprach Tucher auch das Thema der Jungfräulichkeit und des geistlichen Standes an. Aber es wurden auch Aspekte der franziskanischen Spiritualität benannt, wie z. B. die Rückerstattung der erhaltenen Gaben an Gott oder das stufenweise Emporsteigen des Menschen zu Gott.[144] Ethische Fragen und

---

141 Vgl. Kist, *Klarissenkloster*, 104-125.
142 Vgl. Seraphim, *Geben,* 148. Tuchers Briefe waren zunächst in lateinischer Sprache geschrieben, sind dann aber von seinem Neffen Christoph Scheurl ins Deutsche übersetzt und 1515 ediert worden. In ihnen spiegelt sich u. a. die Hieronymus-Begeisterung des Humanismus. Das Paradigma des gelehrten Hieronymus, der seine Begleiterinnen Paula und Eustachia unterrichtet, kann man in diesem Briefwechsel deutlich erkennen. Seraphims Artikel gibt eine ausgezeichnete Übersicht zu den angesprochenen Themen in diesem Briefwechsel.
143 Vgl. *Briefe,* Nr. 3, 33, Sixtus Tucher an Caritas Pirckheimer: „unser freuentschaft mer des geists, dann des fleischs". Eine Besonderheit dieser Freundschaft war, dass Tucher seine Freundin niemals im Leben von Angesicht zu Angesicht gesehen hat. Die strengen Klausurvorschriften ermöglichten keinen Blickkontakt während des Besuches, und als Schwester Caritas auf Druck des Stadtrats den Blickkontakt durch ein Fenster anlegte, war Tucher schon lange verstorben; vgl. ebd., Nr. 30, 65, Sixtus Tucher an Caritas Pirckheimer: „Domat ich dich, die ich in dieser Welt not kann sehen, ein mal in den Hymen sehen mag"; Seraphim, *Geben,* 148.
144 Vgl. *Briefe,* Nr. 29, 62, Sixtus Tucher an Caritas Pirckheimer: „Ydoch will ich nit, das du von dannen ainlich lob suchest, sunder dem zuschreibst, von dem ain yede gab die best und ain yede schenk volkumen herruert", oder auch ebd., Nr. 1, 31, Sixtus Tucher an Caritas Pirckheimer: „Sunder der demuetigkeit und anderer tugenden, do durch ich von ainer stafel (Stufe, Anmerk. des Hrsg.) auf die andern, dero ich doch bißher noch keine gestiegen hab, in volkommenhayt des lebens".

sogar die brüderliche Zurechtweisung kamen in seinen Briefen zur Sprache. In einem Brief aus dem Jahr 1501 klagte Tucher offen und mit harten Worten ihre Unversöhnlichkeit und mangelnde Vergebungsbereitschaft in einer klosterinternen oder familiären Beziehung an.[145] Tucher zeigte seine Nähe in vielen Glückwunschschreiben, Beileidserklärungen in Todesfällen und durch die ständige Sorge um ihre Gesundheit. In seiner geistlichen Begleitung gaben ihm die Todesfälle in der Familie Pirckheimer Anlass, über die Vergänglichkeit des Lebens nachzudenken.

Aber es ging in diesem spirituellen Austausch auch um ethische Fragen. So bestätigte Tucher z. B. in einem Brief vom Juli 1503 eine Entscheidung von Schwester Caritas, die einen Ordenseintritt gegen Bezahlung verhindert hatte.[146] Ebenso tadelte er sie wegen der mangelnden Sorge um ihre eigene Gesundheit. In einem Gespräch mit dem Arzt fand er nämlich heraus, dass der wahre Krankheitsgrund in ihrer körperlichen Schwäche liege, die sie durch das Einhalten strenger Fastenvorschriften selbst herbeigeführt habe.[147] Daher ermahnte er sie, die Ordensregel nicht auf Kosten ihrer Gesundheit zu befolgen, und deutete die Krankheit auch als eine von Gott gegebene Prüfung.[148]

---

145 Vgl. *Briefe*, Nr. 6, 37, Sixtus Tucher an Caritas Pirckheimer: „so hastu wenig rew, so doch die fuernemst ursach ist der vergebung [...] so du aber das auch nit tun wilt oder nit kanst, so it dien verwuerckung schwer wider die gegebne trew und bruederlich ainigung; wirdet bey mir ungerochen nit bleyben, ungeachtet das ich zue dir nit kuemen und dich strafen kan".

146 Vgl. ebd., Nr. 9, 39, Sixtus Tucher an Caritas Pirckheimer: „wann mir ewre reyne gotfurchtige gewissen genungk bekant sein, dye vil geringer schuldt hassen, wie vil mer ditz schwer laster? daz fuerwar gros ist: sich weit auspraitet und alle guete werk befleckt".

147 Vgl. ebd., Nr. 12, 44, Sixtus Tucher an Caritas Pirckheimer: „Ich hab mit deinem artzt geredt [...] das er dein besserung wol hoffet, so vern du im und andern ratgeben woeldest gehorsam sein suenderlich mit fleisch essen, wann all dein kranckheit bestee dismals allein in der schwacheyt der natuerlichen kraft, so durch keynen andern wegk dann fleisch essen mog erholt werden [...] das du dir nit selber zu der kranckheyt ursach gebest und so du mainst got ain dinst thuen, waistu nit, das du jnen groeslich belaidigest". Krabbel erwähnt in diesem Zusammenhang auch einen Krankenbesuch von Schwester Caritas bei einer Mitschwester, die während der Pestepidemie in Nürnberg 1505 erkrankt war; vgl. KRABBEL, *Lebensbild*, 54.

148 Vgl. LIPPE-WEISSENFELD HAMER, *Virgo docta*, 133; vgl. SERAPHIM, *Geben*, 150.

Durch Tuchers Freundschaft erhielt Schwester Caritas Orientierung und Rat auf dem eingeschlagenen Lebensweg. Diese Beziehung ermöglichte es ihr, ihre Ansichten zum Ordensleben auszutauschen, verhalf ihr zu einem inneren, gefestigten Standpunkt und formte ihr Gewissen. Sie bildete eine solide Grundlage für ihren ethischen Humanismus klösterlicher Prägung und auch für ihre Argumentation in der späteren Auseinandersetzung mit den Protestanten.[149]

2.4. Ihr Wissen um das aktuelle politische Zeitgeschehen

Den ersten Kontakt mit dem politischen Zeitgeschehen des späten Mittelalters in Deutschland bekam die junge Barbara Pirckheimer bereits früh, als sie noch im Haus ihres Großvaters lebte. Die Tatsache, dass die Reichsstadt ein Knotenpunkt im europäischen Verkehrsnetz der damaligen Zeit war, begünstigte auch den Informationsfluss über die politischen Ereignisse in Deutschland und Europa. Das wirtschaftliche und kulturelle Leben der Stadt war eingebunden in die bahnbrechenden Erneuerungen gegen Ende des 15. Jahrhunderts.

In Nürnberg selbst lebten und wirkten der Bildhauer Veit Stoß (1447-1533), der Dramaturg und Meistersinger Hans Sachs (1494-1576), der Maler Albrecht Dürer (1491-1528), der zudem eng mit Willibald Pirckheimer befreundet war, und der Uhrmachermeister Peter Henlein (1479-1542). Am 18. April 1487 wurde Konrad Celtis in der Stadt von Kaiser Friedrich III. zum Dichterkönig gekrönt. Außerhalb Nürnbergs erfand Johannes Gutenberg (1400-1468) die Buchdruckerkunst. Im Jahr 1485 gründete Jakob Fugger (1459-1525) im benachbarten Augsburg die einflussreiche Fuggerbank. Über die Verkehrswege kamen Nachrichten aus Italien, dem Balkan und Spanien in die Reichsstadt. Es war die Zeit der größten Machtentfaltung der Republik Venedig, der Eroberung Konstantinopels durch die Türken im Jahr 1453 und der Erschließung neuer Handelswege durch die Seefahrt. All diese Informationen blieben der weltoffenen Familie Pirckheimer nicht

---

149 Vgl. LIPPE-WEISSENFELD HAMER, *Virgo docta,* 130.

verborgen. Sie formten schon früh die Sensibilität der jungen Barbara Pirckheimer für das politische Zeitgeschehen.[150]

Auch in späteren Jahren, als sie bereits Äbtissin im Kloster war, wusste sie um die großen theologischen und politischen Themen der frühen Reformationszeit. Sie kannte die großen Veränderungen und den Zwiespalt im Glauben, der durch Luthers neue Lehre entstanden war und nahm Stellung dazu.[151] Sie wusste auch von den Veränderungen der liturgischen Zeremonien und um die internen Auseinandersetzungen zwischen den Reformatoren.[152] Luther hatte sich bekanntlich nach seiner Rückkehr von der Wartburg für eine Liturgiereform eingesetzt. Doch diese Reform setzten einige seiner Anhänger eigenständig um und sorgten für interne Spannungen.

Am Weihnachtsfest 1521 sprach Karlstadt (1480-1541) den Einsetzungsbericht der Heiligen Messe eigenmächtig in deutscher Sprache, ließ den restlichen Kanon mit der Elevation der Hostie und dem Kelch aus und zelebrierte in ziviler Kleidung.[153] Doch Luther befürwortete noch 1523 die lateinische Messe und wollte allen Tumult und politischen Umsturz vermeiden. Wenn Schwester Caritas in ihren Schriften darauf anspielt, dass man selbst noch in Wittenberg das Stundengebet verrichtete,[154] so spricht das für ihre Kenntnis der religionspolitischen Situation in der frühen Reformationszeit.

---

150 Vgl. VON IMHOFF, *Willibald Pirckheimer*, 8-10.
151 Vgl. *Denkwürdigkeiten*, 1: „Das durch die newen lere der luterey gar vil ding verandert sind worden und vil zwyspaltung in dem cristlichen gelawben sich erhebt haben". Tatsächlich war Luther bereits am 3. Januar 1521 durch die Bulle „*Decet Romanum Pontificem*" von Papst Leo X. exkommuniziert und auf dem Reichstag zu Worms am 8. Mai 1521 von Kaiser Karl V. mit der Reichsacht belegt worden; vgl. ISERLOH, *Mönch*, 77, 81.
152 Vgl. *Denkwürdigkeiten*, 126: „Ich wird auch bericht, das Carelstadt noch nichcz widerruft hat, sunder der Luther, sagt er, hab in nit recht verstanden"; und ebd., 127: „Wie vil leut haben wider den Lutter geschriben und in gestrafft, nit allein papisten, sunder auch die von seiner sect in ubel gescholten, aygennüczig und einen heuchler geheissen".
153 Vgl. ebd., 1: „auch dy ceremonia der kirchen vil abgethun sind worden"; vgl. ebd., 54: „wy sy dy h(eilig) meß und alle ceremonien schmechlich verwurffen". Zur Umgestaltung des Gottesdienstes durch die sog. Schwärmer vgl. ISERLOH, *Luther*, 88-90.
154 Vgl. *Denkwürdigkeiten*, 129: „man singt und lyst die horas noch zu Wittenberg".

Darüber hinaus kannte sie Luthers Thesen von der Freiheit eines Christenmenschen und äußerte sich zu den Folgeerscheinungen. Sie beklagte besonders die Dekadenz des Priestertums, die zahlreichen Ordensaustritte und die erklärte Nichtigkeit der Ordensgelübde vonseiten der Protestanten.[155] Auch die lokalpolitischen Ereignisse waren ihr bekannt, denn sie wusste schon im Jahr 1524, dass der Stadtrat beabsichtigte, den Franziskanern die Seelsorge im Klarissenkloster zu entziehen.[156] Sie erfuhr von den Schrecken der Bauernkriege und der Vertreibung der Schwestern aus ihren Klöstern in Pillenreuth und Engelthal.[157] Die genaue Kenntnis des religiösen und politischen Zeitgeschehens war Teil ihres hohen Bildungsstandes.

3. Die Schriften von Schwester Caritas Pirckheimer

3.1. Die Literarkritik der „Denkwürdigkeiten"

Die „Denkwürdigkeiten" der Äbtissin Caritas Pirckheimer gehören zur literarischen Gattung der historischen Chroniken. Bei genauerem Hinsehen geht die historische Aufzeichnung der Jahre 1524 bis 1528 in Nürnberg jedoch über den rein chronologischen Bericht hinaus. Einerseits verbindet sich die konkrete Geschichtsschreibung mit der theologischen und sozialethischen Auseinandersetzung des frühen Protestantismus. Andererseits sind auch die Verweise auf die Heilige Schrift und die kirchliche Tradition äußerst zahlreich. Dabei ist die Argumentationsweise der Chronik nicht

---

155 Vgl. *Denkwürdigkeiten,* 1: „dann man prediget dy cristlichen freyheit, das dy gesacz der kirchen und auch der gelub der geistlichen nichs gelten sollten und nymant schuldig wer sy zu hallten. Auß demselben entsprang das vill nunnen und munch, dy sych solcher fryheit geprauchten, auß den clostern luffen, ir orden und habit hynwurffen, etlich sich verheyraten und theten, was sy wollten".

156 Vgl. ebd., 2: „Do wir nun vernamen, das in einem erbarn rat beschlossen was worden, das man uns dy veter mit gewalt wolt nemen".

157 Vgl. ebd., 67: „Do dy paurn so nochet zu der stat komen, do furt man dy swester von Bildenrewt und von Engeltal hereyn in dy stat mit großer betrubtnis; dy musten auch ir clostergut und pawernschafft dem rot ubergeben".

nur emotional begründet, sondern es sind durchaus auch die Gründe erkennbar, die zu diesem Glauben führten. Es entsteht der Eindruck, dass der chronologische Bericht immer wieder transparent wird und sowohl ein Glaubenszeugnis, wie auch eine christlich-katholische Spiritualität erkennen lässt. Es ist eine Chronik, die aus christlichem Geist geschrieben wurde.

Im Allgemeinen bezeichnet man die Äbtissin Caritas Pirckheimer als die Autorin der „Denkwürdigkeiten", doch das stimmt nur bedingt. Neben den chronologischen Berichten aus dem Klarissenkloster sind nämlich noch zahlreiche Briefe des Klosterkurators Kaspar Nützel, zwei Lehrbriefe des protestantischen Predigers Wenzeslaus Link und ein offizielles Bittgesuch von Frau Ursula Tetzel an den Stadtrat von Nürnberg redaktionell verarbeitet. Berücksichtigt man diese Schriftdokumente, die die chronologischen Berichte der Schwestern wie historische Beweise untermauern, so handelt es sich bei den „Denkwürdigkeiten" um eine Quelle, die von verschiedenen Autoren verfasst wurde und deren Endredaktion in der Verantwortung von Schwester Caritas Pirckheimer lag. Dadurch gewinnt die Quelle an historischer Objektivität und wird zu einem wertvollen Zeugnis aus der frühen Reformationszeit.

Die Redaktionskritik der Chronik muss auch die geschwisterlichen Beziehungen der Familie Pirckheimer berücksichtigen. Sehr wahrscheinlich bildeten Caritas' leibliche Schwester Klara Pirckheimer (1487-1533) und ihre Nichte Katharina (1498-1563) den inneren Kreis der Äbtissin. Beide gehörten zum Klarissenkonvent in Nürnberg und Klara Pirckheimer, die ebenfalls gute Lateinkenntnisse besaß, fungierte wohl als Sekretärin der Äbtissin. Entscheidend ist dabei, dass es sich bei der redaktionellen Abfassung der Klosterchronik um ein gemeinsames Lebenszeugnis der Klarissen handelt und nicht etwa um das private Tagebuch von Schwester Caritas.

Darüber hinaus bestimmte auch der Kontakt zu Willibald Pirckheimer das soziale Gefüge im Kloster. Oftmals hat sich die Äbtissin in administrativen Fragen, in der stilistischen Korrektur ihrer Briefe und in der späteren Auseinandersetzung mit den Protestanten bei ihrem Bruder Willibald Rat geholt. Diese Ratschläge zur korrekten Vorgehensweise sind aus lebenspraktischen Gründen verständlich und gehören auch zur Sorgfaltspflicht einer

Äbtissin. Auf jeden Fall wird die Autorenfrage auch vom Zusammenspiel dieser familiären Querverbindungen mit bestimmt.[158]

Fragt man weiterhin nach dem Aufbau der „Denkwürdigkeiten", so ergibt sich folgendes Bild: Die Quelle enthält 32 Briefe. Davon sind 16 Briefe von Caritas Pirckheimer an Kaspar Nützel und wiederum 13 Briefe von Nützel an Caritas Pirckheimer gerichtet. Drei Briefe sind von der Äbtissin an andere Personen gerichtet, nämlich je einer an die Nürnberger Patrizier Hieronymus Ebner, Martin Geuder und Sigmund Führer. Dazu kommen zehn offizielle Bittgesuche von Caritas Pirckheimer an Kaspar Nützel in seiner offiziellen Funktion als Klosterkurator oder an den Stadtrat von Nürnberg. Eine weitere offizielle Bitte ist von Frau Ursula Tetzel an den Nürnberger Stadtrat gerichtet.[159] Weiterhin finden sich 23 chronologische Berichte der Klarissen über die spannungsvollen Ereignisse im Konvent während der Jahre 1524 bis 1528. In der redaktionellen Abfassung belegen diese Briefe oft die chronologisch verzeichneten Ereignisse. Darüber hinaus finden sich zwei längere theologische Lehrbriefe zum protestantischen Glauben von Wenzeslaus Link mit dem jeweiligen Antwortschreiben der Äbtissin. Diese Auseinandersetzung um die rechte Lehrmeinung bildet auch den eigentlichen theologischen Kern der „Denkwürdigkeiten". Die Quelle enthält in ihrer editierten Form 69 Kapitel. Diese Einteilung wie auch die kurzen Inhaltsangaben zu Beginn eines jeden Kapitels stammen vom Herausgeber Dr. Josef Pfanner.[160]

Ein eigenartiger redaktioneller Einbruch ist nach dem 56. Kapitel zu erkennen, in dem vom Ordensaustritt von Schwester Anna Schwarz berichtet

---

158 Vgl. KNACKMUSS, *Meine Schwestern*, 80-106.
159 Vgl. OSIANDER, *Reformation*, 163f. In seinem Kapitel über die Bedeutung der Frauen während der Reformation in Franken beschreibt Osiander die Aktionen der Patrizierwitwe Ursula Tetzel, die diese Bittschrift am 24. Februar 1525, also noch vor dem Nürnberger Religionsgespräch, beim Stadtrat einreichte.
160 Weitere Informationen zur kritischen Edition und den Codices innerhalb der Editon vgl. J. PFANNER, *Einführung*, in: *Denkwürdigkeiten*, IV-XXVI. Im Jahr 2006 veröffentlichte Paul MacKenzie die englische Übersetzung der Denkwürdigkeiten und 2010 erschien die französische Übersetzung von Francois Terzer. Vgl. MACKENZIE, *Caritas Pirckheimer* bzw. TERZER, *Caritas Pirckheimer*. In Auszügen findet man die Denkwürdigkeiten auch ins Italienische übersetzt. Vgl. BARTONLINI (Hrsg.), *Nella tua tenda* und TOGNALI, *Lasciatici la libertá*.

wird. Danach fehlen weitere chronologische Berichte. Es folgen nur noch kurze und regelmäßige Bittgesuche bezüglich der Steuerangelegenheiten des Klosters an den Stadtrat, die fast wie ein Epilog zur Quelle wirken.[161] Die Quelle selbst gibt keine Gründe für diesen offensichtlichen Stilwechsel an. Das Klosterleben lief ja auch nach der letzten Eintragung in die Chronik am 4. Dezember 1528 noch nach der normalen Tagesordnung ab, und Schwester Caritas verstarb auch erst vier Jahre später. Die wahren Gründe, warum die Chronik gerade an dieser Stelle nach der Schilderung des Ordensaustritts von Schwester Anna Schwarz einen redaktionellen Umbruch erfährt, können nicht mit Sicherheit benannt werden.[162]

Die „Denkwürdigkeiten" sind in den Jahren 1524-1528 abgefasst worden. Die erste Erwähnung eines Datums, nämlich des Jahres 1524, geschieht gleich zu Beginn des ersten Kapitels.[163] Das zuletzt erwähnte Datum ist der 4. Dezember 1528 am Ende des letzten Kapitels dieser Quelle. In diesen Zeitraum sind alle Briefe, Bittschriften, chronologische Berichte und Lehrbriefe einzuordnen.

Die Motive, die zur Abfassung der „Denkwürdigkeiten" führten, sind vielfältig. Zunächst folgten die Schwestern der normalen Klostertradition und zeichneten die geschichtlichen Ereignisse chronologisch auf. Durch die Anwesenheit des Ordenshistorikers Nikolaus Glasberger in Nürnberg war schon einige Jahre zuvor das Interesse der Schwestern an der Geschichte ihres Klosters erwacht.[164] Aber darüber hinaus wollten sie wohl auch in der Zeit des frühen Protestantismus ihre katholische Grundhaltung theologisch und ethisch dokumentieren. Ansonsten wäre es nicht verständlich, warum

---

161 Vgl. *Denkwürdigkeiten*, Cap. 58-69, 149-163.
162 Vgl. KNACKMUSS, *Äbtissin*, 144f. Knackmuß vermutet, dass der Ordensaustritt einer Schwester aus freiem Willen und aufgrund der protestantischen Einflüsse die Gefühlswelt der Äbtissin tief getroffen habe. Gegen die protestantischen Gegner im Nürnberger Stadtrat konnte sie ankämpfen, aber der Gewissensentscheidung einer Schwester konnte sie weder disziplinarische Maßnahmen noch theologische Argumente entgegen setzen. Das wiederum aber würde zeigen, wie massiv die Reformation in die strukturierte und wohlgeordnete Welt des Klarissenklosters einbrach.
163 Vgl. *Denkwürdigkeiten*, 1: „Zu wißen, das etwan lange zeit pronosticirt ist worden auf dy zeit, wen man zellen wirt anno domini 1524"
164 Vgl. KIST, *Klarissenkloster*, 123.

die Äbtissin in der Endredaktion dieser Chronik die Lehrbriefe des protestantischen Predigers Wenzeslaus Link und ihre Antworten darauf aufnimmt.

Viele Bittschriften und Briefe an Privatpersonen sind in der Hoffnung geschrieben, die Situation der Schwestern im Konvent zu verbessern, den Steuerdruck zu vermindern oder auch ungerechtes Verhalten einzuklagen. Sicherlich wären diese Briefe auch unabhängig von der Chronik geschrieben worden, sind aber dann doch in der Endredaktion mit verarbeitet worden. Die Absicht der Schwestern, die harten Maßnahmen des Stadtrates, der Prediger[165] und ihr eigenes Verhalten in dieser schwierigen Zeit zu dokumentieren, ist ebenfalls offensichtlich. Dass sie dabei dennoch nicht in eine rein kontrastierende Darstellung verfallen, die die Protestanten einfach als böse und sie selbst als gut darstellt, zeigt z.B. die objektive Auseinandersetzung mit dem Klosterprokurator Kaspar Nützel.

Im Allgemeinen herrscht in den „Denkwürdigkeiten" ein sachlicher Schreibstil vor, der gelegentlich von demütigen Bittgesuchen an den Stadtrat unterbrochen wird. Caritas Pirckheimer bemühte sich sehr, der Nürnberger Stadtbevölkerung das Bild einer bescheidenen Ordensfrau mit festem religiösen Standpunkt zu vermitteln. Dieser Eindruck wird durch die „Denkwürdigkeiten" durchaus bestätigt.

Aber dennoch erkennt man bisweilen auch einen leidenschaftlichen Schreibstil, der Rückschlüsse auf ihr Temperament zulässt. Er wird meistens dann sichtbar, wenn sie ihre katholische Glaubensposition gegen die aufdringliche Argumentationsweise der Protestanten verteidigen muss. Aber auch in diesen Situationen kommt ihr Temperament eher in den Briefen an Privatpersonen zum Vorschein als in den offiziellen Bittgesuchen an den Stadtrat.[166] Dieser impulsive Charakterzug der Äbtissin bleibt jedoch den Protestanten nicht verborgen. Sie beschuldigen sie daher oft der Hochmü-

---

165 Vgl. *Denkwürdigkeiten,* 54: „und was großer sundt sye erdencken mochten, von uns predigten, damit sye dy leut uber uns mochten rayczen, dy sy trewlich vermanten, das sy uns gotloß volck gancz außdilgten, dy closter zerrissen und uns mit gewalt auß den clostern sollten zern".
166 Vgl. *Briefe,* Nr. 61, 125-133, Caritas Pirckheimer an einen Ordensmann. Der temperamentvolle Brief an den Patrizier Martin Geuder wurde bereits erwähnt; vgl. *Denkwürdigkeiten,* 6.

tigkeit, der Halsstarrigkeit und des Stolzes. Da mag viel protestantische Polemik mitspielen, aber ihre bisweilen temperamentvolle Ausdrucksweise in Wort und Schrift haben bei dieser Urteilsbildung sicherlich eine Rolle gespielt.[167] Ein weiteres Beispiel für einen gefühlsbetonten Schreibstil findet man auch in dem Bericht über den gewaltsam herbeigeführten Ordensaustritt von drei Schwestern am Vorabend des Fronleichnamstages des Jahres 1525. Hier wird der Dialog zwischen Schwester Margaret Tetzel und Schwester Caritas unmittelbar vor der Gewaltanwendung sehr leidenschaftlich beschrieben. Schwester Margaret redete die Äbtissin als „liebe Mutter" an und schrie dann ihre Bitte heraus, nicht aus dem Kloster vertrieben zu werden. Die Äbtissin sprach sie in ihrer Antwort als „liebes Kind" an und erklärte ihre Hilflosigkeit gegenüber dieser Gewalttat.

Zwischen den Zeilen und hinter den Anredeformen sind zudem mütterliche und kindliche Gefühle zu erkennen, die in den Jahren des klösterlichen Lebens entstanden sind und sich in dieser dramatischen Situation offenbaren. Es wird klar, dass Schwester Caritas während der Abfassung dieses chronologischen Berichtes noch stark unter dem Einfluss der Ereignisse stand, die sie niederschrieb. Die Dramatik dieses Tages spiegelt sich jedenfalls klar in ihrem Schreibstil.[168]

Weiterhin fällt bei der Abfassung der chronologischen Berichte ein Dialogstil auf, mit dessen Hilfe Schwester Caritas genau ihre Meinung und die ihrer Gesprächspartner wiedergeben möchte. Beim Kopieren dieser zuvor gehaltenen Gespräche wird in der Chronik oft die direkte oder indirekte Rede benutzt.[169] In den offiziellen Bittgesuchen reiht sie ihre Argumente

---

167 Vgl. KNACKMUSS, *Äbtissin*, 155.
168 Vgl. *Denkwürdigkeiten,* 82: „Schrye Magaretha Teczlin: O liebe muter, treibt uns nit von euch. Sprach ich: Liebe kindt. Ir secht, das ich leider euch nit helfen kann". Im klösterlichen Zusammenleben wird die Äbtissin oft als Mutter Äbtissin angeredet, jedoch wird die genaue offizielle Anredeform der Äbtissin Caritas in der Quelle nicht erwähnt.
169 Ein gutes Beispiel für diesen Dialogstil findet man in der Diskussion um die Einsetzung des katholischen Beichtvaters Conrad Schröter; vgl. *Denkwürdigkeiten*, 63: „Er (Nützel) saget auch, wyewoll wir den prister nit genent hetten [...] Sprach ich (Äbtissin): Es ist doch nit von notten [...] Sagt er: Es wirdt alles anders zen, man wurd uns keyn geben [...] Sagt ich: So dyselben nichs von der peicht hallten [...] Er trug uns imer den abtrunigen karteuser an [...] Sprach ich: Wir sind clarisserin und nit karteussrin

oft aneinander und verbindet geschichtliche Ereignisse mit theologischen Argumenten oder biblischen Zitaten. Sehr deutlich kommt dieser Schreibstil im ersten offiziellen Bittgesuch an den Stadtrat zum Ausdruck, in dem sie im Advent 1524 versucht, den bevorstehenden Abzug der katholischen Seelsorger vom Kloster zu verhindern.[170] So offenbart der Schreibstil auch einen Lebensstil und zeigt auf, wie im Konvent die täglichen Ereignisse aus der kirchlichen Tradition und den Worten der Heiligen Schrift interpretiert wurden. Daher findet man in den „Denkwürdigkeiten", abgesehen von den zwei Antworten der Äbtissin auf die Lehrbriefe von Wenzeslaus Link, auch keine systematische, theologische Traktate.

3.2. Die Literarkritik des Briefwechsels

Im Jahr 1966 gab Dr. Josef Pfanner die Briefliteratur von Schwester Caritas Pirckheimer in kritischer Edition heraus. Sie trägt den Titel: Briefe von, an und über Caritas Pirckheimer (aus den Jahren 1498-1530). Diese Briefsammlung enthält Briefe, die Caritas Pirckheimer geschrieben oder diktiert hat, jene, die sie empfangen und gelesen hat und auch Briefe außenstehender Personen, die ihre Eindrücke über die Äbtissin brieflich festhalten.[171] Diese Sammlung gehört zur der literarischen Gattung der Briefe.

In der Zeit des deutschen Humanismus erhielt der Brief als Kommunikationsmedium beinahe einen Kultstatus. Es war im 15. und 16. Jahrhundert fast selbstverständlich, eine Publikation mit einer kleinen Sammlung von

---

[...] Sprach er: Er wollt mir gut darfur sein [...]." In ähnlicher Weise gibt die Chronik des öfteren die gehaltenen Gespräche wieder.

170 Vgl. *Denkwürdigkeiten*, 8-13: „Uns ist auch unverborgen [...] Es ist auch die warheit, das [...] wir achten auch genczlich dafur [...] wir wissen aber herwiderum auch, das [...] derhalben erkenn wir [...] nach s(ant) Paulus ler wissen wir auch [...] Dem allen nach pitten wir E E W umb unßers und des hochsten gottes willen [...] selb wöll dißes ires furnemens gunstlich absten".

171 Pfanner veröffentlicht in dieser Sammlung nach einer kurzen Einleitung 174 Briefe, von denen 86 Briefe, also fast die Hälfte, zum ersten Mal ediert sind. Im Anhang finden sich einige Auszüge aus Ratsbeschlüssen und Briefsammlungen des Nürnberger Stadtrates wie auch die berühmte Schutzschrift Willibald Pirckheimers an den Rat.

Widmungsgedichten und Empfehlungsschreiben zu versehen. So diente der Brief oft als Stilmittel und Medium, um das humanistische Bildungsideal herauszustellen. Um als Frau von den Humanisten in diesem Korrespondenzzyklus anerkannt zu werden, war die Kenntnis der lateinischen Sprache unbedingt notwendig. Zu Beginn des 16. Jahrhunderts sind aber nur ganz wenige Protagonistinnen mit diesem Bildungsniveau nachweisbar. Caritas Pirckheimer ist eine von ihnen.[172] Im Kloster kommt dem Brief als Kommunikationsmittel aufgrund der strikten Klausurbestimmungen nochmals eine besondere Bedeutung zu, denn er war neben dem Kontakt am vergitterten Redefenster die einzige Kommunikationsmöglickeit zur Außenwelt. Auf diesem kulturgeschichtlichen Hintergrund ist auch der Briefverkehr von Schwester Caritas Pirckheimer zu verstehen. Normalerweise enthalten ihre Briefe neben den Grußworten, den Notizen über das persönliche Empfinden und der Wertschätzung des Empfängers ein konkretes Anliegen. Es ist das eigentliche Motiv des Briefes für die Abfassung. Alle Briefe vermitteln einen guten Einblick in das Konventsleben der Klarissen in den Jahren von 1498 bis 1530.

Insgesamt enthält die Briefsammlung 48 Briefe, die Caritas Pirckheimer geschrieben oder diktiert hat, 53 Briefe, die sie von verschiedenen Autoren empfangen und gelesen hat, und 72 Briefe, die außenstehende Personen über sie verfasst haben.[173]

Im Einzelnen sind uns in dieser Sammlung sechs Briefe überliefert, die sie an ihren Bruder Willibald schrieb. An den Klosterkurator Kaspar Nützel schrieb sie außer den bereits erwähnten Briefen, die in die „Denkwürdigkeiten" einflossen, noch weitere 18 Briefe. An den Wohltäter des Klarissenklosters, Anton Tucher, schrieb sie zwei Briefe. Je ein Brief ging an Papst Julius II., an den Nürnberger Ratsherrn Lazarus Holzschuher, an den Bürgermeister und den Stadtrat von Nördlingen, an den Vorsteher des Nürnberger Bauamtes, Michael Behaim, an die Priorin des Nürnberger

---

172 Zum Thema der Briefkultur im Humanismus vgl. HESS, *Oratrix humilis*, 173-203; auch SCHOTTENLOHER, *Widmungsvorrede*.

173 Die genaue Auflistung der Briefe findet sich zu Beginn der Briefsammlung von Pfanner; vgl. J. PFANNER, *Verzeichnis der Briefe,* in: *Briefe,* 9-30. Die folgenden Angaben zur Korrespondenz beziehen sich aufs Pfanners Forschungsergebnisse.

Katharinenklosters, Veronika Bernhart, an den Propst der Nürnberger Pfarrgemeinde St. Lorenz, Hector Pömer, an ihre Cousine Felicitas Imhoff in Augsburg, an den Theologen Hieronymus Emser, an einen anonymen Ordensmann,[174] an den Markgrafen Georg von Ansbach, an den Nürnberger Stadtrat,[175] und an den Prior des Klosters zu Rebdorf, Kilian Leib.

Nach den Angaben in Pfanners Edition empfing sie 30 Briefe von Propst Sixtus Tucher,[176] sechs Briefe von ihrem Bruder Willibald, zehn Briefe von dem Nürnberger Juristen Christoph Scheurl und je einen Brief vom Klosterkurator Kaspar Nützel, von dem deutschen Humanisten Konrad Celtis, von dem Nürnberger Benediktiner und Poeten Bernhard Chelidonius, von Papst Leo X., von dem Provinzial der Franziskaner, Johannes Macheisen, von dem Theologen Johannes Cochläus und dem Nürnberger Patrizier Sebald Pfinzig.

Über die Lebensweise von Schwester Caritas erfährt man viel aus der Korrespondenz innerhalb ihrer Familie. So schrieb ihre leibliche Schwester Klara Pirckheimer 32 Briefe aus dem Klarissenkloster an ihren gemeinsamen Bruder Willibald. Katherina Pirckheimer die Jüngere schrieb elf Briefe aus dem Klarissenkloster an ihren Vater Willibald. Katherina Pirckheimer die Ältere, die Priorin im Benediktinerinnenkloster Geisenfeld war, schrieb fünf Briefe an ihren Bruder Willibald, und Sabina Pirckheimer, die Äbtissin im Benediktinerinnenkloster zum Heiligen Kreuz bei Neuburg war, schrieb zwei Briefe an ihren Bruder Willibald. Schwester Felicitas Grundherr, die Mitschwester und Untergebene der Äbtissin in Nürnberg, beschrieb in sechs Briefen ihre Eindrücke über Schwester Caritas an ihren Vater Leonhard Grundherr. Auch Willibald Pirckheimer erwähnte seine Schwester Caritas in den Briefen an seine Freunde. Er tat das in je einem Brief an die Humanisten Erasmus von Rotterdam und Konrad Celtis, an

---

174 Pfanner vermutet hier, dass es sich um den Franziskaner Kaspar Schatzgeyer handelt; vgl. *Briefe,* Nr. 61, 125 Caritas Pirckheimer an einen Ordensmann, Fußnote.
175 Es ist ein Brief, der nicht in die „Denkwürdigkeiten" aufgenommen wurde; vgl. *Briefe,* Nr. 63, 134.
176 Es sind die sog. Sendbriefe, die Tuchers Neffe Christoph Scheurl aus dem Lateinischen ins Deutsche übertrug und sie 1515 herausgab. Sie dienten der geistlichen Orientierung von Schwester Caritas. vgl. SERAPHIM, *Geben,* 148.

die Theologen Johannes Reuchlin und Hieronymus Emser und an die Protestanten Wenzeslaus Link und Philipp Melanchton. Auch seine Freunde erwähnen seine Schwester Caritas in ihren Briefen an ihn. Das geschieht in drei Briefen von Johannes Cochläus und in einem Brief des Protestanten Konrad Pellican an ihn. Auch das Entschuldigungsschreiben von Hieronymus Emser aufgrund einer Indiskretion bei einer Briefveröffentlichung erwähnt seine Schwester Caritas.

Schwester Caritas hatte vielfältige Gründe, Briefe zu schreiben. Zunächst einmal brachte ihre Aufgabe als Äbtissin des Konventes zwangsläufig viel Verwaltungsarbeit mit sich. Bei dieser Alltagspost geht es meistens um Pfandbriefe, Zinstermine, Weinlieferungen, die Verwaltung der Liegenschaften, um Rechnungsprüfungen, um Immobilienfragen und auch um die Beziehung zum Stadtrat.[177] Sie schrieb aber auch, um den Kontakt zu den Wohltätern des Klosters aufrecht zu erhalten. Sie verfasste Dankesbriefe für empfangene Geschenke und auch Glückwünsche zum neuen Jahr[178] oder zur Übernahme von wichtigen zivilen oder kirchlichen Ämtern. So gratulierte sie z. B. Kaspar Nützel zu seinem neuen Amt als Klosterprokurator[179] oder dem protestantischen Pfarrer Hector Pömer zu seiner Amtseinführung als Propst von St. Lorenz.[180]

Die Briefe aus den konfliktreichen Jahren 1524 bis 1532 sind vor allem deshalb geschrieben worden, um die Notlage der Schwestern im Konvent zu verbessern. Sie erbat die Ratschläge ihres Bruders in juristischen Fragen und erwirkte den Einsatz seiner diplomatischen Fähigkeiten beim Stadtrat zugunsten der Schwesterngemeinschaft. Sie würdigte zudem seine Bucheditionen und alle Maßnahmen zur theologischen Weiterbildung der Schwestern.[181]

---

177 Vgl. z. B. *Briefe*, Nr. 49, 110, Caritas Pirckheimer an Lazarus Holzschuher, oder ebd., Nr. 50, 111, Caritas Pirckheimer an Bürgermeister und Rat der Stadt Nördlingen, oder ebd., Nr. 54, 114f., Caritas Pirckheimer an Veronika Bernartin.
178 Hier sind vor allem ihre Briefe an Anton Tucher zu nennen; vgl. ebd., Nr. 78-87, 161-168, Caritas Pirckheimer an Anton Tucher.
179 Vgl. ebd., Nr. 88, 169, Caritas Pirckheimer an Kaspar Nützel.
180 Vgl. ebd., Nr. 58, 119, Caritas Pirckheimer an den Propst Hector Pömer.
181 Vgl. ebd., Nr. 33, 78-80, Caritas Pirckheimer an Willibald Pirckheimer, oder Nr. 40, 89-92, Caritas Pirckheimer an Willibald Pirckheimer.

Darüber hinaus schrieb sie, um ihre theologische und ethische Meinung auszudrücken. So korrigierte sie in einem Mahnbrief vom 25. April 1502 die ethische Position des Konrad Celtis aus ihrer Sicht[182] und unterstützte die Position des katholischen Theologen Hieronymus Emser gegen Martin Luther.[183] Sie empörte sich in ihrem Brief an einen Ordensmann über den gewaltsam herbeigeführten Ordensaustritt von drei Mitschwestern. Sie warnte ihre Cousine Felicitas Imhoff vor dem Protestantismus[184] und den Markgrafen Georg von Ansbach vor der Gewaltanwendung zugunsten der neuen Lehre.[185] Die Briefe, die sie erhielt, waren größtenteils die Antworten auf ihre vielseitigen Anfragen. Es waren Widmungsbriefe zu den Buchgeschenken,[186] Antworten auf administrative Fragen, Dispense zur Lockerung der Fastenregel für kranke Schwestern[187] und die Erlaubnis, eine neue Orgel zur liturgischen Gestaltung benutzen zu dürfen.[188] Eine besondere Stellung nehmen sicherlich die Briefe von Propst Sixtus Tucher ein. Sie wurden aus einer tiefen Freundschaft zu Schwester Caritas geschrieben und wollten ihr auf dem Lebensweg spirituellen Beistand gewähren.[189]

Caritas' literarischer Schreibstil ist größtenteils von Sachlichkeit und Bescheidenheit gekennzeichnet. In ihrer Korrespondenz mit den Humanisten benutzte sie stilistisch gern die Rolle der demütigen Ordensfrau. Sie sah sich als die „oratrix humilis" und entwickelte aus dieser Position auch eine Gesprächsstrategie mit ihren berühmten Briefpartnern. Zunächst fühlte sie eine sprachliche Unsicherheit und einen Bildungsrückstand gegenüber den gelehrten Humanisten und bat ihren Bruder Willibald, ihren Schreibstil zu

---

182 Vgl. *Briefe,* Nr. 47, 105-108. Schwester Caritas korrigiert hier scharf Celtis' frivole, heidnische Konzeption des Lebens und weist ihn entschieden auf den Weg der mystischen Theologie. Sie schreibt diesen Brief bereits mit 35 Jahren und noch vor ihrem Amtsantritt als Äbtissin. Vgl. WAILES, *The literary relationship,* 434-440.
183 Vgl. ebd., Nr. 60, 121-124, Caritas Pirckheimer an Hieronymus Emser.
184 Vgl. ebd., Nr. 59, 120, Caritas Pirckheimer an Felicitas Imhoff.
185 Vgl. ebd., Nr. 62, 132f., Caritas Pirckheimer an den Markgrafen Georg von Ansbach.
186 Vgl. ebd., Nr. 39, 86-89, Willibald Pirckheimer an Caritas Pirckheimer, oder Nr. 41, 92f., Willibald Pirckheimer an Caritas Pirckheimer, oder Nr. 52, 113, Chelidonius an Caritas Pirckheimer.
187 Vgl. ebd., Nr. 57, 118, Johannes Macheisen an Caritas Pirckheimer.
188 Vgl. ebd., Nr. 55, 115f., Papst Leo X. an Caritas Pirckheimer.
189 Vgl. ebd., Nr. 1-31, 31-69. Sixtus Tucher an Caritas Pirckheimer.

korrigieren.[190] Außerdem dürfte diese Humilitasrolle auch ein wichtiges rhetorisches Stilprinzip und strategisches Mittel gewesen sein, um im Kreis der Humanisten ernst genommen zu werden. Ganz sicher aber ist es ihre spirituelle Grundhaltung in der Beziehung zu Gott.

Dieses Stilmittel wusste sie auch zu ihren Gunsten einzusetzen. Nachdem sie nämlich in ihrem Mahnbrief an Conrad Celtis nach den formellen, rhetorischen Anredeformen zum Thema des ethischen Verhaltens kam, fiel aller Kleinmut von ihr ab. Unmissverständlich und entschieden ermahnte sie ihn, von den heidnischen Dichteridealen und den frivolen Lebensauffassungen zu christlichem Verhalten und zur Nachahmung der Heiligen zurückzukehren.[191] Der unter kulturgeschichtlichen Normen und formellen Anredeformen begonnene Brief wird zur christlichen Ermahnung. Alle Formalität tritt letztlich klar hinter dem spirituellen Anliegen von Schwester Caritas zurück. Sie schreibt demütig, aber doch gelehrt und offenbart so ihre christlich ethische Grundhaltung. Der Schreibstil drückt darüber hinaus auch noch ihre beiden unterschiedlichen Lebenskonzeptionen aus, nämlich die Bildungsneugierde und Dialogfreude einerseits und die asketische, kontemplative Lebenskomponente andererseits. Sie war die „virgo docta" und zugleich auch die „virgo sacra".[192]

In ihren nicht offiziellen Briefen, die oft auch die private Seite der Auseinandersetzung mit den Protestanten zum Thema haben, bricht im Schreibstil jedoch auch ihr Temperament durch. Sie findet deutliche Worte und lässt ihren Emotionen manchmal freien Lauf. In den alltäglichen Bittgesuchen oder den Dankesbriefen an die Wohltäter schreibt sie stets

---

190 Vgl. *Briefe,* Nr. 34, 80f., Caritas Pirckheimer an Willibald Pirckheimer: „Mitto ad te exemplum litterarum [...] ut pellegas, errores corrigas, incongruitates emendes, fatuitatem castiges ac tandem, si placet, reddas."

191 Vgl. ebd., Nr. 47, 106-108, Caritas Pirckheimer an Conrad Celtis: „idcirco toto animo rogo vos instantissime mundanam philosophiam non derelinquere, sed potius in melius commutare, hoc est de litteris gentilium ad sacras paginas, de terrenis ad coelestia, de creaturis ad creatorem vos conferre". Im Brief selbst ist der theologische Ansatz von Bonaventura zu erkennen, nämlich das stufenweise Emporsteigen des Menschen zu Gott. Zur literarischen Humilitasrolle vgl. Hess, *Oratrix humilis,* 97f.

192 Vgl. HESS, *Oratrix humilis,* 177.

objektiv und freundlich. Dieser demütige, gelehrte, objektive und bisweilen temperamentvolle Stil durchzieht ihre gesamte Korrespondenz.

Die wichtigsten Briefpartner der Äbtissin sind ihr Bruder Willibald, der Propst der Nürnberger St. Lorenz Pfarrei, Sixtus Tucher, der Humanist Conrad Celtis, der Jurist Christoph Scheurl, der Theologe Hieronymus Emser, der Klosterprokurator Kaspar Nützel und ein anonymer Ordensmann.

Aus der Korrespondenz zwischen Schwester Caritas und Propst Sixtus Tucher sind uns nur die Briefe von Tucher überliefert. In ihnen spiegelt sich eine innige, geistliche Freundschaft zwischen beiden, ein gegenseitiges Geben und Nehmen des welterfahrenen Geistlichen mit der gewissenhaften Ordensfrau, sowie auch eine gute spirituelle Begleitung in einigen wichtigen Fragen zur Nachfolge Christi. Tucher ist in seinem Denken und in seinen Briefen stark der Hieronymus-Begeisterung seiner Zeit verpflichtet. Gemäß dem humanistischen Ideal findet seine enge Beziehung zu Schwester Caritas in der Freundschaft des heiligen Hieronymus zu seinen Begleiterinnen Paula und Eustochia ein Vorbild in der Zeit der Kirchenväter.[193]

Der geistliche Austausch beider behandelt Themen wie die Zerstreuung bei den geistlichen Übungen, die Jungfräulichkeit, die furchtlose Haltung gegenüber dem Tod und den Widerstand gegen Versuchungen. Interessant ist auch, dass Tucher in seiner bildhaften Ausdrucksweise die biblische Metapher vom Baum und den Früchten gebrauchte.[194] Genau dieses Bild wird Schwester Caritas in den späteren Jahren der Auseinandersetzung mit den Protestanten wieder aufgreifen, wenn sie ihren Glauben an die Werke der Nächstenliebe bindet.

Im Jahr 1502 schickte Conrad Celtis ihr zunächst die von ihm edierten Werke der Roswitha von Gandersheim samt einem Widmungsschreiben. Kurz darauf, angeregt von ihrem Dankesbrief, überreichte er ihr die „Amores", seine eigene Sammlung heidnischer Liebesgedichte. Doch die Verschiedenartigkeit dieser Schriften haben sie offenbar sehr eigenartig

---

193 Vgl. SERAPHIM, *Geben*, 147-149.
194 Vgl. *Briefe* Nr. 30, 63, Sixtus Tucher an Caritas Pirckheimer: „Dann wie kent ein poeser boum guet fruecht tragen? Oder wie moecht der erdpoden auserhalb der feuchtikayt des hymlischen tawes ein so schmaghaft korn geben?"

berührt.[195] Celtis hatte ihr Anliegen deutlich missverstanden. In seiner humanistischen Ausprägung interpretierte er die Liebe eher im heidnischen, erotischen Sinn. So sah sich Schwester Caritas verpflichtet, dem großen Dichter einige ernste Wahrheiten nahezubringen.[196] In ihrem Brief vom 25. April 1502 ermahnte sie ihn, seine philosophischen Gedanken höher auf Gott hin zu entwickeln und den Schritt von der Wissenschaft zur mystischen Theologie zu tun. Sie ruft ihn zur Umkehr von seinen frivolen, heidnischen Vorlieben auf und stellt ihm den Tod und das Gericht Gottes vor Augen.[197] Auf diesen Brief, den ihr Bruder Willibald korrigierte[198] und somit auch guthieß, antwortete Celtis nicht mehr. Doch mit dieser Korrespondenz ist uns ein erstaunliches Zeugnis ihrer christlichen Grundsätze, ihres Glaubens und ihrer biblisch-religiösen Werteordnung überliefert.

Nach dem Tod von Propst Sixtus Tucher führte sein Neffe Christoph Scheurl die Korrespondenz mit der Äbtissin fort.[199] Thematisch geht es nunmehr um die Wertschätzung der Familie Pirckheimer, um Berichte aus seinem persönlichen Leben und um einige wertvolle Buchgeschenke. In diese Zeit fällt auch der bereits erwähnte Brief von Schwester Caritas an

---

195 Man weiß nicht, ob Schwester Caritas diese „Amores" gelesen hat. Wailes merkt dazu an: „Did Caritas read them? We don't know, but to say so is difficult. Even the first poem of the first book would have been so offensive as to make her set the volume aside" (WAILES, *The literary relationship,* 434).

196 Vgl. WIENAND, *Caritas Pirckheimer,* 132-136.

197 Vgl. *Briefe,* Nr. 47, 106, Caritas Pirckheimer an Conrad Celtis: „Agite nunc, charissime, quidquid agere poteritis. Nescitis enim, quando moriemini, absconditum etiam est ab oculis vestris, quod vobis post mortem sequetur. Cras est dies incerta et ignoratis, si habentis crastinum", und wenige Zeilen später: „sumus in distictis examine justi judicis, quia nobis non dicta, sed facta exigit [...] pro singulari nostra amicitia hortor desistere a parvis fabulis Dianae, Jovis, Veneris et aliorum damnatorum".

198 Vgl. ebd., Nr. 34, 80f., Caritas Pirckheimer an Willibald Pirckheimer: „ad doctorem Celtem scribo, rogans, ut pellegas, errores corrigas, incongruitates emendes, fatuitatem castiges".

199 Vgl. STUMPF, *Scheurl,* 715-717. Christoph Scheurl (1481-1542) studierte vor seiner Promotion in Rechtswissenschaften in Bologna an der Artistenfakultät Heidelberg, wo ihn Lehrer wie Konrad Celtis (1459-1508) und Jakob Wimpheling (1450-1528) in das humanistische Denken einführten. Er dozierte Rechtswissenschaften an der neu gegründeten Universität Wittenberg und wurde 1511 als juristischer Ratskonsulent nach Nürnberg gerufen. Als Rechtsbeistand in Nürnberg vertrat er oft auch die Angelegenheiten der Nürnberger Klarissen gegenüber dem protestantischen Stadtrat.

den Kontroverstheologen Hieronymus Emser, in dem sie seine Verteidigung des christlichen Glaubens wertschätzt.[200]

Die Korrespondenz mit ihrem Bruder Willibald weist bei genauerem Hinsehen zwei verschiedene Aspekte auf. Einerseits war die geschwisterliche Beziehung von einer großen intellektuellen Verbundenheit geprägt. Für die zahlreichen Leihgaben wertvoller Bücher bedankte sich Schwester Caritas stets aufs Neue.[201] Andererseits erkennt man auch die praktische Hilfeleistung, die Willibald seiner Schwester in administrativen Fragen des Klosters zukommen lässt.[202] Diese Briefe sind ebenso wie die Korrespondenz mit dem Klosterkurator Kaspar Nützel zur Alltagspost zu rechnen, die bei der Verwaltung eines Klosters anfällt.

Aus dem Jahr 1525 ist ein bemerkenswerter Brief an einen anonymen Ordensmann überliefert, in dem sie in temperamentvollem Stil die Ereignisse des Jahres 1525, besonders aber den gewaltsam herbeigeführten Ordensaustritt von drei Schwestern. beschreibt.[203] Ihre Empörung gegen eine gewaltsame Aktion weist darauf hin, dass sich derartige Maßnahmen nicht mit ihrem Glauben vereinbaren lassen.

---

200 Vgl. *Briefe*, Nr. 60, 121-124.
201 Vgl. ebd., Nr. 33, 78, Caritas Pirckheimer an Willibald Pirckheimer: „Remitto tibi, [...] volumen vero egregium patris sancti, monailum specialissimi Theophrasti, scil. divi Hieronymi, cupio, si placet, diu-tus reservare"; oder Nr. 40, 89, Caritas Pirckheimer an Willibald Pirckheimer: „Accepi nuper laeta fronte admiratione etiam premaxima thesaurum incomparabilem; sexternum videlicet de libello Plutarchi viri clarissimi".
202 Vgl. ebd., Nr. 42, 93, Caritas Pirckheimer an Willibald Pirckheimer: „Ich schickt fir ein copi von der Erffurtter priff uber unser ewig gelt, [...] daz mich nit wenig bekumert". Pfanner erklärt in Fußnote 3, dass die Klarissen im Jahr 1489 bei einer Erfurter Bank eine Kapitalanlage tätigten. Die Bank meldete aber kurz darauf Konkurs an, so dass den Schwestern jahrelang keine Zinsgelder ausgezahlt wurden. In derartigen praktischen Angelegenheiten fragte die Äbtissin ihren Bruder oft um Rat.
203 Vgl. ebd., Nr. 61, 125-132.

3.3. Die von Schwester Caritas mitgeschriebenen Predigten[204]

In den Jahren 1487 bis 1499 war der Franziskaner Heinrich Vigilis von Weißenburg als Prediger und Beichtseelsorger im Klarissenkloster Nürnberg tätig. Den Gewohnheiten der Klostertradition folgend, fertigte Schwester Caritas zu dieser Zeit eine Nachschrift seiner Predigten an. Uns sind vor allem seine Predigten zu den Sonntagsevangelien von Ostern bis zum 24. Sonntag nach Pfingsten überliefert. Jedoch liegen uns nicht die Originalhandschriften von Schwester Caritas vor, sondern nur eine Kopie, die Schwester Barbara Stromer kurz vor ihrem eigenen Tod anfertigte. Durch einen beigefügten Beleg am Ende der Kopie beglaubigt sie aber ihre Abschrift. Diese handschriftliche Kopie ist auf Papier angefertigt, enthält 423 Blätter, misst 40 cm x 28,5 cm und befindet sich in der Bibliothek des Metropolitankapitels zu Bamberg unter der Registriernummer Ms. 29.

Ebenso wie die Predigten von Heinrich Vigilis hat Schwester Caritas auch mehrere Predigten des Franziskaners Stephan Fridolin nachgeschrieben. Er war seit 1480 Lektor am Nürnberger Franziskanerkloster und von 1489 bis 1498 auch als Prediger und Beichtvater bei den Klarissen tätig. Die Abschrift enthält Predigten über die kanonischen Horen der Non und der Komplet und auch Erläuterungen zu verschiedenen Teilen des Breviergebetes. Auch diese Handschrift ist uns nicht original überliefert, sondern liegt nur als beglaubigte Kopie von Schwester Margarethe Kress vor. Jedoch enthält sie auf mehreren Seiten einige Korrekturen von Schwester Caritas. Sie umfasst 238 Blätter, misst 21 cm x 16 cm und befindet sich seit 1860 im Bayrischen Nationalmuseum München unter der Registriernummer Ms. 3801.[205]

---

204 Die von Schwester Caritas in ihren frühen Ordensjahren mitgeschriebenen Predigten enthalten nicht ihre eigenen theologischen Gedanken, sondern die der Prediger. Obwohl sie zur Ausbildung ihrer Spiritualität beigetragen haben, sollen sie hier bei der Untersuchung ihrer eigenen Gedanken bezüglich des Glaubens nicht weiter behandelt werden. Vielfach liegen sie uns auch nicht mehr in der Originalhandschrift vor, sondern nur in später angefertigten Kopien.

205 Vgl. KURRAS, *Stephan Fridolin*, 98.

Im Allgemeinen beziehen sich Fridolins Anweisungen an die Klarissen sowohl auf die Vorbereitung zum Chorgebet, auf die Konzentration beim Gebet und die Verinnerlichung der gebeteten Psalmen, wie auch auf allgemeine Hilfen zur geistlichen Ausgestaltung des Alltags. In einer weiteren kleinen Handschrift, die möglicherweise auf eine Predigt zurückgeht, versucht Fridolin skrupulös veranlagten Menschen zu helfen. Diese Handschrift trägt den Titel: „Lehre für angefochtene und kleinmütige Menschen."[206] Es ging in Fridolins Unterweisung der Schwestern also letztlich um die spirituelle Vertiefung der alltäglichen Lebensvollzüge. Viele seiner geistlichen Impulse fasste er später auf Bitte seiner Zuhörer in einem geistlichen Büchlein, dem „Schatzbehälter", zusammen.[207]

3.4. Verlorene Schriften

Wenn man von verloren gegangenen Schriften der Äbtissin Caritas Pirckheimer spricht, denkt man zunächst an ihren Briefwechsel mit Propst Sixtus Tucher. Zwar sind uns Tuchers Briefe überliefert, jedoch fehlen die entsprechenden Briefe von Schwester Caritas. Ihre Existenz kann man jedoch aus Tuchers Briefen ableiten, denn er bezieht sich des öfteren auf einen erhaltenen Brief von Schwester Caritas.[208] Allerdings gibt es viele

---

206 Vgl. SEEGETS, *Passionstheologie*, 45. Diese Handschrift befindet sich in der Bayrischen Staatsbibliothek München unter der Registriernummer Cgm 4439.
207 Vgl. SEEGETS, *Passionstheologie*, 42-44. Seegets hat hierzu die noch nicht edierten Predigten Fridolins im Nürnberger Klarissenkloster untersucht. Sie befinden sich in der Staatsbibliothek Preußischer Kulturbesitz Berlin unter der Signatur Mgf. 1040.
208 Vgl. *Briefe*, Nr. 21, 52, Sixtus Tucher an Caritas Pirckheimer: „Des verganenen tags hab ich deiner brive entpfangen neben einer gaistlichen und zeitlichen gab des newen jars"; oder ebd., Nr. 29, 62, Sixtus Tucher an Caritas Pirckheimer: „Der gleichen sein mir dein brive zukumen und zu mal sues unnd angenem gewesen"; oder ebd., Nr. 30, 63, Sixtus Tucher an Caritas Pirckheimer: „Liebste schwester, dein brive sein mir zu mal sues und so angenem gewesen [...] das du dodurch vermant und verursacht pist worden, zu mir zu schreiben"; oder ebd., Nr. 1, 31, Sixtus Tucher an Caritas Pirckheimer: „mir ist dein schreyben behendigt und zumal sues und lieblich gewesen"; oder ebd., Nr. 11, 43, Sixtus Tucher an Caritas Pirckheimer: „Wie vol dein jungst schreiben kein antwort ervordert".

indirekte Hinweise auf die verloren gegangenen Briefe, denn Tucher besaß Informationen über die alltäglichen Sorgen der Schwestern im Klausurbereich. Da er als Spiritual von Schwester Caritas ihr Vertrauen gewonnen hatte, ist es durchaus möglich, dass sie ihm brieflich einige klosterinterne Dinge anvertraut hatte, um seinen Rat zu erbeten.

Über den genauen Inhalt dieser Briefe von Schwester Caritas kann man nur spekulieren. Im Augenblick können bei der genauen Lektüre von Tuchers Briefen nur einige Rückschlüsse auf die Themen gezogen werden, die Schwester Caritas möglicherweise angesprochen hat.

Es dürfte sich zunächst um allgemeine Themen handeln wie Grußbotschaften zu den christlichen Hochfesten oder auch um Todesnachrichten aus ihrer Familie. Man vermutet auch Hinweise auf ein Zögern, die persönliche Anredeform des Du zu benutzen, da sie Tucher für eine geistig hochstehende Persönlichkeit hielt. Denkbar sind auch eine Menge Fragen des geistlichen Lebens, denn Tucher gibt immer wieder Ratschläge, wie man mit den verschiedenen Phasen des Trostes und der geistlichen Dürre im Gebet umgeht[209] oder auch, wie man sich schrittweise dem göttlichen Geheimnis nähert. Vermutlich hatte sie auch seinen Rat erbeten, als sie den Ordenseintritt einer Schwester ablehnte, die sich mit finanziellen Mitteln den Ordenseintritt verschaffen wollte.[210] Man erahnt auch eigenwillige Meinungen der Äbtissin in den Briefen, denn Tucher weist sie mehrere Male zurecht.[211] Die letzte Klarheit in dieser Frage erhielte man jedoch erst, wenn diese Briefe von Schwester Caritas an Propst Sixtus Tucher eines Tages aufgefunden würden.

---

209 Vgl. *Briefe,* Nr. 30, 63, Sixtus Tucher an Caritas Pirckheimer: „Daumb soltu nit klagen, das du duerr und sproed seiest"; und wenig später im selben Brief: „Ob du aber yezuzeiten wie du klagst ein sproedigkeyt und ausschwayfung des gemuets leydest, das soltu dir mit nichte lasen beschwerlich sein". Hier lässt sich leicht eine Klage von Schwester Caritas über eine innere Dürrephase beim Gebet ableiten.

210 Vgl. ebd., Nr. 9, 39, Sixtus Tucher an Caritas Pirckheimer: „Aus deinem juengsten schreyben hab ich dein maynung in aufnehmung der schwestern gerecht, regulirt und von aller unzimlichen befleckung ganz frembd sein [...] vermerckt". Auch hier lässt sich eine vorherige Anfrage von Schwester Caritas in dieser ethischen und bürgerrechtlichen Frage vermuten.

211 Vgl. ebd., Nr. 6, 36f. Sixtus Tucher an Caritas Pirckheimer: „als aber dein und der andern schreyben anzaigt, so hastu wenig rew".

4. Die Glaubenspraxis von Schwester Caritas Pirckheimer

Über die bereits beschriebenen Fakten hinaus, berichten die „Denkwürdigkeiten" indessen auch, wie die Klarissen mit der vom Stadtrat geschaffenen Drucksituation umgingen und welche Bedeutung sie ihnen beimaßen. Die Interpretation der Schwestern, die jedoch mehr zwischen den Zeilen steht, beschreibt ihre Glaubenspraxis.

Sie wird vor allem durch einen Einblick in das klosterinterne Leben sichtbar. Die Situation dort wird zunächst durch gemeinschaftliches Handeln und Strategien bestimmt. Auch darüber berichten die „Denkwürdigkeiten" sehr genau und dokumentieren den eigentlichen „actus credendi" der Schwestern. Die Äbtissin entscheidet nicht allein, sondern beruft oftmals das Hauskapitel ein. Hier herrscht Klarheit über die Grundpositionen des Handelns, und in den entscheidenden Fragen des Ordenslebens herrscht Einstimmigkeit.

„Do sy nun auß dem closter kamen, fordert ich den c(onvent) zu capitel, het ir aller rot, wy wir uns in dißem schwern punckten hallten solten".[212]

„Sagt ich, die sach betref mich nit allein, sunder meinen ganczen convent, mit dem wolt ich mich unterreden".[213]

„Also stymenten sye alle einhelliglich, eyn itliche in sunderheit, keine außgenumen, daz sy mit der hielf gottes hallten wollten dy regel, dy sye got gelobt heten und gar nit dy regel, dy in der rot geben het".[214]

Es entsteht unter den Schwestern allmählich ein passiver Widerstand. Zwar gehorchen sie offiziell den Beschlüssen des Stadtrates,[215] aber sie entwickeln auch ein taktisches Verhalten zu ihrem Schutz. Die genaue Aufzeichnung dieser Maßnahmen belegt, wie behutsam die Schwestern mit der Drucksi-

---

212 Vgl. *Denkwürdigkeiten*, 73.
213 Vgl. ebd., 87.
214 Vgl. ebd., 73.
215 Die offiziellen Anreden an die Ratsmitglieder sind z. B. immer respektvoll. Nur ein Beispiel von vielen sei zitiert; vgl. *Denkwürdigkeiten*, 34: „Fursichtigen, weisen, gunstigen, lieben herrn".

tuation umgehen und macht ethisches Verhalten aus dem Glauben sichtbar. So provozieren sie die protestantischen Prediger nicht unnötig, damit die Verleumdungen und die Demagogie nicht noch größer werden.

„und geb uns solchs mit gedult zu tragen [...] solche manigfaltige verleymigung in so vil weg und an so vil ortten, allermeist der großen ergerung halber, die darauß entspringt, ser schwer ist, so wöll wir dennoch lieber leiden, denn das wirs andern leutten solten thun".[216]

Sie versuchen vom Stadtrat einen katholischen Beichtvater genehmigt zu bekommen, aber halten seinen Namen bei den Verhandlungen zunächst geheim.

„gedencken wir, es sey villeicht peßer, wir nennen den nit, den wir in syn haben".[217]

Um bei der nachdrücklichen Forderung des Stadtrates bezüglich ordensinterner Änderungen keinen Eklat zu verursachen, verzögern sie die geforderten Maßnahmen und erfüllen nur eine der Forderungen.

„wir mußten in etwas nachgeben, wollten wir anders nit, das daz closter zu trumern ging".[218]

Im Vorfeld des gewaltsamen Ordensaustritts der drei Schwestern wird überlegt, bei diesem möglichen Akt die Öffentlichkeit zu wahren, damit die schaulustige Menge auch emotional einbezogen werden kann.

„doch hab ich mich mit meinen s(western) entlich bedacht [...] nit haymlich in den winckeln verrichten, sunder offentlich".[219]

Als es dann tatsächlich zu dieser Gewalttat kommt, spricht die Äbtissin bewusst von einem Kirchenraub und stellt so die Familien durch ihre Wortwahl als Diebe hin.

„wenn sie mir den kirchenraub wider geben, den sie uns mit gewalt genumen heten an den 3 kindern, die sie uns mit gewalt wider iren willen geraubt heten".[220]

---

216 Vgl. *Denkwürdigkeiten*, 102.
217 Vgl. ebd., 60.
218 Vgl. ebd., 74.
219 Vgl. ebd., 18.
220 Vgl. ebd., 85.

Bei der zivilrechtlichen Visitation sprechen die Schwestern vorher ihre Aussagen ab, so dass das Vorhaben der Stadtvertreter sinnlos wird.
„es pfyffen dy swester all in eyn ror, es sungen die swester all ein lyedlein".[221]
Dieser passive, leise Widerstand der Schwestern wird von ihrem Glauben inspiriert und ist auf Handlungen ausgerichtet, die einerseits das klösterliche Leben garantieren und andererseits vermeiden, dass die Konfliktsituation eskaliert.

Die Glaubenspraxis von Schwester Caritas wird auch in ihrer Beziehung zum Klosterprokurator Kaspar Nützel deutlich. Sie zeichnet sich aus durch wechselhafte Tendenzen von Respekt und Abneigung, Angriff und Versöhnung. Dabei ist wohl die unterschiedliche Rezeption des Protestantismus der eigentliche Grund für diese wechselhafte Beziehung. Für Nützel ist die neue Lehre die höchste Gnade,[222] für die Äbtissin ist sie ein Abenteuer.[223] Aus dieser unterschiedlichen Grundposition leiten sich dann auch unterschiedliche Reaktionen ab. Bei beiden Personen kann man sehr wandelbare Reaktionen feststellen. Nützel wurde zornig[224] und bezichtigte die Schwestern der Halsstarrigkeit und Widerspenstigkeit.[225] Kurz darauf entschuldigte er sich wieder für sein zu hartes Vorgehen gegen die Schwestern.[226] Er erwirkte Privilegien für das Kloster und gewährte den Schwestern sogar in ihrer Not ein privates finanzielles Darlehen.[227] In einigen seiner Erklärungen war er widersprüchlich. Einerseits ärgerte ihn

---

221 Vgl. *Denkwürdigkeiten*, 143.
222 Vgl. ebd., 90: „auch die weil gnad von got so reylich teglich daut und regent, ja auch stercker, geweltiger und kristenlicher denn vor in vil hundert jar nye geschehen".
223 Vgl. ebd., 141: „hab wir gemerckt, was obentewr in der lutterey steckt".
224 Vgl. ebd., 38: „stellet sich zornlich und hefftiglich, ryß sich mit gewalt von den swestern".
225 Vgl. ebd., 39: „dann allein ich wer so halßstreytig und mache auch den c(onvent) widerspenig wider sein herrn".
226 Vgl. ebd., 133: „ich auß mangel meines verstandtes in pesten und getrawer maynung getriben und pey weyln ursach geben hab mit eczlichen predigern und anderm euch zu beschwern [...] aber auch weyter gryffen haben, dann mein befelh und amt sein mag".
227 Vgl. ebd., 160: „unnd der noch außstenden hundert gulden halben hab ich mich erpoten euch darzuleyhen".

der unvernünftige, emotionale Kniefall der Schwestern vor ihm, andererseits identifizierte er die Vernunft als das eigentliche Hindernis der Schwestern zum neuen, protestantischen Glauben.[228] Es scheint so, als ob er teilweise auch aus verletztem Stolz handelte, denn in einem Brief äußerte er sich, dass er sich dem größeren theologischen Wissen der Äbtissin unterlegen fühle.[229] Aber auch die Äbtissin trug ihren Teil zu dieser wechselhaften Beziehung bei. Ihre temperamentvollen Kommentare zu den von Nützel gebilligten Änderungsmaßnahmen klosterinterner Strukturen konnten verletzend wirken und förderten nicht gerade das gegenseitige Verständnis.[230] Aber auch sie wurde wieder versöhnlicher. Sie kündigte seine Stellung als Prokurator im Kloster nicht, nachdem Melanchton seine Vorgehensweise angefragt hatte. Bei aller gegensätzlichen Meinung in Glaubensfragen, verurteilte sie ihn nicht, sondern war stets respektvoll und gesprächsbereit. Ihre Haltung gegenüber dem Klosterprokurator wurde zu jedem Zeitpunkt von ihrem Glauben beeinflusst und durchdrungen. Auch diese ethische Auffassung beschrieb sie in den „Denkwürdigkeiten" eindeutig:

„unßerhalb wert ir ewr lebenlang keyn andern urlaub erlangen".[231]
„denn wir wissen, das das h(eilig) ewangelium ist das gesecz der lieb welche den negsten nit verdampt noch urteilt".[232]

Ebenso gehört auch die geradlinige und beständige Argumentation in der theologischen Auseinandersetzung mit Wenzeslaus Link zu ihrer Glaubenspraxis. Die Verschriftlichung und Begründung ihres Glaubens ist folgerichtig und weicht nicht von ihrer innersten Überzeugung ab. Sie stimmte Links Meinung bezüglich der alleinigen Rechtfertigung durch

---

228 Er nennt die Vernunft einen starken, groben Strick, mit dem die Schwestern gegürtet seien und der sie vom wahren Glauben fernhalte. Vgl. *Denkwürdigkeiten*, 90: „ich nachent gancz verzweyfelt euch wider die starcken groben strick, damit ir gürt und vor ewr selbs vermeßenheit, eygner vernunft".
229 Vgl. ebd., 98: „Pin aber meiner einfalt nach, wie ich mit warheit schrib, entschloßen gewest euch, als die ich mit höcherer vernunft begab erkenn".
230 Vgl. ebd., 103: „und sollten wir ales das thun, das man uns rett, wir würden ein wunderlicher regyment haben, denn die zygeuner".
231 Vgl. ebd., 135; Urlaub muss hier im Sinn einer Kündigung verstanden werden (Anmerk. Hrsg.).
232 Vgl. ebd., 101.

Jesus Christus zu, berief sich aber zusätzlich auf die kirchliche Tradition und die Kirchenväter. Sie sah den Glauben als eine Gnade Gottes, der in Freiheit empfangen und ausgeübt wird. Man muss sich für ihn aus freiem Gewissen entscheiden. Dazu schrieb sie:

„Es ist die warheit, das wir wissen und genczlich gelauben, das die refertigug allein durch das verdinst Jesu Cristi geschicht".[233]

„dann wir ye des nit allein ein exempel von den aposteln haben, sunder auch von sancto Jeronimo und Augustino, den als wol zu gelauben ist als andern".[234]

„Aber das ein mensch darumb allein wynd und schellten gelauben und in allen dingen volgen soll, die auch wider sein gewissen sind, das gibt uns gotes wort gar nit".[235]

Das Wort Gottes ist für sie das Gesetz der Liebe, das den Menschen nicht verurteilt, sondern Frieden und Gerechtigkeit herbeiführt. Das Ordensleben mit all seinen Ausdrucksformen begründet sie aus der Tradition der Kirche. Sie rechtfertigt vor allem die Gelübde, die Klausur und die Frömmigkeitsübungen. Schließlich weist sie sogar darauf hin, dass selbst Luther noch kein Kloster zerstört habe und dass man auch in Wittenberg noch das Brevier bete.[236] Die klare Darstellung ihres Glaubens gehört hier wesentlich zu ihrer ethischen Grundeinstellung. So spiegelt sich die große theologische Diskussion zu Beginn der Reformationszeit auch in der Argumentationsweise der Äbtissin wider.

Aber bereits vor dem Ausbruch der Reformation zeigt der Mahnbrief von Schwester Caritas an Conrad Celtis eine bemerkenswerte Standfestigkeit in ethischen Fragen. In ihrem Brief erinnert sie Celtis an die Stunde des Todes, korrigiert seine heidnische Konzeption des Lebens und verweist ihn entschieden auf den Weg zu Gott. Dazu schreibt sie:

„Agite nunc, charissime, quidquid agere poteritis. Nescitis enim, quando moriemini, absconditum etiam est ab oculis vestris, quid

---

233 Vgl. *Denkwürdigekiten*, 111.
234 Vgl. ebd., 128.
235 Vgl. ebd., 110; „wynd" ist hier gleichbedeutend mit „wüten" (Anmerk. Hrsg.).
236 Vgl. ebd., 129: „Nun hat ye noch der Lutter selbs kein closter zerstört oder die leüt genot heraußzukommen, man singt und lyst die horas noch zu Wittenberg".

post mortem sequetur. Cras est dies incerta et ignoratis, si habebitis crastinum. Ergo dum tempus habetis, congregate vobis divitas immortales".[237]
Sie beschreibt deutlich die korrekten Verhaltensweisen, die sich aus dem Glauben ergeben, und scheut sich auch nicht, ihre tiefsten Überzeugungen gegenüber dem preisgekrönten Dichter des Reiches zu vertreten.

Schließlich sind in der Glaubenspraxis von Schwester Caritas ethische Prinzipien erkennbar. Ihr Verhalten in der Auseinandersetzung mit den Protestanten orientierte sich an Werten der gemeinschaftlichen Entscheidung, an Maßnahmen zur Erhaltung des Ordenscharismas in einer konfliktreichen Zeit, am Kriterium des geringeren Übels bei Wahlmöglichkeiten, am Wunsch des friedlichen Einvernehmens mit andersdenkenden Personen, an der genauen Darstellung der eigenen Glaubensposition und an der Standfestigkeit im moralischen Verhalten. Ihr Glaube wurde in konkreten Handlungen sichtbar.

5. Synthese der biographischen und literarischen Daten

Caritas Pirckheimer stammte aus einer wohlhabenden Patrizierfamilie in Nürnberg, die sich durch humanistisches Gedankengut und tiefe Religiosität auszeichnete. Schon in frühen Lebensjahren wurde ihr Interesse an Bildungsfragen geweckt. Da die Familie Pirckheimer sehr gastfreundlich war und Gäste aus ganz Europa beherbergte, waren Diskussionen über kulturelle, politische, juristische und religiöse Fragen an der Tagesordnung. Vor allem die gebildete Großtante Katharina vermittelte der jungen Barbara Pirckheimer eine ausgezeichnete Bildungsgrundlage.

Um ihre Ausbildung zu vervollständigen, wurde Barbara Pirckheimer im Jahr 1479 den Klarissen in Nürnberg anvertraut. Vier Jahre später trat sie als Novizin in das Kloster ein und erhielt beim Ordenseintritt den Na-

---
[237] Vgl. *Briefe,* Nr. 47, 106, Caritas Pirckheimer an Conrad Celtis.

men Caritas. Die durch die franziskanische Observanzbewegung erneuerte Ordensdisziplin ergänzte ihr gutes Bildungsniveau durch das regelmäßige Gebet, die Liturgie, die Fastenperioden, die Vigilien und die Sakramente. So vereinigte sie in ihrer Persönlichkeit auf beeindruckende Weise Gelehrsamkeit, sensible Geistigkeit, Moral und wahre Frömmigkeit. Der Briefkontakt mit einigen führenden Humanisten Europas und ihre ständige Lektüre garantierten ihre Fortbildung, so dass sie in Humanistenkreisen bald als „virgo docta" bekannt wurde.

Am 20. Dezember 1503 wurde sie zur Äbtissin des Klarissenklosters in Nürnberg gewählt. Bis zum Jahr 1525 war ihr Leben größtenteils von administrativen Aufgaben bestimmt, die sie mit Hilfe ihres Bruders Willibald gut löste. In einem umfangreichen Briefwechsel mit den zivilen Autoritäten regelte sie Zinstermine und Liegenschaftsfragen, dankte für verschiedene Weinlieferungen, Lebensmittel und auch für das große Geschenk der neuen Orgel zur Gestaltung der Liturgie im Kloster. Sie pflegte den Kontakt zu Wohltätern des Konventes und zum Juristen Christoph Scheurl, kümmerte sich um Restaurierungsarbeiten, um die Einkleidungsfeier von Novizinnen und auch um kranke Schwestern. Sie regelte die kanonischen Visitationen der kirchlichen Ordensoberen, fand die richtigen, tröstenden Worte in Todesfällen und überwand auch die Schicksalsschläge in ihrer eigenen Familie. Alle diese Tätigkeiten gehören sicherlich zum Amt einer Äbtissin, aber sie erfordern auch Führungsqualitäten, Ausgeglichenheit und Standfestigkeit.

Viel schwieriger wurde ihre Aufgabe, als die Stadt Nürnberg durch das Religionsgespräch vom 3. bis 14. März 1525 zum Protestantismus konvertierte. In der Folgezeit änderte sich die zivile Gesetzgebung der Stadt durch den Einfluss von Juristen und Politikern zugunsten der Protestanten, und es kam zu drastischen Repressalien gegenüber den Schwestern. Man ersetzte die bisherigen Beichtväter und Seelsorger durch neue protestantische Prediger und versuchte durch verschiedene Druckmaßnahmen, die Schwestern zum Protestantismus zu bekehren. Auf dem Höhepunkt dieser konfliktreichen und leidvollen Auseinandersetzung erzwangen drei Nürnberger Familien, angeregt durch die protestantischen Predigten, den Ordensaustritt ihrer Töchter.

In dieser theologischen und sozialethischen Auseinandersetzung mit dem frühen Protestantismus in den Jahren 1524 bis 1528 erwies Schwester Caritas ihre Fähigkeit, Konflikte auszutragen und zu bestehen. Trotz allem Drucks vonseiten des protestantischen Stadtrates verlor sie nie den grundlegenden Respekt vor der lokalen, zivilen Autorität. Obwohl sie manchmal temperamentvoll reagierte und markante Worte fand, blieb sie bei aller Meinungsverschiedenheit in den amtlichen Gesprächen und Verhandlungen mit den Protestanten der Stadt Nürnberg ausgeglichen und letztlich respektvoll. Sie verschwieg ihre leidvollen Erfahrungen nicht, ertrug sie jedoch in Geduld. Auch in der theologischen Auseinandersetzung mit den Lehrbriefen von Wenzeslaus Link benannte sie genau die Gründe für ihren Glauben und ihre klösterliche Lebensform und bewahrte zugleich die Achtung vor der Person des Autors. Diese Grundhaltung mag auch im Gespräch mit Philipp Melanchton dazu beigetragen haben, den Konflikt zwischen dem Nürnberger Stadtrat und dem Klarissenkloster zu entspannen.

Da das Verbot des Nürnberger Stadtrats jedoch fortbestand, keine weiteren Novizinnen aufzunehmen, war das Klarissenkloster zum Aussterben verurteilt. In den folgenden Jahren lebten die Schwestern in großer Armut. Am Osterfest des Jahres 1529 feierte Schwester Caritas ihr silbernes Jubiläum als Äbtissin. Ein Brief von Katherina Pirckheimer an ihren Vater Willibald erweckt trotz der Notsituation des Klosters den Eindruck von festlicher Freude und innerer Gelassenheit der Schwestern. Drei Jahre später, am 19. August 1532, verstarb die Äbtissin und wurde im Kloster bestattet.

Die Auswertung der literarischen Daten ergibt, dass die „Denkwürdigkeiten" eine durchkomponierte, historische Quellensammlung darstellen. Es ist die Geschichtsschreibung eines Klosters in der frühen Reformationszeit, die von einer historiographisch und theologisch interessierten Äbtissin diktiert und redaktionell geordnet wurde. Diese Komposition kann durchaus als kollektives Selbstzeugnis des Nürnberger Klarissenkonventes gewertet werden. Die Gründe der Abfassung liegen in der Absicht der Schwestern, ihr christliches Selbstverständnis zu dokumentieren und die leidvolle Situation des Konventes zu verbessern.

Neben den rein chronologischen Berichten aus dieser Zeit ist in der Quelle auch eine Anzahl von Briefen verschiedener Autoren verarbeitet. Es sind die offiziellen Bittgesuche des Konventes, private Briefe der Äbtissin an befreundete Nürnberger Patrizier, Stellungnahmen des protestantischen Klosterprokurators und Lehrbriefe über den neuen, protestantischen Glauben mit den jeweiligen Antwortbriefen. Diese Gesamtkomposition, die auch die gegnerischen Stellungnahmen nicht ausschließt, erhöht den literarischen Wert und die Glaubwürdigkeit der Quelle sehr. Damit zählt sie zu den wichtigsten Quellenschriften der frühen Reformationszeit im süddeutschen Raum.

Über die „Denkwürdigkeiten" hinaus liegt mit der Korrespondenz der Äbtissin Caritas Pirckheimer weiteres umfangreiches Quellenmaterial vor, das einen Einblick in ihre Gedankenwelt vermittelt. Thematisch und inhaltlich werden bei genauerem Hinsehen drei verschiedene Komponenten sichtbar. Ihr Briefkontakt mit einigen führenden Humanisten Deutschlands, der von ihrem Bruder Willibald herbeigeführt und durch ihre Lateinkenntnisse begünstigt wurde, ermöglichte ihr neue Bildungsmöglichkeiten und die Anerkennung als „virgo docta". In ihrer persönlichen Korrespondenz mit Freunden und Ratgebern beschreibt sie in der Zeit der Auseinandersetzung mit den Protestanten oft ihre leidvolle Situation und erbittet gelegentlich einen Rat, um die Lebenslage der Schwestern zu verbessern. Die dritte Komponente ist eher praktischer Art. Es ist die administrative Korrespondenz, die sie als Äbtissin des Klosters zu erledigen hatte.

Weniger bedeutsam für ihr eigenes Glaubenskonzept sind die von Schwester Caritas mitgeschriebenen Predigten, denn sie enthalten nicht ihre eigenen theologischen Gedanken, sondern die der Prediger. Ihre persönlichen Briefe an Propst Sixtus Tucher sind verloren gegangen, jedoch kann man ihre Existenz aus Tuchers Briefen ableiten. Inhaltlich vermutet man in Schwester Caritas' Briefen vor allem Anfragen an Tucher, welche die Führung eines gottgefälligen, geistlichen Lebens betreffen.

Schließlich werden diese biographischen Daten auf die Glaubenspraxis und auf ethische Prinzipien im Leben von Schwester Caritas transparent. Als Äbtissin entschied sie niemals allein, sondern bezog alle Schwestern in ihre Entscheidungen mit ein. In den gemeinsamen Beschlüssen des Hauskapitels wird eine Strategie deutlich, die das Leid der Schwestern verringern und das friedliche Einvernehmen mit dem protestantischen Stadtrat möglichst erhalten sollte. In ihrer Korrespondenz zeigt sich zudem die Geradlinigkeit ihrer theologischen Meinung und ihre christlich-ethische Überzeugung.

Schon an dieser Stelle stellt sich die Frage nach den inneren Kraftquellen, aus denen Schwester Caritas gelebt und mit denen sie ihre vielfältigen Aufgaben bewältigt hat. In den folgenden Kapiteln soll daher näher über ihren Glauben reflektiert werden, so wie er sich in ihren Schriften darstellt. Es ist eine sprachliche Untersuchung dessen, was sie unter Glauben versteht und umfasst auch die Ursprünge dieses Glaubenskonzeptes.

Kapitel II:
Die hermeneutische Analyse des Glaubenskonzeptes

1. Vorkommen und Anwendung des Glaubensbegriffes

Nachdem die historische und quellenschriftliche Grundlage des Themas geklärt ist, kann nun der eigentliche Glaubensbegriff in den Schriften von Schwester Caritas erläutert werden. Die sprachliche Analyse des Glaubenskonzeptes geht nun von der lexikographischen Untersuchung des Wortes „glauben" und seinem Substantiv „Glaube" aus. Jeder Autor kodifiziert nämlich seine Gedanken in den semantischen Zeichen und der syntaktischen Struktur der Sprache. Unter dieser Voraussetzung ist ein theologisches oder spirituelles Projekt auch immer ein philologisches. So wie der Autor vom Gedanken zum geschriebenen Wort gelangt, kann auch der Leser unter genauer Beachtung der grammatikalischen Struktur eines Textes vom geschriebenen Wort zum Gedanken des Autors gelangen. Diese Art von Kommunikation ist jedoch nie ganz vollständig, denn für den Autor ist es schwierig, seine Gedanken exakt in sprachlichen Zeichen auszudrücken, und der Leser interpretiert die sprachlichen Zeichen leicht aus seinem persönlichen und kulturellen Vorverständnis des Themas. Es besteht jedoch kein Zweifel, dass die grammatikalische Struktur eines Textes zum Träger einer Bedeutung wird[1] und somit auch eine ontolo-

---

1 Vgl. LSprach 81f. Die Bedeutung ist ein zentraler Begriff der Semantik. Sprachliche Ausdrücke verweisen immer auf ein mentales Begriffssystem, in dem das Wissen organisiert ist. Es kommt zur sprachlichen Kodifizierung des Wissens. Die genaue sprachliche Ausdrucksweise muss hier mit der Wahrheit im kognitiven System übereinstimmen. Sind diese Wahrheitsbedingungen erfüllt, tritt die Bedeutung eines Wortes wirksam hervor.

gische Funktion hat. Untersucht man den Wortstamm, die Etymologie, die Semantik, die Syntaktik und den Wortgebrauch, so begibt man sich auf das Gebiet der Sprachphilosophie. Auf diese Weise versteht man den christlichen Wortschatz, ausgehend von den Grundbausteinen der Sprache, in seinem ursprünglichen Sinn. Die philosophische Suche nach dem Ursprungssinn fällt in der Theologie jedoch zusammen mit dem gezeugten, ungeschaffenen und menschgewordenen Sinn Gottes in Jesus Christus.[2]

Wendet man diese Erkenntnisse auf den Glaubensbegriff in den Schriften von Schwester Caritas an, so steht das Schlüsselwort „glauben" bzw. „Glaube" mit seinem Wortstamm, seiner Morphologie und seiner etymologischen Bedeutung am Anfang der lexikographischen Untersuchung. So gelangt man zur ursprünglichen Bedeutung des Schlüsselwortes in den Schriften von Schwester Caritas.

Untersucht man weiter die Adjektive, die sie dem Schlüsselwort hinzufügt, so erweitert und präzisiert sich ihre Grundidee von „Glaube" immer mehr. Unter semantischen Aspekten betrachtet, geht es darum, bedeutungsgleiche oder gegensätzliche Adjektive zu benennen, die dem Schlüsselwort eine genauere Bedeutung im Kontext verleihen. Ebenso können thematisch übergeordnete oder untergeordnete Begriffe im Text eine semantische Struktur bilden, die die Bedeutung von „Glaube" bzw. „glauben" im Zusammenwirken mit synonymen, antonymen und hyperonymen Begriffen näher abklären.[3]

Untersucht man weiterhin die Deklinationen des Substantives „Glaube" und die Konjugationen des Verbes „glauben" im Textzusammenhang, so gelangt man zur syntaktischen Struktur und zur Sinngebung, die vom Schlüsselwort ausgeht. Seine Deklinierung bzw. Konjugierung integriert das Schlüsselwort in die Aussageabsicht der Autorin. Sowohl die semantische wie auch die syntaktische Untersuchung führen schließlich zum Konzept

---

2 Vgl. DI MAIO, *Piccolo glossario*, 9.
3 Zur semantischen Relation von Synonymie, Antonymie und Hyperonymie vgl. LSprach 47, 271, 708.

des Glaubens, das Schwester Caritas in ihren Schriften zum Ausdruck bringen wollte.[4]

In einem letzten Schritt soll dieser abgeklärte Glaubensbegriff in Verbindung mit anderen wichtigen Hauptwörtern des Textes gesetzt werden. Stellt man nämlich das Glaubenskonzept anderen Grundbegriffen des Textes gegenüber, so präzisiert sich die Bedeutung von „Glaube" noch zusätzlich. Man erkennt, wie das Glaubenskonzept innerhalb des Textes mit anderen Begriffen kommuniziert, und erhält so Hinweise auf eine mögliche Lehrmeinung, an der sich das Glaubenskonzept orientiert. Der persönliche Glaube bindet sich an diese Lehrmeinung und verwendet häufig ihre Ausdrücke. Im sprachlichen Kontext findet man dann biblische, patristische, scholastische oder andere theologische Formulierungen, die aus bekannten lehrmäßigen Abhandlungen entnommen sind.

In den Schriften von Schwester Caritas geht die gesamte morphologische, semantische, syntaktische und doktrinäre Anordnung ihres Glaubenskonzeptes jedoch letztlich aus ihrem Geist hervor. Gesteht man nun der spekulativen Lexikographie ihre ontologische Funktion zu und glaubt zudem, dass menschliche Worte zum Wort Gottes in Jesus Christus führen, so gelangt man auf diesem Weg zur spirituellen Theologie. Das geistige Vermögen von Schwester Caritas, ihre Gedanken in sprachlichen Zeichen anzuordnen, verweist auch auf den Geist Gottes, der im Bewusstsein des Menschen handelt. So wirkt Gottes Geist im menschlichen Geist und das Wort Gottes wird im menschlichen Wort ausgedrückt und aktualisiert.

1.1. Schlüsselworte und deren Wortstamm

1.1.1. Deutscher Wortstamm

Das Verb „glauben" und das Substantiv „Glaube" lassen sich unter morphologischen Aspekten auf den Wortstamm „glaub-" zurückführen. Dieses

---

4   Zur konzeptuellen Struktur eines Textes, zu ihren Grundeinheiten und ihrer Kombinatorik vgl. LSprach 375.

ursprüngliche Lexem liegt der weiteren hermeneutischen Analyse des Glaubenskonzeptes zugrunde. Es ist sozusagen das lexikalische Atom, auf dem sich das Verständnis von „Glaube" in den Schriften von Schwester Caritas aufbaut. Dabei verweist das semantische Zeichen „glaub-" auf ein mentales und religiöses Begriffsystem und trägt eine Bedeutung in den Text hinein, die mit der Wahrheit im kognitiven Wissen konform gehen muss.[5]

Bei der weiteren morphologischen Untersuchung des Schlüsselwortes findet man das Verb „glauben" oftmals in der Schreibweise „gelauben". Die sprachgeschichtliche Entwicklung von der althochdeutschen zur mittelhochdeutschen Sprache kennt zunächst die Vorsilben „ga-", „ge-" oder „gi-", die vor den eigentlichen Wortstamm gesetzt wurden. Bis zur Hälfte des 16. Jahrhunderts wurde bisweilen noch die Vorsilbe „ge-" gebraucht, so dass man in den Schriften von Schwester Caritas auch die Schreibweise „gelauben" findet. In der allgemeinen Sprachentwicklung änderte sich jedoch der eigentliche Wortstamm von „glauben" kaum. Nur vereinzelt treten kleine Modifikationen auf, die in der Orthographie sichtbar werden und oft im volkstümlichen Dialekt ihren Ursprung haben.[6]

Die etymologischen Wurzeln des Wortes reichen bis in den gotischen Sprachgebrauch zurück. Hier findet man das Wort „galaubjan". Einige Sprachforscher behaupten, dass schon im vorchristlichen Germanien der Wortstamm „glaub-" für das freundschaftliche Vertrauen eines Menschen zu einem Gott gebraucht wurde. Im germanischen Sprachgebrauch drückt sich nämlich der Glaube an Gott sehr persönlich aus, und zwar durch die Verwendung des Dativobjekts ohne eine vorgeschaltete Präposition. Bedingt durch diesen sehr persönlichen Ausdruck von Vertrauen, ist es gut denkbar, dass der Wortstamm „glaub-" in der deutschen Sprache zum Bedeutungsträger des lateinischen Wortes „credere" wurde.[7]

---

5 Vgl. LSprach 81f.
6 An einigen Stellen benutzt Schwester Caritas auch die Schreibweise „glawb" im Wortstamm, die man auf eine derartige lokal bedingte Modifikation zurückführen kann; vgl. *Denkwürdigkeiten,* 11: „Wir wissen aber herwiederum auch, das ein rechter warer glawb nicht an (ohne, Anmerk. des Hrsg.) gutte werck kan sein".
7 „Ich glaube Gott" im Gegensatz zu „Credo in Deum"; vgl. DWB 7, 7777-7848. Im althochdeutschen Sprachgebrauch gibt es eine etymologische Annäherung des Wortes „glauben" zum Wortstamm „liob" und zu „liuben", was in der mittelhoch-

Über das Gottvertrauen hinaus thematisierte der Wortstamm „glaub-" auch noch das Vertrauen in einen Sachverhalt oder eine Person, die man für wahrhaftig hielt. Dabei entspringt diese Art des Glaubens dem subjektiven menschlichen Urteil, ohne auf Beweise oder das Urteil anderer Personen gestützt zu sein. Es entsteht aber dennoch eine feste Überzeugung, dass der erwähnte Sachverhalt tatsächlich existiert, ohne der eigenen Erfahrung zugänglich zu sein.[8]

In der anthropologischen Diskussion thematisiert der Glaube eine prägende Grundoption des Menschen im Sinne einer Selbstverfügung und Hingabe. Der Glaube verbindet sich hier mit einem Grundvertrauen und einer tiefen existentiellen Gewissheit, die nicht immer rational begründbar ist. Aufgrund dieser mangelnden Fundierung spricht die Forschung in diesem Zusammenhang oft von einer „Glaubensstille".[9] Sowohl die religiöse als auch die allgemeine Bedeutung des Wortes „glauben" findet man in den Schriften von Schwester Caritas.[10]

1.1.2. Lateinischer Wortstamm

Weiterhin schreibt sie einen Teil ihrer Briefe auch in lateinischer Sprache, so dass man neben den deutschen auch lateinische Worte findet, die ihren Glauben ausdrücken. Für die religiöse Bedeutung von Glaube ist allerdings

---

deutschen Ausdrucksweise eine Nebenvariante zum Verb „geliuben" schuf. Ebenso sind Berührungspunkte zum niederdeutschen Wort „geloven" und zum schwäbischen Wort „gelouben" erkennbar. Auf diesen äquivoken Nebenvarianten der regionalen Sprachwurzeln sollen jedoch keine weiteren sprachphilosophischen und theologischen Erkenntnisse aufgebaut werden; vgl. DWB 5, 3043.

8   Vgl. DWB 7, 7834-7837.
9   Vgl. PESCH, *Glaube*, 666f.
10 Vgl. *Denkwürdigkeiten*, 111: „Es ist die Wahrheit, das wir wissen und genczich glauben, das die refertigung allein durch das verdinst Jesu Cristi geschicht" (religiöse Bedeutung) und ebd., 96: „das zu vil in einer offen tabern (Taverne, Schenke, Anmerk. des Hrsg.) gwest wer, das mir nit muglich ist zu gelauben, das solchs auß E.W. befelh geschehen sey" (allgemeine, anthropologische Bedeutung).

Kapitel II: Die hermeneutische Analyse des Glaubenskonzeptes

nur das Wort „fides" wichtig.[11] Dieses Wort wird in der lateinischen Sprache dann benutzt, wenn man eine feste Meinung oder Überzeugung definieren will, die man von einer anderen Person oder einem Sachverhalt besitzt.[12] Dabei ist es etymologisch interessant, dass das Substantiv „fides" und das Verb „fidere" im Wortstamm an rationale Elemente gebunden sind.[13] Gebraucht man also in der lateinischen Sprache diese Worte, so soll damit niemals ein blinder Glaube ausgedrückt werden, der die abwägende Vernunft als Erkenntnishilfe ausschließt. In der deutschen Sprache wird die Bedeutung von „fides" mit den Worten „Glaube" und „Vertrauen" in eine Person oder eine Sache ausgedrückt. Wenn Schwester Caritas nun in ihren Schriften sowohl die deutschen wie auch die lateinischen semantischen Zeichen für „Glaube" benutzt, so drückt sie damit auch den verborgenen etymologischen Sinn aus. Er umfasst die vertrauensvolle Hingabe und den Gebrauch der abwägenden Vernunft. Ihre späteren Aussagen zum Glauben und zur Vernunft bestätigen diese Annahme.[14] Nimmt man diese lexikographischen und etymologischen Erkenntnisse ernst, so hat sich im Bewusstsein von Schwester Caritas ein Glaubensbegriff geformt, der die persönliche, vertrauensvolle und zugleich begründete Hingabe an Gott ausdrücken wollte.

---

11   Vgl. *Briefe*, Nr. 47, 105, Caritas Pirckheimer an Konrad Celtis: „Quippe ratio humana debilis est et falli potest, fides autem vera et sana conscientia falli non potest". Andere Worte wie „putare", „arbitrari", „credere" und „aestimare" werden nur in ihrer Alltagspost von Schwester Caritas benutzt, um den allgemeinen anthropologischen Sinn von „glauben" auszudrücken. Sie sind daher für den religiösen Glaubensbegriff irrelevant.
12   Vgl. Forcellini, *Lexicon II,* 473: „Fides est firma opinio ac persuasio, quam habemos de aliqua persona aut re".
13   Vgl. ebd. 476: „Fidere, ratione habita etymi, [...] significat fiduciam habere, spem ponere, confidere".
14   Vgl. *Denkwürdigkeiten*, 111: „Es ist die warheit, das wir wissen und genczlich gelauben".

1.1.3. Zusammengesetzte Worte

Die zusammengesetzten Worte, die den Wortstamm „g(e)laub-" aufweisen, werden in den Schriften von Schwester Caritas eher selten gebraucht. Sie bestehen aus Syntagmen, die zusammen mit dem ursprünglichem Wortstamm aufzeigen, welche neuen Wortkompositionen sie mit dem ursprünglichen Lexem schafft.[15] Sie verwendet die Worte „cristengelauben"[16] „unglaubliche"[17] und „gelaubigen".[18]

Das Wort „cristengelaube" ist ein zusammengesetztes Wort aus zwei Nomen, die durch das Fugenelement „-en" miteinander verbunden sind. Im althochdeutschen Sprachgebrauch wurde die Vorsilbe „crist-" zunächst adjektivisch gebraucht. Die syntagmatische Komposition „cristengelaube" und die Substantivierung des Wortes wollten also den menschlichen Glauben an Gott ausdrücken, der die von Christus geoffenbarten Attribute in sich trägt. Durch das Fugenelement „-en", das dem Nomen „crist" beigefügt wird, kann aber auch der Genitiv Plural ausgedrückt werden, so dass der „cristengelaube" den Glauben einer sozialen Gruppe beschreibt, nämlich den der Christen.[19] Das Wort an sich hat also eine äquivoke semantische Bedeutung und muss daher vom Textzusammenhang näher definiert werden. In der Textkomposition, die Schwester Caritas in den Denkwürdigkeiten gebraucht, sind allerdings beide Interpretationen zulässig.

Das Wort „unglaublich" wird normalerweise als Adjektiv oder als Adverb benutzt. Syntagmatisch erkennt man im Wort die Aufteilung in die Silben un-glaub-lich-e. Durch die Vorsilbe „un"- wird angezeigt, dass es sich hier um ein Antinom von „glaublich", „glaubhaft" oder „glaubwürdig"

---

15 Vgl. LSprach 709. Syntagmen sind Laute, Wortelemente oder Endungen, die zusammen mit dem Wortstamm neue Wortkompositionen eingehen; z. B. un-glaub-lich.
16 Vgl. *Denkwürdigkeiten,* 22: „das er uns arme seine creaturlein allein nit erkennen soll, so wir doch von seinen genaden zu dem cristengelauben beruft sind".
17 Vgl. ebd., 95: „so vill an E.W. ist uns helfen, schuczen und schyrmen, das uns nit unter der gestalt des glaubens und prüderlicher lieb unglaubliche und unprüderlich ding zugefügt werden".
18 Vgl. ebd., 101: „Es haben aber ye die h(eiligen) aposteln peyeinander gewont mit den andern gelaubigen und alle dng unter in gemeyn gehabt".
19 Vgl. DWB 2, Leipzig 1860, 620.

handelt. Im mitteldeutschen Sprachraum waren zum Beispiel Aussagen und Urkunden glaubwürdig, wenn die feste Überzeugung vorhanden war, dass der dargestellte Sachverhalt einen hohen Grad von Gewissheit besaß. Das Antonym drückt allerdings Zweifel an einem bestimmten und erklärten Sachverhalt aus.[20] Diese Zweifel an bestimmten Aussagen und schriftlichen Erklärungen werden schon durch diesen antonymischen Wortgebrauch auch in den Denkwürdigkeiten sichtbar.

Im Wort „gelaubigen" verbirgt sich ursprünglich das Wort „gläubig". Bis zum Anfang des 19. Jahrhunderts kannte man auch die Schreibweise „glaubig". Damit bezeichnete man eine Person, die im Glauben feststeht. Die Substantivierung dieses Adjektives bezeichnete dann eine Person oder eine Gruppe, die einen bestimmten Glauben ausdrückt und bezeugt. Die Wortbedeutung schließt auch konkrete Handlungen ein, die vom inneren Glauben ausgehen und für andere sichtbar werden.[21] Wenn Schwester Caritas das Wort „gelaubigen" anwendet, so sind gleichzeitig auch die Werke benannt, die diesen Glauben bezeugen.[22] So verweist auch hier allein schon die Wortwahl und deren tiefere Bedeutung auf einen Sinnzusammenhang, der in der theologischen Interpretation bedeutsam wurde.

In den Briefen, die Schwester Caritas in lateinischer Sprache schreibt, benutzt sie das Wort „christifidelis".[23] Das Syntagma besteht aus der Kurzform „christi-" und einer Substantivierung des Adjektives „fidelis". Die Vorsilbe „christi-" qualifiziert Personen, Aussagen oder Zeugnisse, die zu Jesus Christus gehören. „Fidelis" hat denselben Wortstamm und die gleiche Etymologie wie „fides". Es handelt sich hier also um eine soziale Gruppe von Menschen, die Christus angehört und sich ihm auf intelligente Weise anvertraut.[24]

---

20 Vgl. DWB 7, 7885.
21 Vgl. ebd., 7894.
22 Vgl. *Denkwürdigkeiten,* 94: „das wir unßern glauben auch mit den wercken [...] bestettigen mugen".
23 Vgl. *Briefe,* Nr. 48, 109, Caritas Pirckheimer an den Papst: „omnes et singulos christifidelis [...] aliquid de facultatibus suis pro reparatione eiusdem monasterii erogaverint".
24 Vgl. FORCELLINI, *Lexicon I,* 607; „Christianus est ad Christum et christianam religionem pertinens". Die Kurzform „christi-" kann hier auf „christianus" zurückgeführt werden. Damit drückt das lateinische Wort „christifidelis" die gleiche soziale Gruppe aus, die

Die Untersuchung zum Wortstamm von „glaub-" zeigt bereits, dass es sich bei diesem Schlüsselwort um eine vertrauensvolle und motivierte Hingabe der Person handelt, die glaubt. Schwester Caritas benutzte dieses Wort oft im religiösen Sinn und beschrieb so ihre persönliche, vertrauensvolle und begründete Hingabe ihres Lebens an Gott. Die syntagmatischen Worte, die sie zusätzlich in ihren Schriften gebraucht, weisen bereits über die reine Wortbedeutung auf eine Interpretation hin, die sich im Textzusammenhang ihrer Schriften und ihrer Aussageabsicht ergeben wird.

1.1.4. Wortbedeutung zu Beginn des 16. Jahrhunderts

Die weitere Untersuchung des Wortstammes „glaub-" führt zur historischen und theologischen Bedeutung dieses Schlüsselwortes zu Beginn des 16. Jahrhunderts. Einerseits ist nicht zu erwarten, dass ein derart fundamentaler Begriff in der Theologie im frühen 16. Jahrhundert grundverschieden von der apostolischen, patristischen und scholastischen Tradition interpretiert wird. Andererseits sind jedoch zeitbedingte Modifikationen und Auslegungen möglich, die von der Theologie ausgehen und die Bedeutung von „Glaube" im Sprachgebrauch beeinflussen.

Zu Beginn des 16. Jahrhunderts hatte „glaub-" für den Christen zwei grundlegende Bedeutungen, die sich gegenseitig ergänzten und sich in einem Glaubenskonzept vereinten. Zunächst war eine innere Haltung des Menschen gegenüber Gott gemeint. Diese Einstellung besagte eine vertrauensvolle und durchdachte Hingabe der Person an Gott, deren Intensität den Glauben als lebendig, tot, leidenschaftlich oder kalt charakterisierte. Der Tradition des Spätmittelalters folgend galten die praktizierten Werke der Nächstenliebe als Maßstab für den gelebten Glauben. Darüber hinaus musste der Christ die dogmatisch definierten Glaubenswahrheiten anerkennen, die in der Bibel grundgelegt sind und vom kirchlichen Lehramt verkündigt wurden. Die persönliche Glaubenserfahrung und die Akzeptanz

---

schon im Zusammenhang mit dem deutschen Wort „cristengelaube" erwähnt wurde. Diese Erkenntnis wird auch aus dem Textzusammenhang des Briefes bestätigt.

der christlichen Glaubenswahrheiten waren in diesem Konzept aneinander gebunden.[25] Zudem galt die Glaubensdefinition des Thomas von Aquin. Er erklärte den Glauben als einen vernünftigen, absichtlichen Willensakt des Menschen, der, durch die göttliche Gnade bewegt, den geoffenbarten Wahrheiten zustimmt.[26]

Einige Besonderheiten im Glaubenskonzept des beginnenden 16. Jahrhunderts fallen jedoch auf. Im Winter des Jahres 1517/18 kam es nämlich zu einer Modifikation in der Glaubenskonzeption Luthers, die als „reformatorische Wende" in die Theologiegeschichte eingegangen ist. War das Wort „fides" für ihn, wie für die meistens seiner Zeitgenossen, zuvor fast gleichbedeutend mit dem Wort „humilitas",[27] so war nach dieser Wende der Glaube an den Bund Gottes gemeint, der den Gläubigen gerecht macht. War Luther bislang der Demütige im Glauben, dem die Gnade Gottes geschenkt wurde, so war er nunmehr der Glaubende, der aus dem Wort von Gottes Gerechtigkeit lebt. Er vertrat in der Folgezeit weniger einen in Lehrsätze formulierten Glauben, sondern schlicht einen „Glauben an...".[28] Die für seinen Gesinnungswandel entscheidende Bibelstelle entnahm er dem Römerbrief des Apostels Paulus.[29] Er schuf nunmehr den theologischen Begriff der „fides Christi" und fasst darin zwei verschiedene Bedeutungen zusammen. Grammatikalisch verstand er ihn als genitivus subjectivus und zugleich als genitivus objectivus. Mit „fides Christi" ist nach Luthers Deutung ebenso die Bundestreue Gottes wie auch die Treue der Gläubigen gemeint. Zwar bedeutete „fides" in der Theologie des Altertums und des Mittelalters auch die Treue Gottes zu seinem Volk, aber

---

25 Vgl. OBERMAN, *The reformation*, 77; auch MCGRATH, *The intellectual origins*, 123.
26 Vgl. THOMAS DE AQUINO, *Summa Theologiae,* II-II, 2,9, in: THOMAS DE AQUINO, *Opera Omnia* (Editio Leonina), Bd. 8, Rom 1895, 37: „Credere est actus intellectus assentientis veritati divinae ex imperio voluntatis a Deo motae per gratiam".
27 Vgl. BIZER, *Fides*, 20.
28 Vgl. OBERMAN, *Wir sein pettler*, 233.
29 Röm 1,17: „Denn im Evangelium wird die Gerechtigkeit Gottes geoffenbart aus Glauben zum Glauben, wie es in der Schrift heißt: Der aus Glauben Gerechte wird leben"; zum Kontext der reformatorischen Wende Luthers PESCH, *Frage*, 222.

mit der Synthese zweier Bedeutungen von „fides" schuf Luther ein neues theologisches Paradigma.[30]

Luthers neuer „Glaube an..." brachte zudem auch die religiösen Vorstellungen zu Beginn des 16. Jahrhunderts mit sich. Er glaubte an die dämonischen Kräfte, die in der Welt wirkten, und die Präsenz des Teufels mit seinem drohenden Gebahren beängstigte ihn. Ferner glaubte er fest, dass er in der Zeit der Apokalypse lebt. In den Geburtswehen, welche die neue Schöpfung, den neuen Himmel und die neue Erde hervorbringen, sah er sich als Prophet, der den verängstigten Christen die Zeichen der Zeit deutet.[31]

Alle diese theologischen Elemente beeinflussen den Sprachgebrauch und klingen an, wenn das Wort „Glaube" benutzt wird. Es sind Bedeutungsverschiebungen, die im theologischen Denken ihren Ursprung haben und den Wortstamm „glaub-" inhaltlich anders kennzeichnen. Die theologische Auseinandersetzung der folgenden Jahre zwischen dem protestantischen Stadtrat und den Klarissen geht auch darauf zurück, weil mit dem semantischen Zeichen „glaub-" unterschiedliche theologische Meinungen zum Ausdruck gebracht wurden.

1.2. Eigenschaftsworte zum Glauben und deren semantische Funktion

1.2.1. Der semantische Kegel zum Schlüsselwort „Glaube"

Wenn Schwester Caritas ihren Glauben näher beschreiben will, fügt sie der ursprünglichen, vom Lexem ausgehenden Bedeutung noch weitere charakteristische Eigenschaftsworte hinzu. Es sind dann Adjektive wie

---

30 Vgl. OBERMAN, *Wir sein pettler*, 249.
31 Vgl. OBERMAN, *The reformation*, 58-69.

"recht"[32], "stark"[33], "christlich"[34], "wahr"[35], "neu"[36] und "alt"[37], die teilweise auch in kombinierter Form auftreten. Sie spricht dann vom rechten, wahren, christlichen Glauben[38] vom alten, christlichen Glauben[39] oder auch vom alten, wahren und gerechten Glauben.[40] In mehreren Fällen tritt zur genaueren Bestimmung ihres Glaubens auch ein Possessivpronomen an die Stelle des Adjektives. Der Glaube wird dann einer Person zugeordnet und im Text findet man Ausdrücke wie „euer Glaube", „unser Glaube" oder „dein Glaube".[41] In einem weiteren Fall wird auch dem konjugierten Verb „glauben" das Adverb „recht" hinzugefügt.[42]

Bei genauerem Hinsehen offenbart sich hier eine auffällige semantische Struktur. Die Eigenschaftsworte stehen nämlich in der semantischen Relation der Unterordnung zum Schlüsselwort und qualifizieren es durch weitere spezielle Attribute. Dadurch wird im Text noch eine präzisere Bedeutung ihres Glaubens ersichtlich. Untereinander werden diese Adjektive von Schwester Caritas jedoch oft in synonymer oder auch antonymer Relation

---

32 Vgl. *Denkwürdigkeiten*, 110: „dann wahrlich ein rechter gelaub ein solch selczsam ding ist".
33 Vgl. ebd., 110: „Ich gün E.W. von herczen, das die als ein starcken gelauben hat".
34 Vgl. ebd., 127: „Es ist dennoch dißen großen leutten, von der ein teil it plut für den cristenlichen gelauben vergossen haben, mer zu gelauben".
35 Vgl. ebd., 94: „als ein gutten paum gut frucht tregt, die ein anzaigen seins rechten und worn gelaubens geben".
36 Vgl. ebd., 44: „sy (die Schwestern) wollten sich durch keins leiden willen in dißen newen gelauben geben".
37 Vgl. ebd., 62: „wollt wir pey dem allten gelauben pleiben".
38 Vgl. ebd., 48: „Wollen wir got herczlich teglich pitten, das er seinen rechten, woren, cristlichen gelauben in uns mere".
39 Vgl. ebd., 140f.: „darumb hetten wir uns entlich entschloßen pey dem alten, cristlichen gelauben zu bleiben".
40 Vgl. *Briefe*, Nr. 59, 120, Caritas Pirckheimer an Felicitas Henssin Imhoff: „wolst dich das schwebisch volck nit laßen verfuren, sunder pey deinem alten, woren und gerechten gelauben bleiben".
41 Vgl. *Denkwürdigkeiten*, 93: „Aber es ist mir ye layd, das sich ewr und unßer gelaub nit gegeneinander vergleichen wil".
42 Vgl. ebd., 11: „der so recht gelawbt und wol würckt, der wirt selig".

gebraucht. So entsteht in der Textstruktur ein semantischer Kegel, durch den ihr „Glaube" im Text zum Ausdruck kommt.[43]

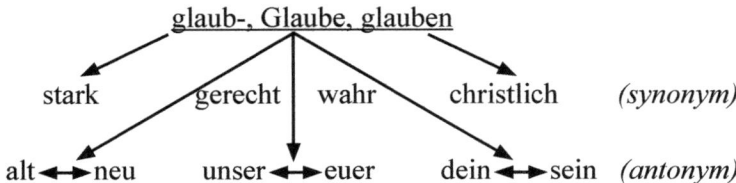

Obwohl die Adjektive „recht", „stark", „wahr" und „christlich" von ihrem Wortstamm eine unterschiedliche Bedeutung in den Text eingeben, werden sie hier semantisch zum Schlüsselwort „Glaube" in synonymer Relation gebraucht. Das geschieht allerdings nur dann, wenn Schwester Caritas von ihrem katholischen Glauben spricht. Er ist „recht", „wahr", „christlich" und „stark". Spricht sie aber vom protestantischen Glauben, so beschreibt sie ihn lediglich als den neuen Glauben und fügt keine weiteren Adjektive hinzu.[44] Den Grund für diese mangelnde Beschreibung gibt sie allerdings nicht direkt an. In der Gegenüberstellung der beiden Konfessionen benutzt sie lediglich das Antonym „alt" und „neu". Diese Adjektive sind Bedeutungsträger einer zeitlichen Kategorie. Sie können aber auch Erfahrungswerte oder eine Erneuerungsbedürftigkeit zum Ausdruck bringen. In der Semantik beschreiben Antonyme immer logische Gegensätze, so dass allein schon aus der Textstruktur hervorgeht, dass sie beide Glaubenshaltungen als Gegensätze versteht. In der theologischen Lexikographie sind antonyme Begriffe von großer Bedeutung, denn jedes theologische Konzept definiert sich in hohem Maße auch durch die Abgrenzung von gegenteiligen Konzepten. Die semantische Struktur eines Textes drückt somit auch gegenteilige theologische Positionen aus. In den Schriften von Schwester Caritas wird diese Gegensätzlichkeit deutlich, wenn sie die protestantische

---

43 Vgl. J. LYONS, *Semantik*, 300-303. Lyons beschreibt hier die semantische Kombination von Hyponymie und Synonymie bzw. Antonymie. Er unterschiedet im semantischen Aufbau eines Textes die symmetrische von der asymmetrischen Hyponymie.

44 Vgl. *Denkwürdigkeiten*, 2: „dyselben verwißen und also, das nit muglich wer, das man uns zu dem newen gelauben bekeret".

Lehrmeinung von Andreas Osiander mit der Lehre Christi und der Apostel vergleicht. Auch in diesem Fall verweisen semantisch antonyme Begriffe auf eine theologisch gegensätzliche Auffassung.[45]

1.2.2. Rechter Glaube

Das Eigenschaftswort „recht" lenkt die Aufmerksamkeit zunächst auf ein juristisches System, denn ein rechter Glaube fordert immer auch die Einbindung in ein ziviles oder kirchliches Rechtssystem. Dabei bindet die Jurisdiktion bestimmte Glaubenshaltungen an ein soziales Gesellschaftssystem und realisiert den Glauben durch gesellschaftlich abgesicherte Normen. Gerade diese Normen regeln ja stets eine Lebensweise, erlauben oder verbieten bestimmte Handlungen, so dass ein hohes Ideal im menschlichen Leben durch das richtige praktische Verhalten auch sichtbar wird. Zudem sind Normen von Natur aus immer objektiv und verhindern so eine reine subjektive Interpretation des Ideals.

In der biblisch-theologischen Tradition ist allerdings auch der jüdische Begriff von Gerechtigkeit zu berücksichtigen. Besonders die alttestamentarische Tradition deutet die Gerechtigkeit nicht so sehr als die Erfüllung von Gesetzesnormen, sondern vorrangig als ein heilsgeschichtliches Leitprinzip. Es betont zunächst die Beziehung des Menschen zu Gott, der allein gerecht ist. Da Gott sich in gerechter Weise zum Menschen verhält und so sein Bundesversprechen einhält, kann er als Antwort auf sein gerechtes Verhalten auch erwarten, dass der Mensch tut, was vor Gott recht ist.[46]

Die Forderungen nach einem rechten Glauben, wie man sie in den Schriften von Schwester Caritas vorfindet, haben ihren Ursprung jedoch im Bruch

---

45 Vgl. *Denkwürdigkeiten,* 103: „und als wir E.W. jungst von hern Osiander geschriben hat, wie mir sein ler onangenem sey, ist mir gleich woll kein ler angenemer denn die ler Cristi und seiner apostelln". Die Gegensätzlichkeit, die sich hier auf die Lehre Osianders und die der Apostel bezieht, wird antonymisch mit „onangenem" und „angenem" ausgedrückt; zur Vertiefung semantischer Textstrukturen vgl. LYONS, *Einführung,* 412-421, 453-480.

46 Vgl. KERTELGE, *Gerechtigkeit,* 784-796.

von bestimmten Rechtsnormen, die im zivilen und kanonischen Recht des frühen 16. Jahrhunderts verankert waren. Zum einen war Luther bereits vor der Einführung der Reformation in Nürnberg sowohl exkommuniziert als auch gebannt,[47] so dass der neue, in Nürnberg verkündete Glaube zunächst weder eine kirchliche noch eine zivile Rechtsgrundlage hatte. Erst als der Nürnberger Reformator Andreas Osiander dem protestantischen Glauben im Jahr 1528 neue juristische Normen gab, wurden auch die kaiserlichen und päpstlichen Privilegien des Klarissenklosters, die bereits im Mittelalter gewährt und bislang rechtsgültig waren, für nichtig erklärt.[48]

So ist die Forderung der Äbtissin nach einem rechten Glauben verständlich. Ihre Reklamation, dass die Protestanten die bisherigen Rechtsnormen der katholischen Kirche missachteten, bezieht sich auf diesen gesamten Prozess der Loslösung des Glaubens von den rechtlichen Normen.[49] Die rein semantische Annäherung der Lexeme „glaub-" und „recht" ist auch aufgrund dieser juridischen und theologischen Kontroverse zu verstehen.

1.2.3. Wahrer Glaube

Das Eigenschaftswort „wahr" steht oft im Bedeutungszusammenhang von unverfälscht, echt, bewährt, aufrichtig, zweifelsfrei und ehrlich. In der biblischen Theologie bezeichnet der Wahrheitsbegriff meistens eine zuverlässige Realität oder einen sicheren Weg, der genau zum Ziel führt. Das Alte Testament verwendet den Begriff „wahr" vor allem im Rechtswesen, in der religiösen Verkündigung, in der Beziehung Gottes zum Menschen und zur Bezeichnung einer verlässlichen Mitteilung zwischen Partnern. Im Neuen Testament spricht Paulus öfter von der Wahrheit des Evangeliums.

---

47   Vgl. ISERLOH, *Luther*, 11-44. Mit dem Dekret „Decet Romanum Pontificem" vom 3. Januar 1521 wurde Luther von Papst Leo X. exkommuniziert, und das Wormser Edikt vom 8. Mai 1521 verhängte über ihn die Reichsacht.
48   Vgl. OSIANDER, *Reformation*, 125.
49   Vgl. *Denkwürdigkeiten,* 54: „wy gewaltiglich sy die saczung der kirchen umbstyeßen"; auch KIST, *Klarissenkloster*, 141ff.

Im Laufe seines Denkens nähert sich sein Wahrheitsbegriff jedoch immer mehr dem Gedanken von Gottes Gerechtigkeit.[50]

Da das spätmittelalterliche theologische Umfeld in Nürnberg stark von der Paulusrezeption markiert war, ist es nur verständlich, dass die paulinische Theologie auch das Denken von Schwester Caritas beeinflusste. Sie forderte immer wieder wahre Glaubensaussagen ein, die sie bei den protestantischen Predigern vermisste.[51] Die semantische Annäherung der Lexeme „glaub" und „wahr" ist auch auf diesem Hintergrund zu verstehen.

1.2.4. Christlicher Glaube

Bedeutend schwieriger wird es, dem Lexem „christ-" eine genaue Bedeutung zu geben, die durch das semantische Zeichen in den Text hineinwirkt. Das Wesen des Christentums ist zu vielschichtig und zu bedeutsam, als dass eine einzige Definition die Wirkungs- und Begriffsgeschichte ausdrücken könnte. Das letzte Prinzip der Sinngebung ist sicherlich die Person Jesu Christi, denn im Rückbezug auf sie gewinnt der christliche Glaube ja erst seine Existenz, sein Wesen, seine Identität und seinen Namen. Dennoch handelt es sich beim Christentum keineswegs um einen Personenkult Jesu Christi, sondern um das verkündete Reich Gottes, das in ihm seinen Lehrer und Mittelpunkt hat und das sich durch den geschichtlichen Ablauf, die Glaubenstradition und die dogmatischen Klarstellungen manifestiert hat. In dieser Auslegungsgeschichte wird das christliche Element zu einem Identitätskontinuum, das seinen Ursprung in der Tradition und in einem bleibenden von Christus geoffenbarten Fundament hat.[52]

---

50 Vgl. HÜBNER, *Wahrheit*, 138-149; auch BARR, *The semantics*, 161-206; zum Gebrauch bei Paulus siehe Gal 2,5: „Wir haben ihnen nicht nachgegeben, damit auch die Wahrheit des Evangeliums erhalten bleibe" oder Gal 2,14: „Als ich aber sah, dass sie von der Wahrheit des Evangeliums abwichen [...]".
51 Vgl. *Denkwürdigkeiten,* 54: „Aber wy gar uncristenlich sy dy (eilig) geschrifft auf einen fremden syn zwingen".
52 Vgl. SECKLER, *Christentum*, 1105-1117.

Auch Schwester Caritas war sich der christlichen Offenbarung und der geschichtlichen Tradition durchaus bewusst, denn ihre eigene Ordensgemeinschaft war innerhalb der Kirche denselben Weg gegangen. Sie war sich auch der konfessionellen Spannungen ihrer Zeit bewusst und möchte ihre christliche Identität wahren, wenn die Kirche in der Auseinandersetzung mit dem Protestantismus ihre konstituierende Größe neu definiert.

1.2.5. Starker Glaube

Das Eigenschaftswort „stark" gehört zur Bedeutungsgruppe von Stärke und Einfluss. Es ist gleichbedeutend mit ausschlaggebend, tonangebend, eindrucksvoll, energisch, nachdrücklich und ist oft Ausdruck einer natürlichen Wirksamkeit. In der biblischen Tradition ist es ein Eigenschaftswort für die Kraft Gottes. Die königliche Macht wie auch die prophetische Verkündigung im Alten Testament erhielten durch die Kraft Gottes eine eigene und wirkungsvolle Prägung. Im Neuen Testament erhält Christus seine Kraft durch den Heiligen Geist. Die Evangelien sprechen oft von der Kraft des Geistes, die auch die Wunder Jesu kennzeichnen. Sie geht auch auf die Gläubigen über und dient dem Aufbau der inneren Persönlichkeit. Schließlich identifiziert Paulus die Person Christi ganz mit der Kraft Gottes.[53] In diesem Sinn ist ein starker Glaube in den Schriften von Schwester Caritas auch immer ein dynamischer und geistdurchdrungener Glaube. In der Kraft dieses Geistes vermag sie letztlich dem Druck der Nürnberger Protestanten zu widerstehen.

---

53 Vgl. PRÜMM, *Grundaspekt*, 643-700; zur biblischen Grundlage siehe Lk 4,14: „Jesus kehrte, erfüllt von der Kraft des Geistes nach Galiläa zurück"; Lk 8,46: „Jesus erwiderte: Es hat mich jemand berührt, denn ich fühlte, wie eine Kraft von mir ausströmte"; Eph 3,16: „er möge euch auch aufgrund des Reichtums seiner Herrlichkeit schenken, dass ihr in eurem Innern durch seinen Geist an Kraft und Stärke zunehmt"; 1 Kor 1,24: „für die Berufenen aber, Juden wie Griechen, Christus, Gottes Kraft und Weisheit".

1.2.6. Metaphern zum Schlüsselwort „Glaube"

Zu den semantischen Zeichen in den Schriften von Schwester Caritas gehören auch einige metaphorische Ausdrücke. Die Metapher ist immer eine Angleichung von zwei Bedeutungen, die einer unterschiedlichen semantischen Grundstruktur angehören und durch verschiedene semantische Zeichen in den Text einfließen. Durch die Ähnlichkeit der sprachlichen Bilder findet jedoch eine Beziehungsübertragung statt. Die Anpassung einer fremden Wortbedeutung an das eigentliche Schlüsselwort kann im hermeneutischen Prozess eine große allegorische Kraft erzeugen. Schwester Caritas benutzte Metaphern aus dem alltäglichen Leben und dem biblischen Kontext. In einigen Fällen kann der Gebrauch einer Metapher auch unausgesprochene Bewertungen enthalten, die in den Schriften der Äbtissin genau dann erkennbar sind, wenn sie die biblischen Metaphern zur Erklärung ihres Glaubens benutzte.[54]

Die erste Metapher gebraucht Schwester Caritas, als der Nürnberger Stadtrat die katholischen Prediger im Kloster zwangsweise durch protestantische ersetzte. Sie vergleicht diese Situation mit dem Besuch eines Arztes, zu dem der Patient kein Vertrauen hat. Das Vertrauensverhältnis des kranken Menschen zum Arzt trägt ja entscheidend zum Heilungsprozess bei, während ein mangelndes Vertrauen die Genesung verzögern kann.[55] Im metaphorischen Vergleich identifiziert sie nun den hilfsbedürftigen Glauben der Schwestern mit dem kranken Menschen und den Seelsorger mit dem Arzt. Obwohl die semantischen Zeichen von „glaub-" und „krank" sehr unterschiedlich sind, kommt es aufgrund ähnlicher Bedeutungsmerkmale, die Schwester Caritas zwischen dem schwachen Glauben der Schwestern und einer Krankheit sieht, in ihrem Denken zu einer Bedeutungsübertragung.

---

54 Vgl. LSprach 434f.; zur Verbindung von theologischer und metaphorischer Ausdrucksweise vgl. Kapitel III, 2.8.
55 Vgl. *Denkwürdigkeiten,* 60: „es kumt ye einem leiblichen krancken der rot des arczo nit wol, zu dem er weder glauben noch trawen hat"; in Angleichung an das biblische Motiv von Christus, dem Arzt, Mt 9,12: „Nicht die Gesunden brauchen den Arzt, sondern die Kranken".

Eine weitere Metapher übernimmt sie aus dem ersten Lehrbrief von Wenzeslaus Link an die Schwestern, in dem er ihren Glauben als Wahn bezeichnet.[56] Mit diesem starken Bild verbindet er die gläubige Hingabe der Schwestern an Gott mit einer Illusion oder gar einer Geisteskrankheit. Damit ist ohne Zweifel auch eine negative Wertung gegeben, die über die Metapher in den Text einfließt. Schwester Caritas rechtfertigt ihren Glauben, indem sie sich auf den gekreuzigten Christus bezieht. Aber dennoch führt die Bedeutungsübertragung in der metaphorischen Untersuchung auch immer zur Denkweise des Verfassers und verdeutlicht, wie der jeweilige Gedanke in der grammatischen Struktur eines Textes zum Ausdruck kommt. Durch den Gebrauch einer derart aussagekräftigen Metapher wird zudem deutlich, mit welcher Intensität die konfessionelle Auseinandersetzung der Schwestern mit den Protestanten ausgetragen wurde.

Die Ergebnisse dieser semantischen Untersuchung erweitern die bisherigen Erkenntnisse, die aus der Wortstammuntersuchung des Lexems „glaub-" ersichtlich wurden. Durch die Eigenschaftsworte zum Glauben und deren semantische Funktion wird deutlich, dass die persönliche, vertrauensvolle und gut begründete Hingabe ihres Lebens sich auch an rechtliche, moralische und religiöse Kriterien bindet und eine dynamische Kraft entfaltet. Damit ist das Glaubenskonzept in ihren Schriften definiert.

1.3. Deklinierte Schlüsselworte und deren syntaktische Funktion

1.3.1. Der Bezug zum Formalprinzip „fides quae – fides qua"

In ihren Schriften gebraucht Schwester Caritas das Lexem „glaub-" sowohl als Substantiv in allen vier Deklinationen wie auch als Verb in den verschiedenen Konjugationen. Die Deklination eines Substantives oder die

---

56 Vgl. *Denkwürdigkeiten*, 109, „der gelaub kan nit zu herbig sein, wo menschen won im herczen steckt" (Link); vgl. ebd., 113f.: „unßer won sol, ob got wil, nit falsch oder unrecht sein, und sich auf nymand anders den auf den gekreuzigsten Cristum verloßen" (Sr. Caritas).

Konjugation eines Verbes geschieht immer im Hinblick auf die syntaktische Funktion, die es im Satzgefüge einnimmt. Die Syntaktik bildet aus den semantischen Zeichen und Bedeutungsträgern schließlich ein sinnvolles Satzgefüge.[57] Die Untersuchung der syntaktischen Funktion des Schlüsselwortes führt nun in den Schriften von Schwester Caritas zu weiteren Denkschemen und sinngebenden Strukturen bezüglich ihres Glaubens.

Das Substantiv „Glaube" wird in der Satzgrammatik ihrer Schriften oft zum Subjekt des Satzes und steht dabei im Nominativ. Es ist dann entweder das handelnde oder das zu definierende Prinzip. Im 40. Kapitel der Denkwürdigkeiten schreibt sie diesbezüglich:

„dann der gelaub ist ye eine genad von got, will auch ungenött sein, darum kan er nit mit gewalt oder troe in den menschen gegoßen werden".[58]

Hier ist das Substantiv „gelaub" das Subjekt des Satzes und steht im Nominativ. Das Hilfsverb „sein" wird hier als Zustandsverb gebraucht, das den Glauben als einen gleichbleibenden Zustand bezeichnet. Mit dieser einfachen Relation von Subjekt und Prädikat definiert sie ihren Glauben als eine Gnade von Gott. Im angefügten Nebensatz beschreibt sie ihn zudem als eine freie Option des Menschen. Ähnliche Beispiele aus ihren Schriften zeigen, dass sie zur Definierung ihres Glaubens eine Satzkonstruktion verwendet, die den Nominativ von „Glaube" zusammen mit einem Zustandsverb benutzt. Es erscheint dann häufig die Formulierung: „der gelaub ist".[59] Das gleiche gilt auch, wenn sie das lateinische Wort „fides" benutzt. Sie gebraucht es im Nominativ und als Subjekt und besagt zusammen mit dem Hilfsverb „posse" und dem Zustandsverb „fallire" etwas Wesentliches über ihren Glauben. In einem Brief an Konrad Celtis schreibt sie diesbezüglich:

---

57 Vgl. LSprach 709-711.
58 *Denkwürdigkeiten*, 93.
59 Vgl. *Denkwürdigkeiten,* 93: „dann das ist unßer gelaub [...] das wir die rechtfertigung allein got geben und dem verdinst und leyden Cristi"; und ebd., 110: „wievol der gelaub, als s. Paulus sagt, on die lieb nichcz ist".

„Quippe ratio humana debilis est et falli potest, fides autem vera et sana conscientia falli non potest".[60]
In derartigen Satzkonstruktionen spricht sie stets vom Inhalt ihres Glaubens. Die beschriebene syntaktische Struktur bildet dabei die grammatische Grundlage zum theologischen Formalprinzip der „fides quae". Schwester Caritas beschreibt mit diesem Prinzip ihren Glauben in Treue zur Offenbarung und den Zeichen der Zeit.[61]

Im weiteren Verlauf ihrer Schriften gebraucht Schwester Caritas das Wort „Glaube" als direktes und indirektes Objekt. Das direkte Objekt, oft im Akkusativ stehend, ist im syntaktischen Gefüge eines Satzes ja stets das Ziel des handelnden Subjekts. Das indirekte Objekt hingegen, im Dativ stehend, fügt der Satzbedeutung lediglich etwas Komplementäres hinzu. Wird das Wort „Glaube" als direktes Objekt benutzt, so kommt dadurch häufig eine Aktion zum Ausdruck, die durch den Glauben ausgelöst wird. Sie schreibt dazu an zwei Stellen:

„so wir wißen, das wir durch den gelauben, wie uns der h(eilig) Paulus lert, gerechtfertigt sind, wißen wir auch, das wir zu frid mit got sind".[62]

„Es ist dennoch dißen großen leutten, von der ein teil ir plut für den cristenlichen gelauben vergossen haben, mer zu glauben, denn den yczigen pildstürmern und heiligenschmehern".[63]

Im ersten Beispiel werden sowohl die Rechtfertigung als auch das friedliche Einvernehmen mit Gott durch den Glauben bewirkt. Im zweiten liegt ein doppeltes direktes Objekt im Akkusativ vor, das ebenfalls eine Aktion des Subjekts ausdrückt, nämlich das Vergießen von Blut für den christlichen Glauben. Die Werke, die aus dem Glauben geschehen, drücken sich syntaktisch meistens in der Relation des Prädikates zum direkten Objekt aus. Doch genau diese Relation bietet häufig die grammatische Grundlage zum theologischen Formalprinzip von „fides qua".

---

60 Vgl. *Briefe*, Nr. 47, 105, Caritas Pirckheimer an Konrad Celtis.
61 Vgl. LIES, *Fides*, 1274f.
62 *Denkwürdigkeiten*, 94.
63 Ebd., 127.

Theologisch gesehen ist „fides qua" eine christliche Glaubenshaltung, die man zunächst bei anderen Gläubigen bemerkt und die zum Aufbau des eigenen Glaubens beiträgt. Sowohl „fides quae" wie auch „fides qua" sind Aspekte des einen Glaubens, die aufeinander hin geordnet und in ihrer wechselseitigen Beziehung für jede christliche Existenz grundlegend sind. Die Werke aus dem Glauben werden durch eine vorherige Glaubensverkündigung hervorgerufen und die Verkündigung orientiert sich wiederum an den Glaubenshaltungen. Beide Dimensionen geben dem gläubigen Menschen seine Grundlage und Identität.[64]

In den Schriften von Schwester Caritas bildet die grundlegende syntaktische Struktur von Subjekt, Prädikat und Objekt die grammatische Grundlage, um dieses theologische Formalprinzip auszudrücken. Dabei kommt „fides quae" in der Relation des Subjekts zum Prädikat und „fides qua" in der Beziehung des Prädikats zum direkten Objekt zum Ausdruck.

1.3.2. Der Bezug zum Formalprinzip „fides implicita – fides explicita"

Das indirekte Objekt erweitert in der syntaktischen Relation oft nur die Aussageabsicht des Autors um eine zusätzliche, aber wichtige Information. Das gilt vor allem dann, wenn beide Objekte im Satzgefüge auftreten. Eine solche Satzkonstruktion findet sich zum Beispiel im 43. Kapitel der Denkwürdigkeiten, in dem Schwester Caritas schreibt:

„ und er (Gott) uns nit gibt lieb zu dem newen gelauben, so kun wir uns ye selber nit anders machen, den got mit uns verordnet".[65]

Ohne die Worte „zu dem neuen gelauben", die hier das indirekte Objekt bilden, wäre die Bedeutung des Satzes für christliche Ordensschwestern

---

[64] Vgl. NEUNER, *Glaube*, 48. Die Unterscheidung zwischen „fides quae" und „fides qua" besteht seit dem theologischen Denken des heiligen Augustinus. In seiner Trinitätslehre schreibt er: „Ex una sana doctrina impressam fidem credentium cordibus singulorum, qui hoc idem credunt, verissime dicimus; sed aliud sunt ea, quae credentur, aliud fides, qua credentur"; vgl. AURELIUS AUGUSTINUS, *De Trinitate* XIII, 2,5, in: CCL 50 A, 386.

[65] *Denkwürdigkeiten*, 100.

äußerst befremdlich. Gott wäre dann derjenige, der gerade den Schwestern keine Liebe verleihen würde. Durch das notwendige indirekte Objekt wird jedoch deutlich, dass sich die fehlende Liebe auf den neuen protestantischen Glauben bezieht. Theologisch interessanter aber wird diese Objektanwendung, wenn sie ihren Willen erklärt, im katholischen Glauben zu verbleiben. Dieses Anliegen ist derart wichtig, dass sie es in ihren Schriften achtmal zum Ausdruck bringt. Sie schreibt diesbezüglich:

„Nun ist zu dißen zeiten so vill zwyspeltigkeit und irthum, daz schir nymant wayß, was er glauben soll; darumb haben wir all miteinander beschloßen, in dem alten glauben und im geistlichen stand zu verharrn".[66]

Wenig später fügt sie dem Wunsch, im katholischen Glauben zu verbleiben, noch einen genauen Zeitpunkt hinzu, nämlich:

„piß eyn concilium ward oder got sunst einigkeit der cristenheit verleicht".[67]

Das indirekte Objekt steht hier in einer Infinitivkonstruktion und wird durch die Worte: „in dem alten glauben" ausgedrückt. Schwester Caritas spricht an dieser Stelle von Verwirrung, Zwiespalt und Irrtum in Glaubensfragen und erklärt dennoch ihre Zugehörigkeit zum katholischen Glauben. Sie erwartet ein Konzil, das alle Christen wieder vereint, möchte glauben, was die Kirche glaubt und bejaht intuitiv auch die kommenden Glaubensaussagen der Kirche. Eine solche vertrauensvolle Haltung in den kirchlichen Glauben wird theologisch mit dem Formalprinzip der „fides implicita" ausgedrückt. Die dadurch ausgedrückte Glaubenshaltung tendiert zu einem späteren Zeitpunkt generell zum ausdrücklichen Glaubensbekenntnis, der „fides explicita". Da Schwester Caritas das Konzil von Trient (1545-1563) und seine dogmatischen Entscheidungen jedoch nicht mehr erlebte, bezeugt sie ihren Glauben in Übereinstimmung mit dem damals geltenden kirchlichen Glauben. Die bisher bekannten Glaubensinhalte bekennt sie offen und die zu ihrer Zeit noch nicht definierten Glaubenswahrheiten schließt

---

66 *Denkwürdigkeiten*, 39.
67 Ebd., 140f.

sie in ihrem Glauben ein.[68] Auch in diesem Fall ergibt die syntaktische Satzkonstruktion die Grundlage, ihren kirchlich eingebundenen Glauben mit Hilfe eines theologischen Prinzips auszudrücken.

Der Genitiv von „Glaube" kommt in den Schriften von Schwester Caritas kaum vor. Nur gelegentlich findet man diesen Kasus als nachgestelltes Genitivattribut[69] oder als Genitivobjekt.[70] Das Genitivattribut präzisiert häufig ein vorher erwähntes Substantiv und das Genitivobjekt begründet häufig eine Handlung. Der Gebrauch des Genitivs bezeichnet jedoch immer ein korrektes und gehobenes Sprachniveau.[71]

1.3.3. Der Bezug zum Formalprinzip „fides quaerens intellectum"

Die Konjugation des Verbes „glauben" kommt in den Schriften von Schwester Caritas in sehr unterschiedlichen Flexionen vor. Durch sie geschieht die Bildung des Prädikates im Satzgefüge. Oftmals findet man den Infinitiv[72] und die Konjugation des Lexems „glaub-" in der ersten Person Singular[73] und Plural[74] im Präsens. Mehrfach ist auch die Flexion in der dritten Person Singular[75] und Plural[76] im Präsens erkennbar. Seltener sind

---

68 Vgl. SECKLER, *Glaube,* 672-685.
69 Vgl. *Briefe,* Nr. 60, 121, Caritas Pirckheimer an Hieronymus Emser: „Dem erwirdigen herrn und andechtigem priester, auch hochgelerten doctor Jeronimo Emser, kreftigem verfechter christlichen glaubens".
70 Vgl. ebd., Nr. 61, 131, Caritas Pirckheimer an einen Ordensmann: „wenn sie uns des glaubens halben anfechten oder notten wider unser gelubt zu thwn".
71 Vgl. LSprach 226f.
72 g(e)lauben; vgl. *Denkwürdigkeiten,* 6, 36, 39,47, 60, 93, 94, 95, 96, 101, 111, 115, 126, 127, 128, 142, 144 und *Briefe,* Nr. 61, 127, Caritas Pirckheimer an einen Ordensmann.
73 ich g(e)laub; vgl. *Denkwürdigkeiten,* 97, 103, und *Briefe,* Nr. 82, 165, Caritas Pirckheimer an Anton Tucher; *Briefe,* Nr. 96, 177, Caritas Pirckheimer an Kaspar Nützel; ebd., Nr. 99, 181, Caritas Pirckheimer an Kaspar Nützel.
74 wir g(e)lauben; vgl. *Denkwürdigkeiten,* 10, 93, 111, 126.
75 er g(e)laubt; vgl. ebd., 11, 54.
76 sie g(e)laubten; vgl. ebd., 95, 140 und *Briefe,* Nr. 104, 186, Caritas Pirckheimer an Kaspar Nützel.

der Imperativ[77] die dritte Person Plural im Imperfekt[78] die dritte Person Singular im Konjunktiv Präsens[79] und die dritte Person Plural Imperfekt in der Partizipform.[80] Alle Verben stehen im aktiven Genus. Die häufige Anwendung im Präsens ist verständlich, da Schwester Caritas den Konflikt mit den Protestanten in ihrer Gegenwart beschreibt. Sie benennt daher auch die Argumente für ihren Glauben in ihrer historischen Gegenwart.

In der Wortgrammatik konzentriert sich die Bedeutung, die ein Autor im Text ausdrücken möchte, vor allem im semantischen Zeichen des Verbes. Jedes im Text benutzte Verb ist daher ein Bedeutungsträger in konzentrierter Form. Auch die etymologischen Sprachwurzeln sind in dieser Bedeutungsgebung impliziert. In der Satzgrammatik wird das Verb zum Prädikat und bringt die Bedeutung seines semantischen Zeichens in entscheidender Weise in das Satzgefüge ein. Durch die Konjugation des Prädikats wird die Aktion des Subjekts auf das Objekt ausgerichtet. Zwischen dem Handlungsprinzip Subjekt und dem Ziel Objekt vermittelt es das Thema eines Satzes und größtenteils auch die Bedeutung, die der Autor dem Satzgefüge geben möchte.[81] Die Bedeutung des Lexems „glaub-" und sein etymologischer Hintergrund wirken hier durch die Prädikatsfunktion von „glauben" entscheidend auf das Satzgefüge ein und bestimmen definitiv die Aussageabsicht. Dadurch werden auch die rationalen Elemente im Glaubensakt relevant, die bereits in der etymologischen Untersuchung angezeigt wurden.

Im ersten Antwortbrief auf den ersten Lehrbrief von Wenzeslaus Link erwähnt Schwester Caritas die Ursprünge der Bauernkriege. Sie spricht vom voreiligen und unbedachten Glauben der aufständischen Bauern, der schließlich einen hohen Preis forderte.[82] Sie bedauert diesen leichtferti-

---

77 glaubt; vgl. *Denkwürdigkeiten*, 7, 46.
78 gelaubten; vgl. ebd., 93.
79 er gelaub; vgl. ebd., 93.
80 heten gelaubt; vgl. ebd., 111.
81 Vgl. LSprach 541.
82 Vgl. *Denkwürdigkeiten*, 111: „Wern die armen pawrn nit also poßlich betrogen worden und heten nit also pald gelaubt, wer nit also groß plutvergyssen geschehen". Durch die Bauernkriege, deren Anführer sich zu Beginn an Luthers Schrift „Von der Freiheit eines Christenmenschen" orientierten, sollte eine umfassende Bodenreform

gen Glauben und spricht von ihrem Vorbehalt, dass ein solches Vertrauen niemals hätte gegeben werden dürfen. Die Satzkonstruktion, die sie dabei verwendet, erfordert das Partizip von „glauben", das mit dem Hilfsverb „haben" im Konjunktiv konjugiert wird. Durch den Konjunktiv bringt sie ihren subjektiven Wunsch zum Ausdruck, der den wahren Ablauf des Bauernkrieges allerdings wunschgemäß relativiert. Der Aspekt der Vernunft, der auch etymologisch mit dem Wort „glauben" verbunden ist, wurde vernachlässigt. Eine sehr differenzierte Glaubensaussage findet man auch in ihrem zweiten Antwortbrief auf das zweite Lehrschreiben von Wenzeslaus Link. Hier schreibt sie:

„Gott weyß unser hercz, das wir nit also verstockt sind, daz wir nit gern wollten glauben, aber alle ding gelauben, ist ein torheit".[83]

Auch in diesem Beispiel ist das Verb „glauben" der entscheidende Bedeutungsträger der Aussage. Durch einen doppelten Nebensatz mit zweifacher Verneinung erklärt sie, dass der Wille zum Glauben bei den Schwestern durchaus vorhanden ist. Die affektive Hingabe an Gott wird dabei durch das Wort „Herz" symbolisiert. Aber dennoch differenziert sie dieses Vertrauen deutlich von einem blinden, unreflektierten Glauben, der für sie eine Torheit ist. Wenn sie also von „glauben" spricht, denkt sie dabei an eine enge Verbindung zwischen der vertrauensvollen Hingabe an Gott und dem vernünftigen Denken. Damit bewahrheiten sich die Ergebnisse, die schon die morphologische und etymologische Untersuchung zum Lexem „glaub-" ergeben haben. Diese lexikographischen Erkenntnisse über die Denkweise von Schwester Caritas vermitteln in diesem Fall das theologische Formalprinzip des „fides quaerens intellectum".

Dieses Prinzip geht auf die mittelalterliche Theologie des Anselm von Canterbury (1033-1109) zurück. Seine Theologie führt das Bestreben des heiligen Augustinus fort, der angesichts der hellenistischen Kultur den unaufhebbaren Zusammenhang von Glaube und vernünftiger Einsicht

---

im Deutschen Reich realisiert werden. Die Heere der deutschen Fürsten setzte diesem Bestreben jedoch ein blutiges Ende; vgl. ISERLOH, *Bauernkrieg*, 140-145.

83 *Denkwürdigkeiten*, 126.

forderte.[84] Dabei wollte Anselm weder die Glaubensmysterien in philosophische Einsichten auflösen noch einen theologischen Rationalismus schaffen. Für ihn bleibt der Glaube hinter der intellektuellen Einsicht bestehen. Die Begründungen der Glaubensgeheimnisse machen die gläubige Akzeptanz derselben nicht überflüssig, sondern erklären sie durch die Vernunft und machen sie verantwortbar.[85]

1.3.4. Der Bezug zum Formalprinzip „fides ex auditu"

Über die Deklinationen der Schlüsselworte hinaus, aber noch im Bereich der Syntaktik, sind in der Satzstruktur von Schwester Caritas gelegentliche Einschübe erkennbar, die auf den ursprünglichen Gedanken ihrer Argumentation hinweisen.[86] Man findet diese Parenthesen oft dort, wo sie auf Bibeltexte oder auf Aussagen der Kirchenväter verweist.

So liest man in ihrem Text Hinweise wie: „als s. Paulus sag",[87] oder auch: „darumb auch der heilig Jacobus sagt".[88] Diese Verweise bedeuten, dass sie die angegebenen Texte gelesen hat oder sie zumindest in der Liturgie gehört und im Gedächtnis behalten hat. Es bedeutet weiterhin, dass die Glaubensverkündigung der Apostel und der Kirchenväter ihren eigenen Glauben aufgebaut hat. Sie kann jetzt so überzeugend gegen die protestantische Lehrmeinung argumentieren, weil sie zuvor in den erwähnten Texten das Wort Gottes erkannt hat. Diese Verbindung vom gehörten Wort Gottes in der Verkündigung und dem Aufbau des eigenen Glaubens

---

84 Vgl. AURELIUS AUGUSTINUS, Sermones de Vetere Testamento 43,9, in: CCL 41,1, 512: „Ergo ex aliqua parte verum est quod ille dixit: ‚Intellegam ut credam', et ego dico sicut dicit propheta: ‚Immo crede ut intellegas', verum dicimus, concordemus. Ergo intellege ut credes, crede ut inetellglas".
85 Vgl. DREYER, Fides, 1275f.
86 Vgl. LSprach 156; die moderne Sprachwissenschaft spricht hier von „nested constructions".
87 Vgl. Denkwürdigkeiten, 110: „wievol der gelaub, als s. Paulus sag, on die lieb nichcz ist".
88 Vgl. ebd., 11: „Darumb auch der heilig Jacobus sagt, der gelawb sey an die werck todt".

wird in der Theologie mit dem Formalprinzip des „fides ex auditu" ausgedrückt. Seine biblische Grundlage findet es in den Paulusbriefen[89] und im Johannesevangelium.[90] Die Verkündigung des Wortes Gottes ist stets für den Aufbau des eigenen Glaubens bedeutsam, aber auch für die Weitergabe objektiver Glaubensinhalte und für die grundsätzlich-hörende Bestimmung des Menschen vor Gott.[91]

Generell kann man sagen, dass Schwester Caritas ihr Glaubenskonzept mit Hilfe der theologischen Denkschemata des Mittelalters ausdrückt. Die Deklinierung oder Konjugierung der Schlüsselworte im Hinblick auf die syntaktischen Funktionen im Text bieten die grammatische Grundlage, um die traditionellen theologischen Formalprinzipien des Glaubens auszudrücken. Inwieweit diese Prinzipien der Äbtissin bei der Abfassung ihrer Schriften allerdings bewusst waren, lässt sich aus der lexikographischen Untersuchung nicht sagen.

1.4. Hinweise auf einen lehrmäßigen Kontext

Sucht man nach dieser ersten lexikographischen Untersuchung nach Hinweisen auf einen lehrmäßigen Kontext, so muss vorausgeschickt werden, dass Schwester Caritas keine Theologin im eigentlichen Sinne ist. Sie selbst hat auch niemals den Anspruch erhoben, eine Theologin zu sein, sondern sich mehr in der Rolle einer Buchliebhaberin und Freundin von gelehrten Theologen gesehen. In einem Brief an ihren Bruder Willibald schrieb sie dazu:

---

89 Vgl. Röm 10,17: „So gründet der Glaube in der Botschaft, die Botschaft im Wort Christi" und 1 Ts 2,13: „Darum danken wir Gott unablässig dafür, dass ihr das Wort Gottes, das ihr durch unsere Verkündigung empfangen habt, nicht als Menschenwort, sondern, was es in Wahrheit ist, als Gottes Wort angenommen habt; und jetzt ist es in euch, den Gläubigen, wirksam".

90 Vgl. Joh 5,24: „Amen, amen, ich sage euch: Wer mein Wort hört und dem glaubt, der mich gesandt hat, hat das ewige Leben" und Joh 12,38: „So sollte sich das Wort erfüllen, das der Prophet Jesaja gesprochen hat: Herr, wer hat unserer Botschaft geglaubt"?

91 Vgl. SECKLER, *Fides*, 1273f.

"Non enim, ut scis, docta sum, tametsi amatrix doctorum, litterata etiam non sum, attamen gaudeo audire et legere sermomes litteratorum".[92]

Daher führt die lexikographische Untersuchung des Glaubens auch nicht direkt zu einer Theologie des Glaubens in ihren Schriften. Schwester Caritas wollte lediglich die konfliktvollen Ereignisse im Klarissenkloster in den Jahren 1524 bis 1528 darstellen, sowie Briefe an Freunde und Wohltäter schreiben, aber keine kontroverstheologische Abhandlung über den katholischen Glauben zur Zeit des frühen Protestantismus erstellen. Sie beschreibt nur, wie sie ihren Glauben versteht. Es sind Bestandteile eines theologischen Wissens, das sie sich durch Lektüre, Vorträge und die Liturgie im Kloster angeeignet hat. Diese Impulse hat sie überdacht, im Gebet vertieft und schließlich in ihren Schriften zum Ausdruck gebracht.

Man erhält allerdings vereinzelte Hinweise auf einen inspirierenden, lehrmäßigen Kontext, wenn man Wortkombinationen untersucht, die von den Schlüsselworten ausgehen und über das eigentliche Glaubenskonzept hinausweisen. Dadurch wird geklärt, wie das Schlüsselwort mit anderen Begriffen des Textes kommuniziert und wie sich im Zusammenspiel mit diesen Begriffen seine spezifische Eigenart noch präzisiert. Bei wiederholtem Vorkommen dieser Wortkombinationen lassen sich Themenschwerpunkte und Teilaspekte eines theologischen Verständnisses erkennen, die schon bei der Abfassung ihrer Schriften bedeutsam waren. Bei einer genaueren Untersuchung erkennt man folgende tabellarisch veranstaulichte Wortkombinationen:

Wortkombination	Häufigkeit
Glaube und freier Wille	8-mal
Glaube und Werke	7-mal
Glaube und Kirche, Kirchliche Gemeinschaft	7-mal

---

92 Vgl. *Briefe*, Nr. 40, 90, Caritas Pirckheimer an Willibald Pirckheimer; Knackmuß spricht im diesem Fall von einer „studiosissima collectrix insignis bibliothecae"; vgl. KNACKMUSS, *Fuit studiosissima*, 32-40.

Kapitel II: Die hermeneutische Analyse des Glaubenskonzeptes

Wortkombination	Häufigkeit
Glaube und freies Gewissen	6-mal
Glaube und Vernunft	4-mal
Glaube und Rechtfertigung	3-mal
Glaube und Gnade	3-mal

Weniger häufig erscheinen thematische Kombinationen wie:

Wortkombination	Häufigkeit
Glaube und Liebe	2-mal
Glaube und Zeugnis	2-mal
Glaube und Heuchelei	2-mal
Glaube und Sakrament	2-mal
Glaube und Verwirrung	2-mal
Glaube und Christus	1-mal
Glaube und Unfehlbarkeit	1-mal
Glaube und Verteidigung	1-mal
Glaube und Trost / Bestätigung	1-mal

Untersucht man diese Wortkombinationen und deren Häufigkeit, so fällt auf, dass die Verbindung des Glaubens zum freien Willen und zum freien Gewissen sehr häufig vorkommt. Der freie Wille und das freie Gewissen sind zwar keine identischen Begriffe, ähneln sich jedoch in ihrer Eigenart, frei ausgeübt zu werden. Unter diesem Gesichtspunkt findet man die Wortkombination „Glaube – freier Wille" und „Glaube – freies Gewissen" vierzehnmal in ihren Schriften. Diese hohe Frequenz innerhalb der kombinierten Schlüsselworte weist auf einen zentralen Aspekt ihrer Glaubensauffassung hin.

Die Wortkombinationen „Glaube-Werke", „Glaube-Kirche", „Glaube-Vernunft" und „Glaube-Rechtfertigung" kommen auch mehrfach vor und weisen auf ein theologisches Vokabular vor allem des 16. Jahrhunderts hin, als diese Themen in der Diskussion um Luthers Theologie relevant wurden. Das besagt, dass sich Schwester Caritas ebenso mit diesen Themen befasst hat. Die weniger häufigen Wortkombinationen weisen zwar einen theologischen Zusammenhang auf, sind aber in der theologischen Auseinandersetzung mit dem frühen Protestantismus nicht so relevant wie die häufiger erwähnten Kombinationen. Eine Ausnahme bildet die Kombination „Glaube-Liebe", die in der Diskussion um die Rechtfertigungstheologie noch von Bedeutung sein wird. Bedingt durch die theologischen Themen ihrer Zeit hebt Schwester Caritas also einige Begriffe deutlicher hervor als andere. Die thematische Verbindung des Schlüsselwortes „Glaube" zu den wichtigsten, kombinierten Worten soll ihr Glaubensverständnis nochmals präzisieren. Gerade die Gegenüberstellung zu den assoziierten Begriffen, die auch als Kontrapunkte wirken können, begrenzen den Glaubensbegriff auch und veranschaulichen ihn zusätzlich aus dem Textzusammenhang.

2. Varianten und Bezüge

2.1. Glaube und Vernunft

Das Verhältnis von Glaube und Vernunft in den Schriften von Schwester Caritas wurde bereits angesprochen. Die Vernunft ist für sie ein wichtiges Kriterium der Erkenntnis, das sie in Glaubensfragen, in der Gewissensbildung und im praktischen Handeln für notwendig hält. Wenn sie von der Rechtfertigung des Menschen vor Gott spricht, erwähnt sie die natürliche Vernunft und die übernatürliche Gnade als Quelle der Erkenntnis.[93]

Lässt man die Vernunft unberücksichtigt, so bleibt auch die Erkenntnis der Wahrheit unvollständig und es entsteht ein einfältiger, unbedachter Glaube. Diese Erscheinungsform des Glaubens beobachtet Schwester Caritas bei den einfachen Nürnberger Bürgern, die durch die protestantischen Predigten verwirrt sind und nicht recht wissen, was sie glauben sollen.

---

93 Vgl. *Denkwürdigkeiten,* 111: „Es ist die warheit, das wir wissen und genczlich gelauben, das die refertigung allein durch das verdinst Jesu Cristi geschicht".

Kapitel II: Die hermeneutische Analyse des Glaubenskonzeptes

Es fehlen ihnen die Kriterien der Vernunft, um in Glaubensfragen gut zu entscheiden. Das Wissen und das vernunftmäßige Durchdringen der Glaubenswahrheiten ist also eine entscheidende Bedingung, um den Glauben in rechter Weise zu praktizieren.[94] Ohne den Gebrauch der Vernunft können auch die praktischen und politischen Handlungen, die aus dem Glauben entstehen, folgenschwer sein. Schwester Caritas glaubt nämlich, dass eine Ursache der Bauernkriege im voreiligen Glauben der Bauern liege, die ohne die Kriterien der Vernunft und ohne ein gutes Unterscheidungsvermögen gehandelt hätten.[95] Im praktischen Handeln nennt sie die Vernunft, den Glauben und das Gewissen als die entscheidenden Merkmale, an denen sie ihr Verhalten orientiert. Handlungen ohne diese Erkenntniskriterien sind für sie stets vermessene Handlungen.[96] Sie sieht im Glauben und in der Vernunft gleichwertige Erkenntniskriterien, die zur Wahrheit führen.

Die Beziehung von Glaube und Vernunft gehört seit jeher in den Bereich der theologischen Erkenntnislehre. Seit der Rezeption des Platonismus durch das Christentum der Spätantike und der Aneignung des Aristotelismus durch die Theologie des Mittelalters konvergieren das philosophische und theologische Erkenntnisinteresse. Im Laufe der Theologiegeschichte ist die rationale, philosophische Erkenntnis weder zurückgewiesen noch unkritisch in die theologische Erkenntnis integriert worden.[97]

Doch diese Erkenntnistheorie von Natur und Übernatur lehnt Luther ab. Die Erkenntniskriterien der natürlichen Vernunft und der übernatürlichen Gnade ersetzt er durch den Glauben und die Sünde. Der Glaube an die geoffenbarte und übernatürliche Erkenntnis ist für ihn lediglich eine Forderung der kirchlichen Autorität. Der Mensch unterwirft sich im Glauben nicht blind einer Autorität, sondern „fühlt" in sich, dass das Wort

---

94 Vgl. *Denkwürdigkeiten*, 101f.: „sagen, sy sind also durch die predig verirrt, das sy nit wissen, was sy gelauben sollen und geben gern vil darumb, das sy derselben ni gehort hetten".
95 Vgl. ebd., 111: „wenn die armen pawrn [...] heten nit also pald gelaubt, wer nit also groß plutvergyssen geschehen".
96 Vgl. ebd., 93: „das wir gancz ungern etwas auß vermessenheit wider den gelauben, wider die vernunft oder unßer gewissen handeln wollten."
97 Vgl. Stock, *Vernunft*, 737.

des Evangeliums wahr ist.⁹⁸ Auch die Vernunft ist nach dem Sündenfall von der Verderbnis befangen und richtet sich unter diesen sündhaften Bedingungen in der Tiefe der Erkenntnis nicht auf die reine Wahrheit. Daher kann sie auch nicht zur Erkenntnis der Glaubenswahrheiten herangezogen werden. Mit drastischen Worten bezeichnet er die Vernunft als die höchste Hure, die der Teufel besitzt.⁹⁹ Schwester Caritas wusste um Luthers Erkenntniskriterien, denn sie wurden ihr im ersten Lehrbrief von Wenzeslaus Link vermittelt.¹⁰⁰ In diesem Spannungsfeld von theologischer Erkenntnis möchte sie die Wahrheit im Licht der natürlichen Vernunft und der übernatürlichen Offenbarung erkennen. In der Art und Weise, wie sie den Glauben und die Vernunft zur wahren Erkenntnis nutzt, spiegelt sich die katholische Lehrmeinung.

2.2. Glaube und Gewissen

Untersucht man die Beziehung von Glaube und Gewissen, wie sie in den Schriften von Schwester Caritas dargestellt wird, so kann man eine gegenseitige Zugehörigkeit feststellen. Der Glaube fordert das Gewissen ein, nutzt die Gewissensfunktionen und wird im Gewissen ausgeübt. Ein Glaube, der sich gegen das Gewissen richtet, ist für sie unverständlich und nicht aus dem Evangelium ableitbar.¹⁰¹ Unter Gewissen versteht man das menschliche Vermögen, unter sittlichen Kriterien eigene und fremde Handlungen zu beurteilen. Dabei vollzieht sich diese Urteilsfindung immer

---

98 Vgl. MARTIN LUTHER, *Kirchenpostille*, 130,5-7: „sondern er fulet, das so gewiß war ist, das ihm niemant davon mehr reyssen kan".
99 Vgl. MARTIN LUTHER, *In XV Psalmos graduum*, 51,8: „Aber des Teufels Braut ist Ratio, die schöne metze [...] ist die höchste Hure, die der Teufel hat".
100 Vgl. *Denkwürdigkeiten*, 106: „dann unmüglich ist, der vernunft volgen und dem glauben gehorsam sein".
101 Vgl. ebd., 93: „das wir aber wider unßer gewissen solten handeln oder glauben, will uns auch schwer sein" und ebd., 110: „aber das ein mensch darumb [...] gelauben und in allen dingen volgen soll, die auch wider sein gewissen sind, das gibt uns gottes wort gar nit".

als aktiver Prozess des Gewissens.[102] Mit der Bindung an das Gewissen bekommt ihr Glaube somit auch eine ethische Dimension. Was die Adjektive zum Glauben und deren semantische Funktion bereits ausdrückten, wird noch zusätzlich durch verschiedene moralische Attribute vertieft.

Innerhalb dieser ethischen Dimension ist die Gewissensfreiheit für Schwester Caritas das wichtigste Attribut zur Glaubensausübung. Jedoch sucht man das Wort „Gewissensfreiheit" in den Schriften von Schwester Caritas vergeblich. Es ist ein Begriff der neueren Moraltheologie und beschreibt das Grundrecht der menschlichen Person, entsprechend der eigenen Gewissensüberzeugung handeln zu können. Zu Beginn des 16. Jahrhunderts war die Gewissensfreiheit noch Teil der Religionsfreiheit und löste sich von diesem Konzept erst schrittweise durch die Konfessionskriege des 16. Jahrhunderts und die neuzeitliche Aufklärung.[103]

Um die Freiheit des Gewissen zu beschreiben, verbindet Schwester Caritas meistens das Substantiv „Gewissen" mit dem Verb „nötigen" und einer vorausgestellten Verneinung. Sie wird grammtisch durch Worte wie „nicht", „kein", „gegen", „weder", „niemand" oder die Vorsilbe „un-" ausgedrückt. Im Bedeutungszusammenhang findet man aber auch Worte wie „drängen", „Gewalt" und „Drohung".[104] Schwester Caritas leidet unter diesem Zwang und fühlt sich in ihrem Gewissen entwürdigt. Sie erfährt in der Auseinandersetzung mit den Protestanten deutlich, dass die Identität des Menschen verletzt ist, wenn er gezwungen ist, gegen sein Gewissen zu handeln. Der Glaube ist frei und darf von niemandem erzwungen werden. Das ist die spezifische Aussage im Glaubensbekenntnis der Nürnberger Äbtissin.

Über das Freiheitsattribut hinaus werden dem Glauben noch weitere ethische Eigenschaften hinzugefügt. In der Gegenüberstellung der Worte „Glaube" und „Heuchelei" kommt abermals der Wahrheitsanspruch ihres Glaubens zum Ausdruck. Es ist für Schwester Caritas nicht möglich, aus

---

102 Vgl. HILPERT, *Gewissen*, 621-626.
103 Vgl. SCHOCKENHOFF, *Gewissensfreiheit*, 628f.
104 Vgl. *Denkwürdigkeiten*, 48: „es ist ye der glaub und die gewissen von keinem menschen zu notten" und ebd., 93: „der gelaub ist ye eine genad von got, will auch ungenött sein, darumb kan er nit mit gewalt oder troe in den menschen gegoßen werden".

Liebe zu einem anderen Menschen etwas zu glauben, was das eigene Gewissen nicht billigt. Sie schreibt:

„erzaigt sich aber der mensch als gelaub er einem andern zulieb, das er nit gelaubt, ist es geleyßnerey".[105]

Syntaktisch wird das Wahrheitsattribut des Glaubens hier in einem irrealen Komparativsatz ausgedrückt. Mit der Konjunktion „als ob" wird das Geschehen im Hauptsatz mit einer hypothetischen Situation verglichen, die zwar möglich, aber nicht real ist.[106] So wird auch bereits durch die grammatische Konstruktion deutlich, dass hier zwei unvereinbare Positionen gegenübergestellt werden.

Einen ähnlich vorgeschriebenen, uniformen Glauben vermuteten die Protestanten auch bei den übrigen Schwestern im Kloster, denn sie glaubten, alle Schwestern im Konvent müssten in Glaubensfragen die gleiche Meinung haben wie die Äbtissin.[107] Eine solche geheuchelte Haltung wäre für Schwester Caritas jedoch nicht mit dem Gewissen vereinbar, wäre unmoralisch und würde sich gegen Gott und die eigene Person richten.[108]

Auch für Luther ist das Gewissen ein zentraler Begriff seiner Theologie. Er definiert es jedoch anders als die scholastische Theologie. Der Ausgangspunkt für sein neues Verständnis von Gewissen ist sein persönliches und existentielles Erlebnis der Anfechtung im Glauben. Zunächst ist das Gewissen für ihn der Ort intensiver Affekte. Aus seiner dramatischen Beschreibung, wie das Gewissen schreit, lärmt, zittert, bebt, verzweifelt, sich ängstigt und unruhig ist, wird deutlich, dass das Gewissen eine bedeutende Rolle in seinem theologischen Verständnis einnimmt. Nach Auffassung einiger Theologen hat die unermüdliche Leidenschaft, mit der Luther die Affekte seines Gewissens beschrieben, in der ganzen christlichen Literatur vor ihm nicht ihresgleichen.[109] Als er unter diesen persönlichen Vorausset-

---

105 *Denkwürdigkeiten*, 93.
106 Vgl. LSprach 349.
107 Vgl. *Denkwürdigkeiten*, 142: „das man genczlich darfur hat, es musten all meyn swester gelauben, was ich wolt; türfft keine darwider reden".
108 Vgl. ebd., 60: „einem anderen zu lieb etwas zu glauben, das nit in sein gewissen geht, ist wider got und sich selbs".
109 Vgl. HIRSCH, *Kapitel*, 130.

zungen über das christliche Gewissen schrieb, tat er es in Verbindung mit der Erlösungstat Christi. Christus hat das Gewissen vom Zwang befreit, gute Werke zu tun. Wenn er in seinen Schriften vom Glauben im Gewissen spricht, beschreibt er lediglich die allein erlösende und rechtfertigende Kraft Gottes im Menschen und nicht mehr ein aktives Mitwirken des menschlichen Gewissens am Aufbau des Glaubens.[110]

Genau an diesem Punkt beginnt die konfessionelle Auseinandersetzung. Wenn man nämlich den Glauben als einen Bewegungsvorgang im Menschen versteht, muss man auch zugestehen, dass der Mensch an seiner Heiligung aktiv mitwirkt. Wenn nun der Glaube, wie im protestantischen Verständnis, nur die Gabe des sich erbarmenden Gottes im Gewissen des Menschen ist, dann kann es keine Glaubensvermittlung mehr durch die menschliche Subjektivität geben. Im Verständnis Luthers ist nämlich der Mensch unter der Einwirkung Gottes immer nur Objekt seiner Erlösung. Der Primat der Einwohnung Gottes im Menschen wird so stark,[111] dass die Initiative und der Vollzug des Glaubens ganz auf Gott verschoben werden und damit die Subjektivität des Menschen aufgehoben wird. Damit ist auch das Glaubensprinzip des Menschen, aus Liebe zu handeln, irrelevant, denn es baut den Glauben der Mitmenschen nicht auf und ist als rein menschliches Werk wertlos.[112]

Diese Ansicht Luthers widersprach jedoch dem Glauben von Schwester Caritas. Sie gestaltete ihn nämlich subjektiv mit den Urteilskriterien des Gewissens, um ein freies, wahres und ungeheucheltes Glaubenszeugnis zu geben. In diesem Spannungsfeld von theologischen Ideen ist der gewissenhafte Glaube von Schwester Caritas zu verstehen und zu schätzen.

---

110 Vgl. F. Krüger, *Gewissen*, 219-225.
111 Vgl. Eph 3,17: „Durch den Glauben wohne Christus in euren Herzen".
112 Vgl. Slenczka, *Glaube*, 686-689.

2.3. Glaube und Gnade

Der Glaube von Schwester Caritas wird durch die Gnade entscheidend definiert.[113] Die Gnade ist für sie der Inbegriff der göttlichen Zuwendung und zugleich Beweggrund, der sie zum Glauben, zu den Werken der Barmherzigkeit und zur Nachfolge im Ordensleben antreibt. Wenn Gott aber durch die Gnade beruft, so erkennt er auch die von ihm berufenen Ordenschristen an.[114] Sobald sie ihren Glauben als schwach und gefährdet empfand, erbat sie die Gnade Gottes, damit er ihren Glauben stärke, Irrtümer abwende und ihre Werke zum Zeugnis des Glaubens werden lasse.[115] Sie glaubte zudem, dass alle menschlichen Bemühungen im alltäglichen Leben durch die Gnade Gottes vervollständigt werden. Sie hoffte mit dem Gnadenbeistand Gottes auf eine baldige Einigung der Kirche, die trotz aller menschlichen Versuche in den Jahren der konfessionellen Auseinandersetzung nicht zustande kam.[116]

Wenn sie dabei ihre Berufung auf die Gnade Gottes zurückführt, so findet sie im Apostel Paulus ihr Vorbild. Auch Paulus ist sich bewusst, dass er als Christenverfolger keinerlei menschliche Voraussetzungen für seine Erwählung zum Apostel gegeben hätte.[117] Seit Paulus ist auch klar, dass das wahre Christsein ohne die Gnade Gottes undenkbar ist und dass der Mensch seine Verwirklichung nur durch Gottes Aktivität in ihm erreicht.

In der mittelalterlichen Theologie wird die Gnade oft der Tugendlehre zugeordnet. Sie initiiert den praktischen, ethischen Glaubensvollzug, der

---

113 Vgl. *Denkwürdigkeiten*, 93: „der gelaub ist ye ein genad von got".
114 Vgl. ebd., 22: „das er uns arme seine creaturlein nit erkennen soll, so wir doch von seinen genaden auch zu dem cristengelauben beruft sind"; zur Problematik von Gnade, Glaube, Werke, Nachfolge im Ordensleben und der konfessionellen Auseinandersetzung zu diesen Themen vgl. STAMM, *Luthers Stellung*, 159-162.
115 Vgl. *Denkwürdigkeiten,* 94: „Wir wollen auch got stettigs pitten, ob wir an unßerm gelauben mangel haben, das er uns durch sein große parmherzigkeit nem und sein genad verleih, das wir auch mit den wercken als ein guter paum bestettigen mugen".
116 Vgl. ebd., 61: „das wir in dem glauben des h(eiligen) ewangelium beleiben, pis die sach mit der gnad gottes in eynigkeit gepracht werdt".
117 Vgl. Gal 1,15: „Als aber Gott, der mich schon im Mutterleib auserwählt und durch seine Gnade berufen hat, mir in seiner Güte seinen Sohn offenbarte, damit ich ihn unter den Heiden verkünde, da zog ich keinen Menschen zu Rate".

sodann durch den freien Willen und die Aktion des Menschen garantiert wird. Schwester Caritas ist fasziniert von dem Gedanken, dass die Gnade Gottes im Menschen wirksam ist und seine Handlungen vervollständigt. Das theologische Formalprinzip „gratia supponit naturam"[118] muss ihr bekannt gewesen sein, denn oftmals erbittet sie die Gnade Gottes, um ihren Glauben oder die menschlichen Bemühungen um die kirchliche Einheit zu vollenden.

Auch für Martin Luther ist die Gnade der Inbegriff der göttlichen Barmherzigkeit. Durch die Gnade rechtfertigt Gott den Menschen, indem er ihm allein um Christi willen die eigene Sünde nicht anrechnet. Im Unterschied zum katholischen Glauben wird dem Menschen im gnadenhaften Handeln Gottes die fremde Gerechtigkeit Christi in einem Übertragungsakt zugerechnet. Die Gnade ist nun nicht mehr eine im Menschen wirkende Kraft Gottes, sondern sie agiert außerhalb seines Lebens als alleinige Tugend Gottes. Das protestantische Formalprinzip „sola gratia" meint also, dass der Mensch ohne sein Hinzutun allein durch die Heilstat Christi angenommen wird.[119]

Doch eine solche Argumentation ist Schwester Caritas völlig fremd. Wenn sie um die Gnade Gottes bittet, möchte sie innermenschliche Fähigkeiten mit Gottes Hilfe stärken. Gott möge ihren Glauben stärken und ihn durch gute Werke sichtbar machen. Auch in diesem Fall drücken ihre Argumente die Lehrmeinung der katholischen Kirche aus.

---

118 Vgl. BONAVENTURA VON BAGNOREGIO, *Commentaria in quatuor libros sententiarum magistri Petri Lombardi,* Bd. 2, dist. 9, art. 1, quaest. 9, ad 2: „cum gratia praesupponat naturam, ergo et ordo gratiae ordinem naturae: ergo si non est ordo naturae, nec gratiae". Das Formalprinzip „gratia supponit naturam" thematisiert die faktische Einheit, die die Gnade mit der Natur eingeht, um sie zu vollenden und zu erhöhen. Ohne die natürlichen menschlichen Bedingungen vermag die Gnade nicht zu wirken. Unter Verwendung aristotelischer Prinzipien findet man den Begriff zum erstenmal in der Hochscholastik und auch in den Schriften Bonaventuras. Aus seinen Schriften übernahm Schwester Caritas einige theologische Erkenntnisse; vgl. RAFFELT, *Gratia,* 986-988.

119 Vgl. HAUSCHILD, *Gnade,* 490.

2.4. Glaube und Sakramente

Eng verbunden mit der Gewissensbildung und der Gnadenvermittlung erwähnt Schwester Caritas den Sakramentenempfang. Sie glaubt, dass dem Gewissen ohne die christlichen Sakramente die eigentliche Grundlage fehlt. Ohne den göttlichen Beistand ist es hilflos, auf sich allein gestellt und in seinen Entscheidungskriterien geschwächt.[120] Da sich der Glaube jedoch im Gewissen vollzieht, wird auch er ohne den sakramentalen Beistand deutlich entkräftet. Es bestand die Gefahr, dass der starke Glaube, von dem in der semantischen Untersuchung die Rede war, ohne die Sakramente seine Dynamik und seine Ausstrahlungskraft verlor und so widerstandslos den Konversionsversuchen der Protestanten ausgeliefert war.

Der Ausgangspunkt dieser Diskussion ist die Verordnung des Nürnberger Stadtrates, die katholischen Seelsorger des Klosters durch protestantische zu ersetzen. Man gestattete den Schwestern bereitwillig, das Bußsakrament und die heilige Kommunion von den neuen Seelsorgern zu empfangen. Doch dieses Angebot lehnten sie ab, weil ihnen das Vertrauen in die Rechtgläubigkeit der protestantischen Seelsorger fehlte.[121] Diese ablehnende Haltung zeigt aber auch, dass neben der Heilszuwendung Gottes der rechte Glaube vorausgesetzt werden muss, um die Sakramente zu empfangen. So wird in der Argumentation von Schwester Caritas auch eine Wechselbeziehung zwischen dem Glauben und den Sakramenten deutlich. Einerseits ist der Glaube zum Sakramentenempfang notwendig und andererseits stärken die Sakramente wiederum den Glauben.

Theologiegeschichtlich entwickelt sich der Sakramentenbegriff aus dem Mysterienvokabular der antiken Welt. Kultische Vergegenwärtigungen des Heilsgeschehens werden oft „mysteria" genannt, wenn sie sich auf das Heilsgeschehen in Jesus Christus beziehen. In der frühchristlichen

---

120 Vgl. *Denkwürdigkeiten,* 140: „das wir nun schyr 3 gancze jar miten unter cristen siczen on alle cristliche sacrament, das ye ein elend ding ist, besunder in todsnotten, das wir mußen sterben als das viech; von welchem vil mengel und beschwerung unßer gewissen entspringen".
121 Vgl. ebd., 6: „wir wern ermer den arm, solten wir denen peichten, die selber keyn gelauben an die peicht haben".

Tradition sah man in diesen Zeichen ein enges Zusammenwirken des göttlichen Heilsangebotes mit der gläubigen Zustimmung der Christen, die diese Sakramente empfangen wollten.[122] Aus pastoraltheologischer Sicht betrachtet, werden in den Sakramenten bereits die göttlichen Geheimnisse gefeiert, die der Mensch in Zukunft von Gott erwarten kann. In der sakramentalen Feier kommt bereits heute die heilende, erneuernde und versöhnende Gegenwart Gottes auf den gläubigen Menschen zu. Wird jedoch der Sakramentenempfang aus irgendeinem Grund nicht mehr gestattet, so kann sich dieses Verbot sehr belastend auf das Gewissen der Gläubigen auswirken. In diesem Fall müssen sie ihr Heil, die Erneuerung ihrer Lebensvollzüge und die Versöhnung mit anderen aus eigener Kraft und ohne den sakramentalen Beistand Gottes versuchen.[123]

2.5. Glaube und Kirche

Wenn Schwester Caritas den Glauben in Beziehung zur Kirche setzt, spricht sie meistens vom Glauben der Kirche. Ihr Glaube ist immer auch kirchlicher Glaube, der Sicherheit und innere Stabilität verschafft, wenn er sich an die Institution Kirche bindet. Sie charakterisiert nämlich die ersten Jahrzehnte des 16. Jahrhunderts als eine Zeit des Aufruhrs, des Zwiespalts und spricht von Neuerungen, die zunächst eingeführt und dann wiederum abgeschafft werden.[124] Daher erscheint ihr der kirchliche Glaube wie eine feste Garantie, um die konfessionelle Auseinandersetzung mit den Protestanten zu überstehen. Bereitwillig möchte sie die Entscheidungen eines institutionalisierten Konzils akzeptieren, das die Einheit der Kirche

---

122 Vgl. VORGRIMLER, *Sakrament*, 1440.
123 Vgl. EMEIS, *Sakrament*, 1450f.
124 Vgl. *Denkwürdigkeiten*, 36: „werden nit verargen, das wir in dißer aufwrigen zeit, in der vil venderung und neurung yczo furgenumen, denn wider abgethun und verendert werden, beleiben in dem gelauben der heiligen, cristenlichen kirchen".

wiederherstellt.[125] Die Bedeutung von Glaube, Kirche, Institution und Stabilität sind in diesem Fall sinngemäß aufeinander bezogen.

Um diese Verbindung von Glaube und Kirche im Schriftbild zu verdeutlichen, benutzt sie syntaktisch oft das Genitivobjekt, das immer eine besitzanzeigende Funktion hat.[126] In ihrem Verständnis ist die Kirche im Besitz des Glaubens. Im Umfeld der Worte „Glaube" und „Kirche" findet man auch das Verb „beleiben". Im Wortfeld für „bleiben", erkennt man wiederum mehrere synonyme Ausdrücke, die auf eine Krise hindeuten. Es sind Verben wie: durchhalten, aushalten, überstehen, überleben, fortleben, beibehalten und verharren. Kirchlicher Glaube wird also von Schwester Caritas im Zusammenhang mit einer Krisensituation benutzt.

Nach Auffassung der heutigen katholischen Lehrmeinung ist das Wesen der Kirche einerseits der von Gott vorgegebene Raum des Heiles, andererseits aber auch ein auf Erden sichtbares gesellschaftliches Gefüge, das dem vorgegebenen göttlichen Raum des Heils konkreten Ausdruck verleiht. Die sichtbaren Strukturen der Kirche mit ihrer Verkündigung, der Diakonie, den Sakramenten und den Ämtern haben dabei eine hinweisende und sakramentale Funktion auf die von Gott gewollte und vom Heiligen Geist begründete Kirche. Die menschlichen Strukturen sind mit dem göttlichen Willen unmittelbar verbunden und gehören entscheidend zum Wesen der Kirche. Zur Zeit der frühen Reformation fehlte allerdings eine fundierte, ekklesiologische Abhandlung und somit auch eine grundlegende Klarheit über das Geheimnis der Kirche. Die Kontroverstheologen diskutierten mehr über die sichtbare hierarchische Struktur der Kirche unter der Leitung des Papstes. Daher ist es verständlich, dass der institutionelle Charakter der Kirche in den Schriften von Schwester Caritas den Vorrang hat. Die mangelnde theologische Klarheit über das Geheimnis der Kirche hatte wiederum schwerwiegende Folgen in der Diskussion mit den Protestanten.[127]

---

125 Vgl. *Denkwürdigkeiten,* 140f.: „darumb hatten wir uns entlich entschloßen pey dem alten cristenlichen gelauben zu beleiben, piß ein concilium wurd oder got sunst einigkeit der cristenheit verleicht".

126 Vgl. LSprach 226; die neuere Forschung bezeichnet den Genitiv auch häufig als „possessiv marker".

127 Vgl. KASPER, *Katholische Kirche,* 102-108.

So konnte Luther fast widerstandlos die Heilsdimension der menschlichen Strukturen in der Kirche leugnen. Für ihn ist die Kirche lediglich das versammelte Volk Gottes, das sein Dasein und seine Heiligkeit allein aus dem Wort Gottes empfängt. Da Christus die Kirche allein durch sein Wort zum Leben bringt, sie nährt und regiert, ist sie „creatura verbi" und eine passiv empfangende Gesellschaft, die in sich keine Heilsdimension aufweist.[128] Von daher liegt die alleinige Autorität der Kirche bei Christus und in keiner kirchlich institutionalisierten Hierarchie. Die menschliche Struktur von Kirche kann also auch keinerlei Sicherheit oder Stabilität verschaffen, wie Schwester Caritas es sich wünschte. Ebenso erweisen sich alle Privilegien, die jemals von einer kirchlichen Autorität ausgestellt wurden, als wertlos. Dieses protestantische Verständnis von Glaube und Kirche war den Klarissen durchaus bewusst, denn es wurde ihnen durch die Lehrbriefe von Wenzeslaus Link vermittelt.[129] Kurz darauf ignorierten die Protestanten in Nürnberg alte päpstliche und bischöfliche Privilegien zugunsten des Klarissenklosters und erhöhten den Steuerdruck auf die Schwestern derart, dass sie fortan gezwungen waren, am Existenzminimum zu leben. Aber an diesem Beispiel zeigt sich, wie sich das theologische Verständnis von Glaube und Kirche im alltäglichen Leben auswirkt.

2.6. Glaube und Rechtfertigung

Obwohl die Rechtfertigung ohne Zweifel das zentrale Wort in der Theologie Luthers ist,[130] kann man die direkte Beziehung von Glaube und Rechtfer-

---

128 Vgl. MARTIN LUTHER, *De captivitate Babylonica ecclesiae praeludium*, 560: „Ecclesia enim nascitur verbo promissionis per fidem, eodem alitur et servatur, hoc est, ipsa per se promissiones dei constituitur, non promissio dei per ipsam. Verbum dei enim supra ecclesiam est incomparabiliter, in quo nihil statuere, ordinare, facere, sed tantum statui, ordinari, fieri habet tanquam creatura".
129 Vgl. *Denkwürdigkeiten*, 105: „ich vernym ewr vilfeltig sorg auf die zeitlichen gütter und narung, darzu mer vertröstung auf menschenprivilegien, wie auch die zuwegen pracht sein dann vertrauen auf gotes wort".
130 Vgl. LOHSE, *Theologie*, 275: „Es ist wohl das erste Mal in der gesamten Theologie- und Dogmengeschichte, dass sich für einen Theologen die entscheidende Wahrheit des

tigung in den Schriften von Schwester Caritas nur viermal nachweisen. Sie beruft sich dabei häufig auf den Apostel Paulus und beschreibt ihre Erkenntnis, dass niemand aufgrund der eigenen Werke gerechtfertigt wird, sondern allein im Glauben an Jesus Christus und seine heilbringende Erlösungstat.[131] Damit wird von Anfang an sehr deutlich, dass das Prinzip der Erlösung für sie einzig und allein die Heilstat Jesu Christi ist und nicht etwa die menschlichen Werke.[132] In ihren Formulierungen benutzte sie das Verb „rechtfertigen" ständig im Passiv. Die so vom Verb ausgedrückte, rechtfertigende Handlung wird im Passiv immer vom Standpunkt der betroffenen Person dargestellt.[133] So sind es also die Schwestern, die von Gott und der Erlösungstat Jesu Christi gerechtfertigt und geheiligt werden. Ebenso wird deutlich, dass ihr Glaube einen konkreten Inhalt hat, nämlich die Erlösung des Menschen durch Jesus Christus. Ihr Glaube folgt hier der paulinischen Rechtfertigungstheologie, auf die sie in ihren Schriften immer wieder verweist. Demnach ist er eingebunden zwischen dem Ziel des Glaubens, nämlich der Rechtfertigung, und den Werken, die aus Liebe geschehen. Die weitere Untersuchung wird zeigen, wie sich der Glaube von Schwester Caritas mit Hilfe der Rechtfertigungstheologie des Apostels Paulus ausdrückt und immer wieder auf die theologischen Elemente von Glaube, Liebe und Werke zurückgreift. Da die Rechtfertigungslehre jedoch sowohl bei Paulus wie auch bei Luther eine wichtige Stellung in ihrem Denken einnimmt, sollen einige zentrale Aspekte dieser Theologie kurz

---

christlichen Glaubens in solcher Weise auf einen bestimmten Artikel konzentrierte. Weder für Augustin noch für Petrus Lombardus noch für Thomas von Aquin oder für Bonaventura [...] lässt sich das gesamte theologische Denken von einem solchen Zentrum her, wie auch immer man dieses definieren wollte, bestimmen."

131 Vgl. *Denkwürdigkeiten*, 94: „so wir wißen, das wir durch den gelauben, wie uns der h(eilig) Paulus lert, gerechtfertigt sind" und ebd., 11: „das durch die werck allein kein mensch, wie der heilig Paulus sagt, gerechtfertigt werden kann, sunder durch den gelawben unßers herrn Jesu Christi".

132 Ebd., 93f.: „dann das ist unßer gelaub [...] das wir die rechtfertigung allein got zu geben und dem verdinst und leyden Cristi. Derselb ist unßer gerechtigkeit und gar nit unser wercken, dann wir leßen und wißen woll, das auß den wercken nymand gerechtgertigt wirt, sunder allein auß dem gelauben".

133 Vgl. LSprach 511.

vorgestellt werden. So wird auch der theologische Hintergrund deutlich, auf dem Schwester Caritas ihren Glauben darlegt.

Die Rechtfertigung ist ein Begriff, der von Paulus in die Theologie eingeführt wurde. Er beschreibt die Erlösungstat Gottes und deren Annahme durch den Menschen. Rechtfertigung ist also identisch mit den theologischen Begriffen von Heil, Rettung und Erlösung. In der griechischen Sprache und Denkweise wurde das Verb „rechtfertigen" im juristischen Sinn von „gerecht sprechen" gebraucht, in der lateinischen Sprache wurde damit eine gerechte Aktion an anderen Menschen ausgedrückt und hatte die Bedeutung von „jemandem gerecht werden" und in der mittelhochdeutschen Sprache war es gleichbedeutend mit dem Verb „richten" oder auch „hinrichten". Kulturelle und philosophische Denkschemata modifizierten oftmals seine Bedeutung, so dass die Rechtfertigung schon rein begriffsgeschichtlich viele Interpretationsmöglichkeiten zuließ.[134]

In der Theologie wurde die Rechtfertigung frühzeitig mit der Gerechtigkeit Gottes in Verbindung gebracht. Für Paulus ging es zunächst darum, das heilbringende Konzept von der Bundestreue Gottes aus dem hebräischen ins griechische Denkschema zu übersetzen. Um die Beziehung der Christen allerdings nicht unnötig mit der rigorosen jüdischen Gesetzesnachfolge zu belasten, die zur Einhaltung des Bundes nötig war, griff er auf das neue Gesetz zurück, das sich im Liebesgebot Christi darbot. Die judenchristliche Frömmigkeit verband nämlich mit dem neuen Gesetz der Liebe eine starke ethische Forderung, die das rechte Handeln des Menschen einforderte. In diesem Zusammenhang war es für Paulus wichtig, die Heilsökonomie zwischen Gottes zuvorkommender und heiligender Gnade in Verbindung mit dem rechten ethischen Handeln des Menschen mit Hilfe der griechischen Philosophie auszudrücken. Doch diese machte die jüdische Denkweise von Heilsökonomie unmöglich. In der griechischen Philosophie bedeutete Gerechtigkeit nämlich eine Tugend zwischen gleichgestellten Partnern, die aber Gott auf das menschliche Lebensniveau herabgestuft hätte. Dieser Denkzwang, der mit dem Einbruch der griechischen Philosophie in die frühchristliche Theologie einherging, machte es unmöglich, Gottes heil-

---

134 Vgl. PESCH, *Rechtfertigung*, 882.

bringende und zuvorkommende Gnade auszudrücken. Paulus löste dieses philosophische Problem in zweifacher Hinsicht. Zunächst verengte er das jüdische Gnadenverständnis auf eine rein innermenschliche Wirklichkeit. Gottes Gerechtigkeit wurde nun zu einer rein passiven Gerechtigkeit im Menschen und der Weg, diese Gerechtigkeit zu erlangen, wurde nun der Glaube. Auf diese Weise erklärte Paulus die Gläubigen auch unabhängig vom Gesetz für gerecht.[135] In einem zweiten Schritt wahrte er jedoch das rechte Handeln des Menschen und damit die Bundestreue zum Volk Israel, indem er erklärte, dass der Glaube sich in der Liebe erfüllt. So wurden die Werke der Nächstenliebe das Anzeichen des wahren christlichen Glaubens.[136]

Für Luther hingegen war die Rechtfertigungslehre das absolute Zentrum seiner Theologie. Seiner Meinung nach steht und fällt mit ihr das Wesen der Kirche.[137] Aus der paulinischen Theologie abgeleitet, legte Luther dem Begriff der Rechtfertigung schon sehr früh eine forensische Interpretation zugrunde. Er denkt an einen Prozess vor dem göttlichen Gericht, der schließlich mit dem Freispruch des Menschen aufgrund der Gerechtigkeit Christi vor Gott endet. Diese Gerechtigkeit Christi wird dem Menschen aber nur äußerlich zugesprochen, so dass er im Endgericht vor Gott so erscheint, als ob er gerechtfertigt wäre, es aber in seinem Wesen in Wirklichkeit nicht ist. Der Gedanke von der äußeren und inneren Rechtfertigung spielt in Luthers Denken eine große Rolle.[138]

---

135 Vgl. Röm 3,21f.: „Jetzt aber ist unabhängig vom Gesetz die Gerechtigkeit Gottes geoffenbart worden, bezeugt vom Gesetz und den Propheten: die Gerechtigkeit Gottes aus dem Glauben an Jesus Christus, offenbart für alle, die glauben".
136 Vgl. THEOBALD, *Rechtfertigung*, 884-889; zur Vertiefung vor allem KERTELGE, *Rechtfertigung*; zum biblischen Befund vgl. Gal 5,6: „Denn in Christus Jesus kommt es nicht darauf an, beschnitten oder unbeschnitten zu sein, sondern darauf, den Glauben zu haben, der in der Liebe wirksam wird" und Röm 13,10: „Die Liebe tut dem Menschen nichts Böses. Also ist die Liebe die Erfüllung des Gesetzes".
137 Vgl. MARTIN LUTHER, *Die Promotionsdisputation von Palladius und Tilemann*, 205: „Articulus iustificationis est magister et princeps, dominus, rector et iudex super omnia genera doctrinarum, qui conservat et gubernat omnem doctrinam ecclesiasticam et erigit conscientiam nostram coram Deo. Sine hoc articulo mundus est plane, mors et tenebrae; auch *In XV Psalmos graduum*, 352: „quia isto articulo stande, stat ecclesia, reunte, ruit ecclesia".
138 Vgl. SCHEFFCZYK, *Mensch*, 456.

Kapitel II: Die hermeneutische Analyse des Glaubenskonzeptes

Auf diesem theologischen Hintergrund sind die Äußerungen von Schwester Caritas zum Glauben und zur Rechtfertigung zu verstehen. Aufgrund ihres theologischen Bildungsstandes darf man annehmen, dass sie die Rechtfertigungslehre des Apostels Paulus wie auch die Luthers kannte. Sie weiß, dass die Rechtfertigung des Menschen nur aus dem Glauben an Christus erfolgt. Berücksichtigt man aber weiterhin, wie sie ihren Glauben in Beziehung zur Liebe und zu den Werken beschreibt, so wird deutlich, dass sie in ihrem theologischen Denken eindeutig der Rechtfertigungslehre des Apostels Paulus folgt.

2.7. Glaube und Liebe

Das Verhältnis von Glaube und Liebe findet man in den Schriften von Schwester Caritas dort, wo sie sich in der konfessionellen Auseinandersetzung über die mangelnde Liebe der Protestanten beklagt. Sie weist darauf hin, dass mangelnde Liebe auch immer ein Zeichen mangelnden Glaubens ist und beruft sich dabei auf den Apostel Paulus:

„*Wievol der gelaub, als s. Paulus sag, on die lieb nichcz ist, ya on die lieb ist auch kein rechter gelaub*".[139]

In ihrer Aussage kombiniert sie syntaktisch den Parallelismus mit einem Chiasmus. Mit diesem eleganten, rhetorischen Stilmittel, das man oft in poetischen Texten findet, drückt sie allerdings auch ihren latenten Zweifel am rechten Glauben der Protestanten aus. Ihrer Meinung nach müsste die Liebe der Protestanten zu den Schwestern andere Ausdrucksformen finden, um tatsächlich den rechten christlichen Glauben zu bezeugen. Immer dann, wenn durch den Glauben keine Liebe erfahrbar ist, wird durch die mangelnde Liebe auch kein rechter Glaube angezeigt. Auffällig ist im Satzbau ihrer Schriften, dass die Liebe immer einen Platz zwischen dem Glauben und den Werken einnimmt. Mit ihrer Meinung:

---

139 *Denkwürdigkeiten*, 110; in Anlehnung an 1 Kor 13,2: „Wenn ich alle Glaubenskraft besäße und Berge damit versetzen könnte, hätte aber die Liebe nicht, so wäre ich nichts".

„wo die werck des gelaubens und zuvor die pruderlich lieb nit ist oder sich ereugnet, da ist der gelaub auch nichs",[140]
folgt sie der Theologie des heiligen Paulus, der in der Liebe die Erfüllung des Glaubens erkennt. Die Liebe wird somit als eine vermittelnde Tugend zwischen dem Glauben und den Werken benannt. Damit folgt sie der Meinung der scholastischen Theologie, dass der Glaube durch die Liebe geformt wird und so das Heil der Menschen bewirkt. Diese theologische Lehrmeinung formuliert Thomas von Aquin in seinem Formalprinzip der „fides caritate formata". Auch er orientiert sich in seinen Ausführungen an der Theologie des Apostels Paulus. Dabei fügt die Liebe dem Glauben nichts hinzu, sondern steht lediglich als Formelement zwischen dem Glauben und den Werken der Barmherzigkeit. Demnach setzt der Glaube mit Hilfe der Liebe einen konkreten Akt im Menschen frei, der sich auf Gott als sein letztes Ziel bezieht.[141]

Luther lehnte dieses Formalprinzip jedoch ab, denn er befürchtete, dass das ethische, menschliche Handeln zur Erlösung entscheidend sein könnte. Er hat nie verstanden, warum man dem Glauben noch etwas hinzufügen müsse, um die Erlösung zu erlangen.[142] Hinter der Bindung des Glaubens an die Liebe sah er nur den Formalismus der Scholastik und die Philosophie des Aristoteles, die ihm aufgrund der Hervorhebung materieller Vorgänge stets zuwider war. Für ihn steht nichts mehr zwischen Gott und dem Menschen, weder die Liebe, die Werke, die Sakramente noch die Ablässe. Diese Sichtweise Luthers eliminierte im Verständnis der Gläubigen viele geschichtlich gewachsenen und theologisch bedeutsamen Elemente der herkömmlichen Glaubenslehre.[143] Schwester Caritas folgte dieser Argumentation jedoch nicht mehr.

---

140 *Denkwürdigkeiten*, 94.
141 Vgl. THOMAS VON AQUIN, *Summa Theologiae* (Leonis XIII. P. M. edita, Bd. 8, Romae 1895), II-II, 3,1, ad 3: „quod fides interior, mediante dilectione, causa omnes exteriores actus virtutum mediantibus alius virtutibus, imperando non eliciendo. Sed confessionem producit tanquam proprium actum, nulla alia virtute mediante" auch ROSE, *Fides*, 206-218.
142 Vgl. MARTIN LUTHER, *In epistolam S. Pauli ad galatas commentarius*, 47: „Maledicta sit caritas, quae servatur cum iactura doctrinae, cui omnia cedere debent".
143 Vgl. PESCH, *Hinführung*, 179f.

2.8. Glaube und Werke

Wenn Schwester Caritas in ihren Schriften den Glauben in Beziehung zu den Werken der Nächstenliebe setzt, so spricht sie häufig von der hinweisenden Funktion der Werke. Die Werke zeigen ihren Glauben an oder bestätigen ihn.[144] Untersucht man die Verben und deren Wortfelder, die mit dem Substantiv „Werk" kombiniert werden, so erkennt man leicht, wie die Werke auf ein anderes Prinzip hinweisen. Im Wortfeld für das Verb „bestätigen" findet man Ausdrücke wie beglaubigen, bekräftigen, bekunden, ausweisen und belegen. Für das Verb „anzeigen" findet man Synonyme wie andeuten, kennzeichnen, verkünden, aussagen, darlegen, verkörpern und aufdecken. Im Verständnis von Schwester Caritas erwachsen die Werke also aus dem Glauben, deuten ihn aus und haben in ihm seinen Ursprung. Jedoch wird der Glaube nur sichtbar, wenn diese Werke auch tatsächlich realisiert werden.

Um diese innere Abhängigkeit der Werke vom Glauben noch deutlicher auszudrücken, greift sie zum semantischen Stilmittel der Metapher. Sie benutzt nämlich das Bild vom Baum, der gute oder schlechte Früchte trägt.[145] Ein gutes Werk ist für sie wie eine gute Frucht, die nur durch die Lebenskraft eines guten Baumes heranwächst. Böse Werke entspringen hingegen einem schlechten Glauben und können vor Gott nicht bestehen. Die bildreiche Sprache schließt ein, dass Feigen und Trauben zu den wertvollsten Früchten gehören, die in Israel produziert werden, während Dornen und Disteln die Menschen durch ihre Stacheln verletzen. Während

---

144 Vgl. *Denkwürdigkeiten,* 94: „das wir unßern glauben auch mit den wercken als ein gutter paum bestettigen mugen" oder ebd., 95: „wern wir darumb dester peßer oder got naher, wenn wir uns allein mit dem mundt rumpten und unsere werck zeigten ein widerwertiges dem glauben an".

145 Vgl. ebd., 11: „Wir wissen aber herwiderum auch, das ein rechter warer gelawb nicht an (ohne; Anmerk. des Hrsg.) gutte werck sein, als wenig als ein gutter pawn an gutte frucht"; in Anlehnung an Mt 7, 15-20: „Hütet euch vor den falschen Propheten; sie kommen zu euch wie harmlose Schafe, in Wirklichkeit aber sind sie reißende Wölfe. An ihren Früchten werdet ihr sie erkennen. Erntet man etwa von Dornen Trauben oder von Disteln Feigen? Jeder gute Baum bringt gute Früchte hervor, ein schlechter Baum aber schlechte. Ein guter Baum kann keine schlechten Früchte hervorbringen und ein schlechter Baum keine guten. Jeder Baum, der keine guten Früchte bringt, wird umgehauen und ins Feuer geworfen. An ihren Früchten also werdet ihr sie erkennen".

das Lukasevangelium diese Metapher wertneutral anwendet, wird sie im Matthäusevangelium dazu benutzt, um die Gemeinde vor den falschen Propheten zu warnen. Zur Abfassungszeit des Evangeliums drangen nämlich nicht autorisierte Prediger in die christliche Gemeinde ein und verbreiteten Irrlehren bezüglich des Glaubens. Die scheinheilige Sorge, mit der sie sich der Gemeinde vorstellten, wird von Matthäus als Vorwand entlarvt, denn in Wirklichkeit sind sie reißende Wölfe.[146] Die versteckte Identifikation der reißenden Wölfe mit den protestantischen Predigern beeinflusst daher ihre theologische Argumentation über den Zusammenhang von Glaube und Werken. Bedeutend wertneutraler ist hingegen die Metapher vom Spiegel, der das Aussehen des Betrachters originalgetreu wiedergibt.[147] Hier wird die Beteiligung des Betrachters an seiner Identifikation indirekt mit gesagt, denn er muss sein Spiegelbild aus eigener Initiative erkennen und es möglicherweise auch korrigieren. Im Denken von Schwester Caritas identifizieren also die Werke den Glauben, so wie der Spiegel eine Person identifiziert. In diesem Fall wird der theologische Zusammenhang von Glauben und Werken gut ins Bild gebracht und ohne versteckte Polemik erklärt.

Auch in der semantischen Struktur des Textes kommt zum Ausdruck, dass der Glaube und die Werke zur Erlangung der Seligkeit zusammengehören. Sie schreibt:

„sunder, der so recht gelawbt und wol würckt, der wirt selig".

Das Adjektiv „selig" wird hier als Oberbegriff gebraucht, dem die Satzteile „recht gelawbt" und „wol würckt" als synonyme, aber bedeutungsverschiedene Hyponyme zugefügt werden.

---

146 Vgl. GNILKA, *Matthäusevangelium*, 271-276. Da im Textzusammenhang des Matthäusevangeliums (Mt 7,15f.) die Methaphern der reißenden Wölfe und der Früchte miteinander verbunden werden, wäre es denkbar, dass Schwester Caritas diese Verbindung in ihrem Bewusstsein nachahmt. Es käme dann zu einer versteckten Identifikation der reißenden Wölfe mit den protestantischen Predigern. Beweisen kann man diese Vermutung nicht.

147 Vgl. Jak 1,23f.: „Wer das Wort nur hört, aber nicht danach handelt, ist wie ein Mensch, der sein eigenes Gesicht im Spiegel sieht. Er betrachtet sich, geht weg und schon hat er vergessen, wie er aussah." Zum theologischen Befund vgl. MUSSNER, *Jakobusbrief*, 132.

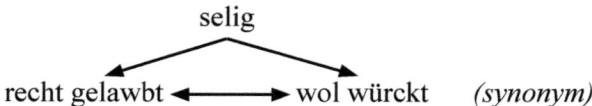

Damit wird schon durch den Gebrauch der semantischen Zeichen im Text ersichtlich, dass sie den rechten Glauben und die guten Werke als gleichbedeutende Komponenten auf dem Weg zur Erlösung ansieht.

Luther hingegen lässt die menschlichen Werke in seiner Theologie nur bedingt gelten, denn er fürchtet eine Werkgerechtigkeit. Immer wieder erklärt er, dass kein gutes Werk den Menschen im Endgericht vor dem Zorn Gottes retten kann. In diesem Zusammenhang ist es sehr bezeichnend, dass er nur ein einziges Mal über die Perikope vom Weltgericht im Matthäusevangelium gepredigt hat.[148] Aber gerade hier wird den Menschen aufgrund der Werke der Barmherzigkeit das ewige Leben entweder zugeteilt oder vorenthalten. In einigen Schriften bezeichnet Luther jedoch den Glauben selbst als Werk, das den Menschen verwandelt und neu erschafft. Er erklärt, dass Gott allein die guten Werke praktiziert, noch bevor der Mensch danach fragt.[149] Daher kommt auch die Erlösung allein von Gott und bedarf keiner menschlichen Beteiligung.

Die katholische Lehrmeinung besagt hingegen, dass der Mensch an seiner Heiligung aktiv beteiligt und nicht nur ihr passiver Empfänger ist. Er nimmt die Erlösung im Glauben an und bringt aus dem Glauben die Werke der Nächstenliebe hervor. Zwar retten ihn die Werke allein nicht vor einer Verurteilung Gottes im Endgericht, jedoch sind sie dem Glauben unmittelbar zugeordnet.[150]

An dieser Stelle kommt die Frage auf, ob Schwester Caritas sich der Formalprinzipien des Glaubens, der rechtlichen, ethischen Implikationen und der theologischen Lehrmeinungen hinter ihrem Glaubenskonzept bewusst war, als sie ihre Schriften verfasste. Doch darüber geben die Quel-

---

148 Vgl. LOHSE, *Theologie*, 281; in Bezug auf Mt 25, 31-46.
149 Vgl. MARTIN LUTHER, *Vorrede zum Römerbrief*, 6-12: „Aber glawb ist eyn gotlich werck ynn uns, das uns wandelt und new gepirt aus Gott [...] Er fragt auch nicht ob gutte werck zu thun sind, sondern ehe man fragt, hat er sie than".
150 Vgl. PETERS, *Werke*, 633-641.

lenschriften keine Auskunft. Da die franziskanischen Seelsorger theologisch jedoch gut geschult waren, kann man vermuten, dass sie den Schwestern in ihren Vorträgen vor dem Nürnberger Religionsgespräch auch theologische Kenntnisse vermittelten. Auf dieser Bildungsgrundlage beschrieb Schwester Caritas ihren Glauben und wurde von Philipp Melanchton in ihrem Anliegen verstanden.[151]

3. Abschließender Versuch einer Definition von Glaube

Nach dieser lexikographischen Untersuchung des Glaubenskonzeptes, das mit der Geschichtsschreibung einer Klosterchronik und dem Briefwechsel von Schwester Caritas verbunden ist, können bereits einige Zwischenergebnisse benannt werden.

Aufgrund der morphologischen und etymologischen Abhandlung kann man feststellen, dass der Glaube von Schwester Caritas gleichbedeutend ist mit der persönlichen, vertrauensvollen und bewussten Hingabe ihres Lebens an Jesus Christus und das von ihm geoffenbarte Reich Gottes. Das weitere Studium der Eigenschaftsworte zum Glauben und deren semantischer Funktion führt zu den unabdingbaren anthropologischen Kriterien ihres Glaubenskonzeptes. Demnach ist ihr Glaube frei, rechtschaffen, wahrhaftig, unübertragbar, ungeheuchelt und handlungsorientiert. Weitere anthropologische Kriterien treten auf, wenn man ihren Glauben in seiner Beziehung zur Vernunft und zum Gewissen untersucht. So wird deutlich, dass er zudem rational einsichtig und ethisch verantwortbar ist. Von besonderer Bedeutung für ihren Glauben ist die Freiheit des Gewissens. Dieses Prinzip hat seinen Ursprung in der Familientradition der Pirckheimer, wurde zeitweise durch die Drohungen der Protestanten eingeschränkt, aber

---

151 Vgl. *Denkwürdigkeiten,* 131f.: „aber da er höret, das wir unßern grunt auf die gnad gotes und nit auf unser aygne werck seczten, spracht, wir möchten eben wol im closter selig werden".

schließlich sogar von Melanchton anerkannt und gewürdigt. Für Schwester Caritas ist die Freiheit des Gewissens das wichtigste anthropologische Kriterium ihres Glaubens.

Weiterhin ist ihr Glaube an die herkömmlichen theologischen Kriterien gebunden. Sie definiert ihn als eine Gnade von Gott und weiß, dass mit der Gnade Gottes mehr möglich ist, als menschliche Bemühungen erreichen können. Alle anthropologischen Kriterien, die ihren Glauben charakterisieren, werden durch die Gnade Gottes noch vollendet. Ihr Glaube wird durch den Empfang der Sakramente gestärkt. Die göttliche Heilszuwendung, die hier zum Ausdruck kommt, verleiht ihrem Gewissen, ihrer Vernunft und ihrem Handeln Glaubwürdigkeit und Kraft. Sie bindet ihren Glauben an die Kirche, die dem Vollzug ihres Glaubens Raum verleiht. Auch wenn es zu Beginn des 16. Jahrhunderts noch keine vollständige dogmatische Abhandlung über das Geheimnis der Kirche gab, möchte sie dennoch im Glauben der Kirche verbleiben. In der Krisenzeit des frühen Protestantismus versteht sie den kirchlichen Glauben als Garantie ihrer klösterlichen Lebensweise.

Über alle anthropologischen und theologischen Kriterien hinaus, orientiert sie ihren Glauben zudem noch an verschiedenen theologischen Lehrmeinungen. Untersucht man lexikographisch die Deklinationen der Schlüsselworte und deren syntaktische Funktion, so gelangt man zu grammatischen Strukturen, die die grundlegenden Formalprinzipien der scholastischen Theologie sprachlich ausdrücken. In den Jahren vor der Reformation gibt es Anzeichen dafür, dass Schwester Caritas die Hingabe ihres Lebens an Gott mit Hilfe der mystischen Theologie des Spätmittelalters ausdrückte. Der Hinweis auf Johannes Gersons Definition der mystischen Theologie, die in ihrem Mahnbrief an Konrad Celtis vom 25. April 1502 zum Ausdruck kommt, lässt vermuten, dass sich ihr Glaube an dieser theologischen Lehrmeinung orientiert. Während der Reformationszeit hat sich ihr Glaube an der Rechtfertigungslehre des Apostels Paulus ausgerichtet. Im Vergleich zum Briefwechsel lässt sich ihre Spiritualität in der Klosterchronik bedeutend besser nachweisen. Hier sind im Großen und Ganzen dieselben Argumente erkennbar, wie sie im theologischen Denken des Apostels Paulus auftreten. Demnach geschieht die Rechtfertigung des Menschen vor Gott durch den Glauben, der sich in der Liebe erfüllt und sich in den Werken der Nächstenliebe äußert. In diesem Denkschema führt der Glaube zur Rechtfertigung, wird von der Liebe geformt und in den Werken erkannt. In der scholastischen Theologie wurde dieser Gedankengang mit dem Formalprinzip von „fides caritate formata" ausgedrückt. Da die protestantischen Gegner der Äbtissin immer wieder mit der Rechtfertigungslehre Luthers argumentierten, ist es nur zu verständlich, dass Schwester Caritas auf diese theologischen Gedanken eingeht und versucht, sie aus der katholischen Glaubenslehre heraus zu widerlegen. Der theologische Konflikt und das Aufeinanderprallen von zwei unterschiedlichen Glaubenskonzeptionen wird besonders deutlich, wenn man die Argumentation der Äbtissin auf dem Hintergrund von Luthers Theologie untersucht. Hier wird Luthers Formalprinzip der „sola fide" bedeutsam, das den menschlichen Werken keinerlei Bedeutung auf dem Weg zur Erlösung zumisst.

Schließlich kann man feststellen, dass sich der Glaube von Schwester Caritas vor und während der Reformationszeit unterschiedlich ausdrückt. Die vertrauensvolle und gut begründete Hingabe ihres Lebens an Gott ist zwar die gleiche, jedoch orientiert sich dieser Glaube an unterschiedlichen Lehrmeinungen. Vor dem Ausbruch der Reformation bindet er sich zum großen Teil an die mystische Theologie des Spätmittelalters und während der Reformationszeit an die Rechtfertigungslehre des Apostels Paulus. Da sich beide Lehrmeinungen innerhalb der katholischen Kirche ergänzen, kann man zwar einen Paradigmenwechsel in ihrer theologischen Ausdrucksweise erkennen, ihr Glaube selbst aber bleibt zu jeder Zeit der Glaube der katholischen Kirche.

Kapitel III:
Ursprünge des Glaubenskonzeptes von Caritas Pirckheimer

Fragt man nach den Ursprüngen des Glaubenskonzeptes von Schwester Caritas, so muss man unterschiedliche Faktoren benennen. Durch die Familientradition der Pirckheimers konnte sie schon früh den humanistischen Geist und die christliche Spiritualität in sich aufnehmen. Diesen Grundelementen aus ihren ersten Lebensjahren wurden durch die Frömmigkeitstheologie, wie sie zu Beginn des 16. Jahrhunderts in der Reichsstadt Nürnberg gepredigt wurde, noch weitere Impulse hinzugefügt. Interessante Ergebnisse zum Ursprung ihres Glaubenskonzeptes ergeben sich auch aus der intertextuellen Untersuchung ihrer Schriften. Hier wird ersichtlich, dass sie über ein großes theologisches Hintergrundwissen verfügte, um biblische Glaubenskonzepte wusste und dass auch die leidvolle Situation im Klarissenkloster ihr Glaubenskonzept beeinflusste. Wenn man erforscht, welche Lektüre ihren Glauben formte, so erkennt man, wie tief ihr Glaubenskonzept in der christlichen Tradition verwurzelt war. Jedoch muss man berücksichtigen, dass sich der menschliche Glaube immer im Innenbereich der Person heranbildet und dass sich die Glaubensvermittlung nicht exakt nachweisen lässt. Darum wird man die Frage nach den Ursprüngen ihres Glaubenskonzeptes nur annähernd beantworten können.

1. Die Familientradition der Pirckheimers

Fragt man nach den Ursprüngen des Glaubens in den Schriften von Schwester Caritas, so muss zunächst die Familientradition der Pirckheimers erwähnt werden. Den Leitspruch seiner Familie ließ Willibald Pirckheimer unter sein Porträt schreiben, als sein Freund, Abrecht Dürer, ihn im Jahre 1524 in einem Kupferstich porträtierte. Dort liest man: „Vivitur ingenio, caetera mortis erunt".[1] Dieser Satz fasst das Bestreben der Familie Pirckheimer über mehrere Generationen hinweg gut zusammen. Im Grunde waren es mehrere Elemente, die die Geisteshaltung der Familie Pirckheimer formten: Der Wohlstand, der durch eine kluge Wirtschafts- und Handelspolitik der Familie entstanden war, der politische Einfluss der Familie in Nürnberg, der hohe Bildungsstand der Familie, deren Mitglieder in Italien verschiedene Wissenschaften, vor allem aber jene des Rechts, studiert hatten. Da viele Familienmitglieder mehrere Sprachen beherrschten, sich durch eine nie zu befriedigende Bildungsneugier auszeichneten und über eine der größten Privatbibliotheken im süddeutschen Raum verfügten, hatten sie leichten Zugang zur damals bekannten Bildungsaristokratie. Auch die Anwesenheit vieler gelehrter Gäste im Haus der Familie Pirckheimer war ein fester Bestandteil ihrer Familientradition. Der neue humanistische Geist, den die Pirckheimers vor allem während der Studienzeit in Italien kennenlernten, gab ihrem Denken die entscheidende Ausrichtung und stellte den Menschen in den Mittelpunkt ihres wissenschaftlichen Interesses. Damit findet man eng verbunden in der Familientradition seit jeher eine tiefe Religiosität. Einige Vorfahren der Familie waren Papst Pius II. (1405-1464), dem großen Humanistenpapst, in Italien persönlich begegnet. Da Bologna und Padua die bevorzugten Studienorte der Nürnberger Studenten waren,[2] ist es sehr wahrscheinlich, dass die Studenten der Familie Pirckheimer auch mit der dominikanischen oder franziskanischen Spiritualität in Berührung kamen.

---

1   Vgl. ECKERT / VON IMHOFF, *Dürers Freund*, 5. Im Vorwort ihrer Ausgabe beschreiben die Herausgeber dieses Leitmotiv als charakterisierend für die gesamte Familie Pirckheimer; in deutscher Übersetzung: „Man lebt nur durch die Kraft des Geistes, alles übrige wird des Todes sein".

2   Vgl. FUCHS, *Hans Pirckheimer († 1492)*, 17.

Sowohl das Grab des heiligen Dominikus in Bologna wie auch das des heiligen Antonius in Padua wurde ja ständig von zahlreichen Pilgern aus ganz Europa besucht. Zudem war Bologna das Zentrum der thomistischen Theologie. Willibald Pirckheimer selbst war Mitglied des Staupitzkreises. Schließlich dürfen auch die temperamentvollen Charakterzüge in der Familientradition nicht unerwähnt bleiben. Gerade in Willibalds Charakter bemerkten seine Zeitgenossen immer wieder eine gewisse Querköpfigkeit, Halsstarrigkeit, Einzelgängertum und gelegentliche vulkanartige Ausbrüche seines Temperaments.[3]

Viele dieser Elemente aus der reichen Familientradition hat Schwester Caritas seit ihrer Kindheit in sich aufgenommen. Sie wurden zu späteren Zeiten auch von ihren Freunden, Mitschwestern und protestantischen Gegnern in ihrem Charakter bemerkt. Sie bilden auch zweifellos die menschliche Grundlage, auf der sich später ihr Glaube aufbaute.

2. Der theologiegeschichtliche Hintergrund in Nürnberg

Fragt man nach weiteren Ursprüngen ihres Glaubens, so ist es unerlässlich, die Frömmigkeitstheologie der Reichsstadt Nürnberg zu Beginn des 16. Jahrhunderts zu erwähnen. Sie war in mancherlei Hinsicht der geistliche Nährboden ihres Glaubens.

Unter Frömmigkeit verstand man damals eine bestimmte Lebenshaltung, die ein persönlich erdachtes Gottesverhältnis realisiert. Dabei wird zunächst die subjektive und psychologische Seite von Religion erfahren, die nachträglich die christliche Lehrmeinung und ihre Tradition integriert. Nun standen nicht mehr die großen dogmatischen Spekulationen früherer Jahrhunderte im Vordergrund, sondern die Frömmigkeitstheologie, die sich mehr durch die Vermenschlichung des theologischen Denkens charakterisierte. Der abstrakte Formalismus der Scholastik und das Erfahrungsdefizit

---

3 Vgl. VON IMHOFF, Willibald Pirckheimer, 7-41.

Kapitel III: Ursprünge des Glaubenskonzeptes

einer spekulativen Theologie wurden nun durch den theologisch reflektierten und konkreten Lebensvollzug bereichert. Im Vordergrund stehen jetzt mehr die Verdienstmöglichkeiten des frommen Christen, der durch innere, geistliche Aktivitäten, äußere Bußübungen und Werke der Barmherzigkeit zur Perfektion des frommen Lebens und der Christusnachfolge gelangen kann. Diese theologische Akzentverschiebung wirkte sich auch in Nürnberg aus und verband sich mit den humanistischen Tendenzen. Die hier gepredigte Frömmigkeitstheologie vor der Reformation war sehr verdienstorientiert. Es ging dabei oft um die spirituelle Qualität des Menschen vor Gott, um die aus Demut vollbrachten Werke und die schrittweise Vervollkommnung des menschlichen Lebens.[4]

Bahnbrecher dieser Reformtheologie des 15. Jahrhunderts wurde Johannes Gerson (1363-1429), der sich genau um diese Einheit von mystischer und scholastischer Theologie bemühte. Er kritisierte den sophistisch logischen Ballast der Schultheologie genauso wie die rein in der Vollendung verankerten Mystiker. So gelangte er zu einer Theologie, die Intelligenz und Frömmigkeit in sich vereinte und sich dann der kirchlichen Verkündigungspraxis zuwandte.[5]

Bei vielen theologischen Schriftstellern dieser Zeit durchdringt der persönliche Frömmigkeitsimpuls die literarische Abfassung eines Textes. Der Verfasser ist daher an seinen schriftlich fixierten Argumenten innerlich beteiligt, und zwar in einer Weise, dass die aufgezeichneten seelischen Erfahrungen durchaus der kritischen Reflexion standhalten. Genau dieses Phänomen beobachtet man auch in den Schriften von Schwester Caritas, und auf diesem Hintergrund muss man auch ihre theologische Bildung verstehen.[6]

Die Frömmigkeitstheologie in Nürnberg offenbarte gerade in den ersten zwei Jahrzehnten des 16. Jahrhunderts einen interessanten Paradigmenwechsel, der vor allen in der Gnadentheologie zum Ausdruck kam. Er beeinflusste die zentrale Definition von Glaube, die Schwester Caritas in

---

4   Vgl. HAMM, *Hieronymus-Begeisterung*, 139-142.
5   Vgl. HAMM, *Religiosität*, 98f. zur theologiegeschichtlichen Entwicklung des Johannes Gerson (1363-1429). Vgl. OBERMAN, *Werden*, 67f.; VEUTHEY, *La connaissance*, 29-48.
6   Vgl. HAMM, *Religiosität*, 85-115.

ihren Schriften aufführte.[7] Um die Jahrhundertwende orientiere sich der Glaube der Stadtbevölkerung zunächst an dem theologischen Begriff der „nahen Gnade". Darunter verstand man eine Präsenz Gottes, die unmittelbar erlebbar, leicht erreichbar, anschaulich und jederzeit abrufbar war. Diese gnadenvolle Gegenwart Gottes war auch größtenteils ein mediales Ereignis und wurde durch Andachtsbilder, Rosenkränze, Sakramentalien und Frömmigkeitsübungen vermittelt. Auch durch die Mobilisierung seelischer Faktoren wie der Erinnerung, des kognitiven Wissens und des affektiven Empfindens konnte sich der Christ für die Gnade Gottes öffnen. Körperliche und seelische Fähigkeiten wurden zur Andacht angeregt, damit die „nahe Gnade" erfahrbar wurde. Theologisch wurde dieses mediale Gnadenereignis mit der Menschwerdung Christi begründet, der sich in diese Zeichenwelt eingelassen hat und so die Distanz zum sündigen Menschen durch seine größtmögliche Nähe überbrückt hat. Gerade in den Sakramenten, die ja von materiellen und anschaulichen Elementen ausgehen und zur Vereinigung mit Gott führen, „berührte" der fromme Christ förmlich Gott, den Herrn, der sich ihm durch seine „nahe Gnade" offenbarte.[8]

Doch diese Konzeption von Gnade änderte sich plötzlich, als der Vikar der deutschen Augustinerkongregation, Johann von Staupitz (1465-1524), in der Adventszeit des Jahres 1516 in Nürnberg predigte. In seinen homiletischen Ausführungen betonte er mehr die prädestinierende Gnadenwahl Gottes und orientierte sich dabei an der antipelagianischen Gnadenlehre des heiligen Augustinus. Er bemühte sich in dieser Endphase der spätmittelalterlichen Frömmigkeitstheologie nicht mehr so sehr die geistliche Qualität der menschlichen Werke aufzuzeigen, sondern sprach mehr von der gnadenvollen und rettenden Barmherzigkeit Gottes. Ebenso hielt er es für problematisch, im Gericht Gottes bestehen zu können, indem man sich auf seine eigene Frömmigkeit und geistliche Natur berufe.[9]

---

7   Vgl. *Denkwürdigkeiten,* 93: „der gelaub ist ye ein genad von got, will auch ungenött sein".
8   Vgl. HAMM, *Religiösität,* 514-525; auch HAMM, *Promissio,* hier vor allem der Hinweis auf den Verdienstbegriff bei Bonaventura (214ff.) und Duns Scotus (340ff.).
9   Vgl. HAMM, *Wollen,* 139.

Als Staupitz in Nürnberg zu predigen begann, empfanden viele Bürger seine Verkündigung als katechetischen Höhepunkt und religiösen Neubeginn in der Stadt. Das Zusammenspiel aus neuen inhaltlichen Akzenten, augustinianischen Kategorien und einfacher Ausdrucksweise begeisterte die Stadtbevölkerung vor allem deshalb, weil sie sich durch Staupitz' Predigten vom geistlichen Druck und religiösen Leistungsnachweisen befreit sah. Die Botschaft von Gottes befreiender Gnade und der Glaube daran waren nunmehr die Voraussetzungen zum ewigen Heil. Ausgehend von dieser theologischen Akzentuierung fehlte nicht mehr viel bis zu Luthers Formalprinzip der „sola fide".[10]

Bei diesem Paradigmenwechsel ist jedoch zu beobachten, dass die Hieronymus-Begeisterung der spätmittelalterlichen Frömmigkeitstheologie nicht etwa durch die Figur des heiligen Augustinus ersetzt wurde, obwohl der heilige Augustinus in Staupitz' Predigtreihe immer wieder erwähnt wurde. Im Nachdruck seiner Predigten wird jedoch nur auf die Heilige Schrift als einzige Autorität hingewiesen, hinter der auch der Interpret Augustinus zurücktritt. Damit zeigt sich in der Verkündigung der direkte Zugriff auf die Bibel, der typisch für die Übergansphase zur Reformation war. Vor allem aber sah die Nürnberger Stadtbevölkerung in Staupitz ein Sprachrohr des Apostels Paulus, der von nun an zur Leitfigur des theologischen Denkens wird. Der Übergang von Hieronymus zu Paulus ist symptomatisch für den theologischen Paradigmenwandel. Mit diesem neuen Denkmodell öffnete sich jedoch in Nürnberg das Tor zur Reformation.[11]

Dieser Wandel im theologischen Verständnis blieb auch Schwester Caritas nicht verborgen. Das Wort Gnade, das so wesentlich ihren Glauben definiert, hat sowohl die Bedeutung der „nahen Gnade", wie sie die Frömmigkeitstheologie verstand, als auch den Sinn der vorherbestimmenden Gnade, wie sie zu Beginn der Reformation definiert wurde. So erkennt man gerade durch den Gebrauch der Gnadenlehre, die sich hinter dem Glaubenskonzept von Schwester Caritas verbirgt, dass sie unterschiedliche, aber komplementäre theologische Paradigmen in ihren Glauben inte-

---

10 Vgl. HAMM, *Between severity and mercy*, 321-358.
11 Vgl. HAMM, *Hieronymus-Begeisterung*, 227-230.

griert. Dieser Vorgang ist ein Hinweis auf ihre kulturelle und theologische Weiterbildung. Auch die Paulusrezeption und der direkte Zugriff auf die Bibel lassen sich besonders in den späteren „Denkwürdigkeiten" häufig belegen. So wird klar, dass der theologiegeschichtliche Hintergrund ihrer Heimatstadt zu den Ursprüngen ihres Glaubenskonzeptes gehört.

3. Das theologische Hintergrundwissen

Das theologische Hintergrundwissen, welches das Glaubenskonzept von Schwester Caritas beeinflusste, lässt sich gut in ihrer Korrespondenz, besonders aber im Briefwechsel mit Konrad Celtis, erkennen. Durch die Untersuchung der intertextuellen Ausdrucksweise kommt zum Vorschein, welche theologischen Quellen sie benutzt hat, um ihr Glaubenswissen aufzubauen. Sie besaß zumindest Grundkenntnisse der von ihr erwähnten theologischen Abhandlungen. Beim Lesen der beiden an Celtis adressierten Briefe gewinnt man den Eindruck, als hätte sie bewusst auf dieses theologische Wissen zurückgegriffen, um in ihrer Argumentation dem hohen Bildungsstand von Konrad Celtis gerecht zu werden.[12]

3.1. Die mystische Theologie des Johannes Gerson (1363-1429)

Zunächst beschreibt sie ihren Glauben mit Hilfe der spätmittelalterlichen mystischen Theologie. Ihrer Meinung nach überragt die Theologie das profane philosophische Denken. In bildlicher Sprache erklärt sie die Herkunft der Theologie, die sich aus dem menschlichen Denken ergebe, wie der Kern aus der Fruchtschale, der Geist aus dem Buchstaben, das Öl aus

---

12 Die Aufzählung der patristischen und scholastischen Theologen erfolgt hier in dem Maß, wie sie sich in zeitlicher Abfolge in den Schriften von Schwester Caritas nachweisen lassen; siehe dazu Anhang: Die Zuordnung der Briefliteratur zu den Lebensdaten.

dem Felsen und die Blumen aus den Dornen.[13] Dahinter verbirgt sich ihre Überzeugung, dass gerade die mystische Theologie das philosophische Denken weiterentwickelt und erhöht. Sie belegt ihre Meinung, indem sie auf die Theologie des Johannes Gerson (1363-1429) verweist. Er definierte nämlich die mystische Theologie als die Kunst, Gott in der Wissenschaft zu lieben.[14] Sie zitiert Gerson aus dem Gedächtnis, fügt seinen Gedanken in den Brief an Celtis ein und hofft, dass Celtis seine Philosophie in Zukunft auf einen christlichen Sinn zurückführe.

3.2. Die Leidensmystik des Bernhard von Clairvaux (1090-1153)

Schwester Caritas' Ermahnungen haben schon in ihrem ersten Brief an Konrad Celtis begonnen. Hier antwortet sie ihm auf seine Mitteilung, dass er auf der Reise einen Raubüberfall erlitten habe. Um ihn in dieser Situation zu trösten, bittet sie ihn, das Leiden Christi zu bedenken, dessen Meditation wertvoller ist als alle Philosophie und Poesie. Sie bezieht sich dabei auf einen Gedanken des heiligen Bernhard von Clairvaux (1090-1153), den sie unter Angabe seines Namens wiederum aus dem Gedächtnis zitiert.[15] In seinem Kommentar zum Hohenlied der Liebe hatte Bernhard nämlich

---

13 Vgl. *Briefe,* Nr. 47, 105, Caritas Pirckheimer an Konrad Celtis: „trahit mystica theologia de testa nucleum, de littera saporem, de petra sugens oleum, de spinis legens florem". Es darf vorausgesetzt werden, dass Schwester Caritas den Unterschied zwischen persönlichem Glauben und theologischer Lehrmeinung kannte. Ihr Glaube wird hier mit Hilfe der mystischen Theologie ausgedrückt.

14 Vgl. ebd., Nr. 47, 106, Caritas Pirckheimer an Konrad Celtis: „quia ut Johannes Gerson, doctor Parisiensis testatur mystica theologia nihil alius est nisi ars amoris vel charitatis ut scientia deum amandi"; in Anlehnung an JOHANNES GERSON, *De mystica theologia,* pars 2, consid. 8, hrsg. von A. COMBÉS, Lugano 1957, 173: „secundum philosophicam deductionem, nonne ideo rationaliter ipsa theologia mystica nominari debeat ars amoris, vel amandi scientia"; zum Ursprung von Gersons theologischen Gedanken BURGER, *Zuwendung,* 85-109.

15 Vgl. *Briefe,* Nr. 45, 100, Caritas Pirckheimer an Konrad Celtis: „passus est obprobia, ludibria, verbera, flagellationem, spoliationem atque mortem amarissimam. Haec meditari, dixit sanctus Bernardus, summam esse philosophiam".

den 13. Vers des ersten Kapitels mit dem Leiden Christi in Verbindung gebracht. Er erklärte, dass ihm die Betrachtung des Leidens Christi Vollendung, Wissenschaft, Heil und Verdienste gewähre.[16]

3.3. Wissen und Weisheit bei Papst Gregor dem Großen (540-604)

Ihr folgendes Argument bezieht sich darauf, dass alles menschliche Wissen relativ ist, denn selbst der gläubige Mensch kennt Gottes Ratschlüsse nicht. Es zieme sich daher nicht, nur das menschliche Wissen als Lebensgrundlage anzusehen. Im Endgericht Gottes werden nämlich diejenigen, die viel gewusst, aber nicht heiligmäßig gelebt haben, streng zur Verantwortung gezogen. Sie zitiert in ihrer Argumentation einen Gedanken von Papst Gregor dem Großen (540-604), den er in seiner Exegese zum Buch Hiob benutzte.[17] Papst Gregor pries nämlich Hiob selig, da er sein eigenes Wissen zurückhielt und nicht mehr wissen wollte, als sich in Anbetracht von Gottes Weisheit geziemt.[18]

Aber genau diese Interpretation Gregors ging mit der Hiobtradition des deutschen Humanismus konform. Hier entstand aus den Elementen des stoischen Denkens und christlichen Aszeseidealen ein hoher christlicher Tugendgrad. In späteren Jahren, als Schwester Caritas dem protestantischen Stadtrat die Zahlungsunfähigkeit des Klosters in Steuerangelegenheiten

---

16 Vgl. BERNHARDUS DE CLARAVAL, *Sermones super cantica canticorum,* Sermo 43,4, Roma 1958, 43: „Haec meditari dixit sapientiam, in his iustitiae mihi perfectionem constitui, in his plenitudinem scientiae, in his divinitas salutis, in his copias meritorem"; in Anlehnung an Hld 1,13: „Mein Geliebter ruht wie ein Beutel mit Myrrhe an meiner Brust".

17 Vgl. *Briefe,* Nr. 47, 106, Caritas Pirckheimer an Konrad Celtis: „Tunc, ut ait sanctus Gregorius, apparebit certum quod videbitur rectum, quia quanto plus et profundius sapimus, tanto gravius inde iudicabimur, nisi sanctius vixerimus".

18 Vgl. GREGORIUS MAGNUS, *Moralia in Job* 16,43, in: CCL 143 A, 831: „Beatus itaque Job sanctae ecclesiae typam tenens quia sub magno scientiae freno moderatur, ne plus sapiat quam oportet sapere"; in Anlehnung an Hiob 24,1 und in Bezug auf das Endgericht Gottes: „Warum hat der Allmächtige keine Fristen bestimmt? Warum schauen die, die ihn kennen, seine Gerichtstage nicht"?

erklären musste, zitierte sie nochmals die Figur des leidenden Hiob. Aufgrund der leidvollen Erfahrungen im Klarissenkloster kam es nun zu einer latenten Identifikation der Schwestern mit Hiob. Jetzt waren sie in Nürnberg der neue Hiob, der durch die teuflischen Maßnahmen des Stadtrats versucht wurde und im Mutterschoß des Klosters das neue Leben in Gott hervorbrachte.[19]

3.4. Die theologische Anthropologie des Bonaventura von Bagnoregio (1221-1274)

Schwester Caritas ermahnt jedoch nicht nur, sondern weist auch den Weg zur vollen Weisheit des Lebens. Celtis solle seine guten philosophischen Gedanken nicht etwa aufgeben, sondern sie auf ein höheres Niveau erheben. Er solle sein Interesse von der profanen Literatur der Heiligen Schrift zuwenden und somit sein bisher erlangtes Wissen in größere Weisheit verwandeln.[20] Hinter diesem Gedankengang verbirgt sich in Grundzügen die theologische Anthropologie des heiligen Bonaventura. Er verstand nämlich die geistliche Entwicklung im menschlichen Leben als einen ständig fortschreitenden Prozess, der in Gott sein Ziel findet. So könne der Mensch wie auf einer Stufenleiter schrittweise von einem gut geführten Leben zu Gott emporsteigen.[21]

---

19 Vgl. *Denkwürdigkeiten*, 90: „Hat er uns etwas gegeben, so ist es sein, er mag uns das wol wider nemen, sein heiliger nom sey ewiglich gelobt und gebenedeyt"; in Anlehnung an Hiob 1,21: „Nackt kam ich hervor aus dem Schoß meiner Mutter; nackt kehre ich dahin zurück. Der Herr hat gegeben, der Herr hat genommen; gelobt sei der Name des Herrn"; zur Symbolik des Mutterschoßes in Hiob vgl. HORST, *Hiob*, 19f.

20 Vgl. *Briefe*, Nr. 47, 105, Caritas Pirckheimer an Konrad Celtis: „idcirco toto animo rogo vos instantissime, mundanam philosophiam non delinquere, sed potius in melius commutare, hoc est de litteris gentilium ad sacras paginas, de terrenis ad celestia, de creaturis ad creatorem vos conferre".

21 Vgl. BONAVENTURA DE BAGNOREGIO, *Commentaria*, dist. 11, art. 1, quast. 2, 279: „Item, homo viator committitur angeliae custodiae, ut per sensationem et auxilium angeliam er per subsidium eius operationis possit de bono in melius ascendere"; auch BONAVENTURA DE BAGNOREGIO, *Breviloquium*, part. 2, cap. 12, 230: „ratio similitudinis

Schwester Caritas zitierte die Textstellen aus den theologischen Werken Bonaventuras aus dem Gedächtnis. Dabei kam es jedoch zu grammatischen Nachahmungen aus dem Ursprungstext, denn sie übernahm die typischen Gradangaben und Vergleiche zur Lebensführung aus seiner theologischen Anthropologie.

3.5. Jungfräulichkeit in der Theologie des heiligen Hieronymus (347-420)

Obwohl die Korrespondenz mit Konrad Celtis die meisten nachweisbaren Rückschlüsse auf ihr theologisches Hintergrundwissen zulässt, sind in den restlichen Briefen noch weitere Hinweise auf ihre theologischen Kenntnisse enthalten. Nachweislich erhielt Schwester Caritas von ihrem Bruder Willibald einige Schriften des heiligen Hieronymus (347-420), bei denen es sich nach neuerer Forschung sehr wahrscheinlich um den Briefwechsel des Kirchenlehrers mit seinen geistlichen Freundinnen handelte.[22]

Diese Lektüre bestärkte sie vor allem in ihrer Option zum jungfräulichen Leben. Besonders begeisterte sie der Brief von Hieronymus an seine Begleiterin Eustochium, der unter dem Titel „Libellus de virginitate servanda" bekannt wurde. Hieronymus verfasste ihn im Jahr 384 während seines Aufenthaltes in Rom. Das Ziel des Briefes ist nicht so sehr, das jungfräuliche Leben zu preisen, sondern vielmehr seine Dauerhaftigkeit zu fördern. Später hat Schwester Caritas in ihrem Brief an Celtis, den berühmten Brief des Hieronymus an Eustochium zur Grundlage eigener Argumente genommen. Man erkennt in ihrem Brief an Celtis ähnliche

---

in solis deiformibus; ex quibus per quosdam scalares gradus intellectus humanus est gradatim ascendere in summum principium, quod est Deus".

22 Vgl. REICKE (Hrsg.), *Briefwechsel I*, 154-156; Reicke übersetzt sogar im Dankesbrief von Schwester Caritas an ihren Bruder die Worte „legendo scripta suavissima eiusdem" mit: „wann ich sein aller sueste sendbrive lies"; WAILES, *The literaray relationship*, 434f., Fußnoten 25, 26. Wailes vermutet ebenso, dass es sich bei diesem Buchgeschenk um den Briefwechsel des hl. Hieronymus handelte.

Bilder aus der Natur und Schatzsuche, wie Hieronymus sie in seinem Brief an Eustochium benutzte.[23]

3.6. Trinität und Christologie bei Gregor von Nazianz (329-390)

Auch die von ihrem Bruder Willibald edierten Schriften des heiligen Gregor von Nazianz (329-390) vertieften ihre Kenntnisse der patristischen Theologie. Alle theologischen Reden des Gregor von Nazianz, sei es seine Apologie des christlichen Glaubens gegen die Auffassung des verstorbenen Kaisers Julianus Apostata (331-363) oder seine berühmten Grabreden zum Tod seiner Eltern, Geschwister und seines Freundes Basilius von Cäsarea (330-379), zeichnen sich durch eine meisterhafte Rhetorik aus. Er hatte das Talent, schwierige theologische Probleme seiner Zeit klar und überzeugend zu präsentieren.[24]

Vor allem die von Willibald edierten liturgischen Predigten Gregors enthalten viele theologische Erklärungen zur Christologie und zum Trinitätsglauben. Auch wenn nicht genau gesagt werden kann, welche edierte Reden Schwester Caritas am Weihnachtsfest des Jahres 1516 erhielt, so steht doch fest, dass sie durch die Lektüre von Gregors Predigten ihr Wissen über den orthodoxen Trinitätsglauben und über die Person und Natur Jesu Christi bedeutend erweitern konnte.[25]

---

23 Vgl. HIERONYMUS, *Ad Eustochium,* 22,70, in: CSEL 54, 170: „Laudo nuptias, laudo coniugum, sed quia mihi virgines generant: lego de spinis rosas, de terra aurum, de conca margaritam" und *Briefe* Nr. 47, 105f., Caritas Pirckheimer an Konrad Celtis: „trahit mystica theologia de testa nucleum, de littera saporem, de petra sugens oleum, de spinis legens florem".

24 Vgl. *Briefe* Nr. 41, 92, Willibald Pirckheimer an Caritas Pirckheimer: „binas Gregorii Nazianzeni orationes in latinam converti linguam". Aufgrund der Quellenlage ist es allerdings nicht mehr genau festzustellen, welche der „orationes" des Gregor von Nazianz er seiner Schwester als Weihnachtsgeschenk überreichte.

25 Vgl. DROBNER, *Lehrbuch der Patrologie*, 240f.

3.7. Theologische Erkenntnisse des Fulgentius von Ruspe (462-533)

Als Willibald Pirckheimer seiner Schwester zu Weihnachten 1519 die Edition einiger Schriften des Fulgentius von Ruspe (462-533) überreichte,[26] lenkte er ihren Blick auf die patristische Theologie des sechsten Jahrhunderts.

Fulgentius, der zunächst seiner Berufung zum Mönchsleben folgte, wurde etwa im Jahr 502 zum Bischof von Ruspe in Nordafrika geweiht. Jedoch konnte er trotz der Ernennung zum Bischof seine Vorliebe zum mönchischen Leben nie ganz verleugnen, denn er suchte ständig die Nähe zu Klöstern und widmete sich ausgiebig dem Gebet und der Aszese. In seinen theologischen Abhandlungen griff er das Erbe des heiligen Augustinus auf und bekämpfte die pelagianischen Behauptungen, um die orthodoxe Gnadenlehre zu verteidigen.[27] Zudem folgte er den Konzilsentscheidungen von Nicea (325), Konstantinopel (381) und Chalcedon (451) und vertrat die orthodoxe Christologie unerbittlich gegen den arianischen Vandalenkönig Thrasamund (496-523). Diese konsequente Haltung war auch der Grund andauernder Konflikte mit dem Vandalenkönig und führte den Bischof mehrfach ins Exil.

Die Textkritik zu Pirckheimers Edition sagt nicht genau aus, welche Quellenschrift des Fulgentius er seiner Schwester überreichte. Bemerkenswert ist, dass die Theologie der Gnade aufgrund der protestantischen Prädestinationslehre zu Beginn des 16. Jahrhunderts wieder aktuell wurde. Was immer auch der Inhalt der edierten Fulgentiusausgabe gewesen sein mag, so diente er in jedem Fall dazu, dass Schwester Caritas ihr theologisches Wissen durch diese Lektüre bereichern konnte.

---

26 Vgl. *Briefe* Nr. 43, 95, Willibald Pirckheimer an Caritas Pirckheimer: „Fuit autem ne illud quoque praetereamus, Fulgentius Apher patria Carthaginensis, qui non tam ob generis nobilitatem, tametsi perquam nobili ortas esset familia, quam eruditionem et vitae sanctitatem Rupsensis factus est episcopus".

27 Vgl. DI SCIASCIO, *Fulgentius di Ruspe*, 213-222.

3.8. Der kirchliche Einheitsgedanke des Cyprian von Karthago (210-258)

Aus einem späteren Brief von Clara Pirckheimer an Willibald Pirckheimer geht hervor, dass Schwester Caritas auch viel in den Schriften des heiligen Cyprian von Karthago (210-258) gelesen hat.[28] Seine berühmte Schrift „De ecclesiae catholicae unitate" belehrte sie hauptsächlich über den Einheitsgedanken der Kirche, der zu Beginn des 16. Jahrhundert erneut aktuell wurde.

Cyprian wurde schon bald nach seiner Taufe zum Diakon, Priester und im Jahr 248 zum Bischof vom Karthago geweiht. Er leitete seine Gemeinde bei der Christenverfolgung unter Kaiser Decius in den Jahren 250 bis 251 und unter Kaiser Valerianus von 257 bis 258. In der Verfolgungszeit fielen, durch staatlichen Druck bedingt, viele Christen vom Glauben ab, die aber später wieder in die Gemeinschaft aufgenommen werden wollten. In der Diskussion über ein versöhnliches oder rigoroses Verhalten gegenüber den abgefallenen und reuigen Christen kam es zum Streit mit der Kirche in Rom. Er weitete sich derart aus, dass der Kirche ein Schisma drohte. Cyprian argumentierte in diesem Zusammenhang mit dem Einheitsgedanken der Kirche und verfasste aus diesem Grund seine berühmte Schrift.[29]

3.9. Berührungspunkte von Theologie und antiker Philosophie

Bei der Lektüre von Plutarchs Schrift „Von der späten Rache der Gottheit" bemerkte Schwester Caritas Berührungspunkte der Ideen Plutarchs mit dem Christentum. Sie las in dieser Schrift von der Langmut Gottes mit

---

28 Vgl. *Briefe*, Nr. 115, 201, Clara Pirckheimer an Willibald Pirckheimer: „Aber insunderhait hat die w. muter einen großen trost von dem lieben alten Cipriano. Sy liest tag und nacht darinnen"; auch Kurras, *Thascius Caecilius Cyprianus*, 101; Kurras vermutet, dass es sich bei dieser Lektüre um Cyprians Schrift „De ecclesiae unitate" handelt. Hier wird eine Thematik erörtert, die in der Reformationszeit erneut aktuell wurde.
29 Vgl. Cyprianus Thascius Caecilius, *De ecclesiae catholicae unitate*, in: CCL 3, 249-268; hier vor allem: A. Bévenot, *Introducion*, 244-247.

den Menschen und konnte stoische Elemente mit dem christlichen Glauben in Verbindung bringen. In ihrem Dankesbrief an ihren Bruder folgte sie der humanistischen Hiobstradition und verglich Plutarch daher mit der biblischen Figur des Hiob.[30]

Die von Plutarch dargestellten religiösen Elemente lassen einige Berührungspunkte mit dem Neuen Testament erkennen. Jedoch war seine geistige Welt zu verschieden von den Ideen der Apostel, als dass man von Textabhängigkeiten der beiden Traditionen sprechen könnte.[31] Der Einheitsgedanke Plutarchs und anderer Platoniker wird im Mittelalter durch den Renaissanceplatonismus erneut aufgegriffen. In Deutschland werden diese Gedanken besonders von Nikolaus von Kues (1401-1464) veranschaulicht. Er integrierte sie in seine Schriften und beeinflusste so die Denkweise der folgenden Humanistengeneration.[32]

4. Die leidvolle Situation im Klarissenkloster

Immer wieder berichten die „Denkwürdigkeiten" von der leidvollen Situation der Schwestern, die von ihren protestantischen Gegnern bedrängt wurden. Sehr oft ist von Drohungen, Verleumdungen und Ängsten die Rede. Die Schwestern weinen, fallen vor dem Pfleger auf die Knie und befürchten, dass das Kloster durch die aufständischen Bauernhorden gewaltsam gestürmt werde. Es sind aber auch die aufgebrachten Eltern der jüngeren Schwestern, die gegen ihre eigenen Töchter Gewalt anwenden, um sie aus dem Kloster wie aus einem Gefängnis zu befreien. Schwester Caritas hat diese Eindrücke in den „Denkwürdigkeiten" genau beschrieben. Beim Lesen dieser Berichte ist man noch heute beeindruckt:

---

30 Vgl. *Briefe* Nr. 40, 89, Caritas Pirckheimer an Willibald Pirckheimer: „Neque enim scribit ut infidelis gentilis, sed ut optimus theologus ac imitator evangelicae perfectionis [...] Puto me audire ac legere alterum Jobum; ita quantumcunque provocatus, attamen imperturbabilis est animi"; vgl. WUTTKE, *Widmung*, 141.
31 Vgl. ALMQUIST, *Plutarch*, 2.
32 Vgl. HOLZHEY (Hrsg.), *Grundriss*, 525.

> *„wywoll wir manche predig in so großen engsten und notten sind gewest, daz wir all augenplick warttenten, wen man uns daz closter aufstyeß".*[33]
>
> *„Teglichs troet man uns außzutreiben oder daz closter zu pirchen oder zu verprennen [...] Etwan gingen poß verwegen puben umb daz closter, troeten unßer ehalten, noch heynt in der nacht wollten sy durch das closter lauffen, also daz wir in großen engsten und notten warn und vor forchten wenig schlyeffen".*[34]
>
> *„wer uns am maysten schennten, lestern, schmehen und betruben kan, ter maynet, er hab got ein sunderlich gefallen erzaigt".*[35]

Sehr dramatische Worte findet sie jedoch, als sie den gewaltsam herbeigeführten Ordensaustritt von drei Schwestern und die Verweigerung der Sakramente schildert:

> *„aber mynder pramherczigkit was da, denn in der hel [...] man must in hendt und fuß zusammenpinten und sie hynnaustragen wie die hundt".*[36]
>
> *„wollten wir dennoch auch nit gern als das vyech on peicht und dy h(eiligen) sacrament sterben".*[37]

Untersucht man diesbezüglich die intertextuelle Ausdrucksweise, so wird einsichtig, dass diese leidvollen Erfahrungen das Glaubenskonzept von Schwester Caritas maßgeblich beeinflusst haben. Sie verbindet die Passion der Schwestern mit dem Leiden, das in der Bibel ausgedrückt ist. Bei dieser Rückbindung an die Bibel fand sie auch die rechte Haltung dem Leid gegenüber, ohne dass sie verzweifelte oder sich im blinden Zorn gegen Gott oder ihre Gegner auflehnte. In dieser situationsgerechten, klosterinternen Interpretation kann man ansatzweise eine Leidensmystik erkennen, die auf einigen biblischen Texten beruht und zugleich auch einen theologischen Hintergrund hat.

---

33 Vgl. *Denkwürdigkeiten*, 54.
34 Vgl. ebd., 66. „Ehalten" sind Dienstboten (Anmerk. Hrsg.).
35 Vgl. ebd., 130.
36 Vgl. ebd., 80f.
37 Vgl. ebd., 55.

Der eigentliche Begründer der Passionsfrömmigkeit im Mittelalter war Bernhard von Clairvaux (1090-1153). Er meditierte im Gebet alle Leiden Jesu Christi, erweitere seine Passionsbetrachtung über die dramatischen Ereignisse der Kreuzigung Jesu und stellte das gesamte Leben Christi unter das Geheimnis von Leiden und Kreuzestod.[38] Ähnlich wie der heilige Paulus erklärte auch er, dass er nichts Anderes kennen wolle als Christus, und zwar den Gekreuzigten.[39] Die franziskanische Tradition des 13. Jahrhunderts griff den Wunsch getreuer Christusnachfolge in Armut und Leid auf und benutzte dabei die bildhaften, theologischen Formulierungen des heiligen Hieronymus (347-420). Er forderte eine Nachfolge in Selbstentblößung, Verzicht und Übernahme des Leidens.[40]

Die Armutsforderung und Leidensnachfolge sind daher in der franziskanischen Passionsfrömmigkeit eng miteinander verknüpft. Bereits Franziskus von Assisi (1182-1226) hatte durch seine Begegnung mit dem Aussätzigen und dem anschließenden Bekehrungserlebnis ein völlig neues Verhältnis zur Menschlichkeit und zum Leiden Christi gewonnen. Er schrieb ein Passionsoffizium für seine Brüder und empfahl ihnen die betende Betrachtung des Leidens Christi. Diese Verbindung der Passion Christi mit der Heiligung der Tageszeiten wird für die spätere Ausbreitung der Passionsfrömmigkeit wegweisend sein. Gerade durch das Gebet und die Meditation wird das Leiden Christi verinnerlicht. Durch die bildliche Ausmalung wurden Affekte des Mitleidens erzeugt, und durch die Verge-

---

38 Vgl. BERNHARDUS DE CLARAVAL, *Sermones super cantica canticorum*, Sermo 43,3, Roma 1958,42: „Et ego, fratres, ab ineunte mea conversione, pro acervo meritorum quae mihi deesse sciebam, hunc mihi fasciculum colligare et inter ubera mea collocare curavi, collectum ex omnibus anxietatibus et amaritudinibus Domini mei [...] quae in salutem nostri generis silva evangelica copiosissime noscitur protulisse". Da Schwester Caritas diese Predigt nachweislich gelesen hat, kannte sie auch die Ursprünge der mittelalterlichen Leidensmystik.

39 Vgl. 1 Kor 2,2: „Denn ich hatte mich entschlossen, bei euch nichts zu wissen außer Jesus Christus, und zwar als den Gekreuzigten".

40 Vgl. HIERONYMUS, *Ad nepotianum presbyterum*, in: CSEL 54, 422: „habens victum et vestitum his contentus ero, et nudam crucem nudus sequar" und HIERONYMUS, *Ad Paulinum presbyterum*, in: CSEL 54, 529: „verba vertis in opera et nudam crucem nudus sequens expeditor", in Auslegung von Mt 19,21: „Wenn du vollkommen sein willst, geh, verkauf deinen Besitz und gib das Geld den Armen".

genwärtigung des eigenen Leidens kam es beim Beter zu einer inneren Haltung der „compassio" und „imitatio" Christi.[41]

Da Schwester Caritas die Schriften des heiligen Bernhard von Clairvaux und die des heiligen Hieronymus ansatzweise gelesen hatte und auch mit der franziskanischen Passionsfrömmigkeit vertraut war, konnte sie leicht diese intellektuellen Impulse mit ihrer gegenwärtigen leidvollen Situation verbinden und beides in den liturgischen Gebetsformen des Klosters mit dem gekreuzigten Christus verbinden.

Die biblische Grundlage dieser Passionsfrömmigkeit erkennt man in ihren Schriften vor allem in Hinweisen auf den 1. Korintherbrief und auf das Matthäus- und Lukasevangelium. Der intertextuelle Hinweis auf den ersten Korintherbrief wird vor allem im ersten Antwortbrief auf die protestantische Lehrmeinung von Wenzeslaus Link ersichtlich. Er bezeichnete den Glauben der Schwestern als Wahn, doch die Äbtissin antwortet ihm mit dem paulinischen Bild von der Torheit des Kreuzes.[42] In dem Zitat aus dem 1. Korintherbrief klingen auch bei Paulus Leiden, Beschwernisse, Missverständnisse und Kränkungen an, die er während seiner Predigttätigkeit in Korinth erfahren hat. Damit erwähnte er reale Schwierigkeiten in der Verkündigung, die er vor allem bei den jüdischen Mitgliedern der korinthischen Gemeinde um Priscilla und Aquila antraf.[43]

Ebenso dienten ihr die Endzeitreden im Matthäusevangelium, um die leidvollen Jahre der frühen Reformation im Glauben zu interpretieren. Wenn sie immer wieder betonte, sie wolle im katholischen Glauben bis zum Ende verbleiben,[44] so bezog sie sich auf das 24. Kapitel im Matthäusevangelium.

---

41 Vgl. KÖPF, *Passionsfrömmigkeit*, 725-728.
42 Vgl. *Denkwürdigkeiten,* 113f.: „Unßer won sol, ob got wil, nit falsch oder unrecht sein und sich auf nymant anders den auf den gekreuzigten Cristum verloßen", in Anlehnung an 1 Kor 2,2: „Denn ich hatte mich entschlossen, bei euch nichts zu wissen außer Jesus Christus, und zwar als den Gekreuzigten".
43 Vgl. Apg 18,6: „Als sie sich dagegen auflehnten und Lästerungen ausstießen, schüttelte er seine Kleider aus und sagte zu ihnen: Euer Blut komme über euer Haupt"; zum biblischen Befund vgl. SCHNEIDER, *Apostelgeschichte II*, 243-248 und FABRIS, *Prima Lettera*, 49.
44 Vgl. *Denkwürdigkeiten,* 36: „in demselben gelauben wollen wir mit der hilf des lebendigen gotes verharren pis an das endt", in Anlehnung an Mt 24,13: „Wer aber standhaft bleibt bis zum Ende, der wird gerettet werden".

Die leidvolle Situation im Klarissenkloster

Dieser biblische Diskurs beschreibt zunächst die Wehen und die Drangsal, die auf die Christen zukommen, und endet mit der Wiederkunft Christi, der die standhaften Jünger mit dem ewigen Leben belohnt. Schwester Caritas empfand, dass sich nun ähnliche endzeitliche Ereignisse wie im Matthäusevangelium in ihrer Heimatstadt wiederholten. Durch den intertextuellen Vergleich gelangt man zu ihrer Interpretation der Ereignisse und bekommt den Eindruck, dass für sie in Nürnberg eine neue Endzeit begonnen habe.

Eine sehr feine und versteckte Anspielung auf die leidvolle Situation der Schwestern findet sich in einem Brief von Schwester Caritas an Kaspar Nützel. Sie möchte ihn vom wahren Glauben im Klarissenkloster überzeugen und benutzt dazu das Bild von der Herberge. Sie schreibt, dass der Glaube im Kloster eine Herberge habe.[45] Hier wird das Gleichnis vom barmherzigen Samariter angedeutet. Der Glaube wird mit dem überfallenen und verletzten Reisenden identifiziert. Er ist in Nürnberg unter die Räuber gefallen, wurde niedergeschlagen, verlassen und halb tot angetroffen. Verfolgt man diese Allegorie weiter, so sorgen die Schwestern für den verletzten Glauben in der Klosterherberge und führen so den Auftrag des barmherzigen Samariters Christus aus, der sich letztlich hinter der Figur aus dem Lukasevangelium verbirgt. In der Abgeschlossenheit und Ruhe des Klosters kann der Glaube wieder genesen. Davon möchte Schwester Caritas den Pfleger Kaspar Nützel überzeugen. Gerade der Hinweis auf das Gleichnis vom barmherzigen Samariter und die allegorische Vorstellung, der Glaube sei der verletzte und fürsorgebedürftige Reisende verbindet auf elegante Weise den Glauben mit den Werken der Nächstenliebe.[46] Das Wort Herberge wird aber auch in der Kindheitsgeschichte im Lukasevangelium gebraucht. Nach der Geburt Jesu wickelte Maria ihren Sohn in Windeln und legte ihn in eine Krippe, weil in der Herberge kein Platz für sie war.

---

45 Vgl. *Denkwürdigkeiten*, 95: „Wie kun wir im aber thun, das E.W. nit glauben kan, das der gelaub pey uns herbig sey"? (herbig, eine Herberge haben; Anmerk, des Hrsg.).
46 Vgl. Lk 10,34: „Dann hob er ihn auf ein Reittier, brachte ihn zu einer Herberge und sorgte für ihn. Am anderen Morgen holte er zwei Denare hervor, gab sie dem Wirt und sagte: sorge für ihn, und wenn du mehr für ihn brauchst, werde ich es dir bezahlen, wenn ich wiederkomme"; zum biblischen Befund vgl. Schürmann, *Lukasevangelium II*, 145-147.

Abermals taucht das Motiv der Fürsorge auf. Doch während Maria den neugeborenen Jesus fürsorglich behandelt, erfährt sie selbst keine Fürsorge. Im Gegensatz zum Gleichnis vom barmherzigen Samariter ist die Herberge in diesem Fall nicht der Ort der Fürsorge, sondern des Ausschlusses. In diesem Fall wird die Herbergsfunktion umgekehrt. Der Glaube findet in der Herberge Nürnberg keinen Platz, sondern nur im armen „Stall" des Klarissenklosters. Auf jeden Fall aber steht die Erfahrung der Ausgeschlossenheit hinter der Anspielung auf das Motiv der Herberge, das Schwester Caritas in ihrem Brief an Kaspar Nützel verwendet.[47]

Alle diese intertextuellen Anspielungen sprechen von Leid, Kreuz und Ausgrenzung und offenbaren, wie die Schwestern klosterintern ihre Lebenssituation nach der Einführung des Protestantismus in Nürnberg interpretierten. Die biblischen Erzählungen von Kreuz und Leid haben die Erfahrungen der Schwestern aufgefangen und getragen. So konnte sich ein Glaubenskonzept heranbilden, das die leidvolle Erfahrung der Schwestern im Kloster zur Grundlage hatte. Wenn Schwester Caritas den Grund aller Rechtfertigung allein ihrem Erlöser Jesus Christus zuschreibt, so denkt sie dabei auch immer an den gekreuzigten Sohn Gottes.

5. Empfangene Impulse zum Glauben

5.1. Die Predigten und Vorträge

Die Predigten und Vorträge, die auf entscheidende Weise das Glaubenskonzept von Schwester Caritas formten, wurden von den Franziskanern Stephan Fridolin und Kaspar Schatzgeyer gehalten.

Stephan Fridolin wirkte in den Jahren 1480 bis 1498 als Seelsorger in Nürnberg und betreute in dieser Zeit auch die Klarissen. In seinen Predigten

---

47 Vgl. Lk 2,7: „Sie gebar ihren eingeborenen Sohn, wickelte ihn in Windeln und legte ihn in eine Krippe, weil in der Herberge kein Platz für sie war"; zum biblischen Befund vgl. SCHÜRMANN, *Lukasevangelium I*, 98-106; zu ähnlichen allegorischen Ausdeutungen im Klarissenkloster vgl. BONMANN, *Weihnachtsansprache der Äbtissin*, 8-16.

und Betrachtungsbüchern vermittelte er den Schwestern vor allem Elemente der mystischen Theologie und der Passionsfrömmigkeit. Folgt man den neuesten Forschungsergebnissen, so hat er insbesondere das Chorgebet der Schwestern als Ausgangspunkt seiner Vorträge gewählt. Geleitet durch die liturgische Anordnung von Hymnen, Antiphonen, Psalmen, Lesungen und Gebeten erklärte er den Schwestern den tieferen Sinn des Chorgebetes und die Botschaft der Psalmen. Damit verband er das Grundthema und Hauptinteresse seines theologischen Forschens, nämlich die Passion Christi als Weg zum Heil. Er erläuterte den Schwestern die verschiedenen Identifikationsmöglichkeiten beim Psalmengebet und wies darauf hin, dass sich die Psalmen am besten aus der christologischen Perspektive erschließen lassen. Jede Schwester solle beim Beten ihr eigenes Leben mit dem Leben Christi verbinden und auf diese Weise ihre Hingabe an Gott zum Ausdruck bringen. Dabei kannte Fridolin gut die Versuchung, das Chorgebet routinemäßig ohne die nötige Konzentration herunterzubeten und gab daher Hinweise auf den rechten Gebetsgeist.

Die Verbindung von Tageszeiten und Heilsgeschichte geht traditionsgemäß bis ins Urchristentum zurück, denn bereits im Markusevangelium werden die dritte, die sechste und die neunte Stunde als markante Zeiten für das Leiden und Sterben Christi erwähnt. Schon bald darauf werden diese Zeiten die bevorzugten Stunden für das christliche Gebet.[48] Dass bei Fridolins Kanzelvorträgen auch biblische Glaubenskonzepte vermittelt wurden und eine eifrige Zuhörerin wie Caritas Pirckheimer diese Bildungs- und Gebetsimpulse in sich aufnahm, darf vorausgesetzt werden.

Um die Gedanken seiner Predigten auch schriftlich festzuhalten, entschloss sich Fridolin, noch zwei weitere Betrachtungsbücher für die Schwestern zu verfassen. Diese Büchlein mit den Titeln „Der geistliche Mai" und „Der geistliche Herbst" inspirieren sich an der Allegorie des Gartens und verbinden das Heilsgeheimnis Christi mit Bildern aus der Flora und Fauna, der Baumblüte und der Weinlese. Der Garten Eden wird dem Garten Gethsemani gegenüber gestellt und der von Gott kultivierte Weinberg in Beziehung zu Christus, dem wahren Weinstock, gesetzt. Das

---

48 Vgl. SEEGETS, *Passionstheologie*, 40-43, 72, 76.

spätmittelalterliche Vorstellungsvermögen und seine reiche Bilderwelt kommen hier auf anschauliche Weise zum Ausdruck und werden zu Gebets- und Meditationszwecken genutzt. Fridolin gliederte die Büchlein in aufeinanderfolgende Abschnitte, in denen er beschreibt, wie die menschliche Seele, ähnlich wie die Früchte eines Gartens, Woche für Woche heranreift, fortschreitet und sich immer tiefer in das Geheimnis von Christi Tod und Auferstehung versenken kann.[49]

Während sich diese Betrachtungsbüchlein hauptsächlich an Ordensschwestern richteten, hat sein berühmtes Erbauungsbuch, das unter dem Titel „Der Schatzbehälter" bekannt wurde, ein anderes Publikum: fromme Laien, die Betrachtungs- und Gebetsgrundlagen zur Passionsfrömmigkeit suchten und die aufeinanderfolgenden Elemente der Heiligen Messe besser verstehen wollten. Dabei sprach Fridolin ein großes Publikum mit unterschiedlichem Bildungsgrad an. Mit einigen Illustrationen innerhalb des Büchleins erreichte er die Aufmerksamkeit ungebildeter Menschen, die auf das Vorlesen seiner Texte durch andere, lesekundige Personen angewiesen waren. Er sprach aber auch gebildete Personen an, die seine logischen Argumente nachvollziehen konnten und die auch fähig waren, seinen Hinweisen auf weiterführende Literatur zu folgen. Seine Gedanken zur Passion Christi begründete er mit Argumenten aus der scholastischen Theologie. Obwohl dieses Büchlein hauptsächlich für Laien geschrieben wurde, kann man davon ausgehen, dass Fridolin darüber auch im Klarissenkloster gepredigt hat.[50]

Für Schwester Caritas waren diese zeitgemäßen Abhandlungen wahre Lehrstunden zum christlichen Gebet, zur Passionsfrömmigkeit und zur spätmittelalterlichen Theologie. Neben vielen biblischen Glaubenskonzepten und theologischen Einsichten lernte sie vor allem, ihr eigenes Leben mit dem Leiden und Sterben Christi zu verbinden. Genau diese Beziehung wurde nämlich für sie bedeutsam, als ihre eigenen Leiden während der Auseinandersetzung mit den Protestanten immer größer wurden. Was sie durch Fridolins Predigten in den ersten Klosterjahren erlernt hatte, konnte

---

49 Vgl. SEEGETS, *Passionstheologie*, 108-118.
50 Vgl. ebd., 192-200, 227-232.

sie später nutzen, als sie ihr eigenes Leiden im Licht der biblischen Erzählungen interpretierte.

Aber Fridolin weiß auch praktische Ratschläge zu erteilen. In einer kleinen Schrift belehrt er kleinmütige und im Glauben angefochtene Menschen. Es geht ihm also nicht nur um die rein beschauliche Angleichung des menschlichen Lebens an die Passion Christi, sondern auch um Hinweise, wie man mit Skrupeln und Qualen eines belasteten Gewissens umgeht. Die Adressatinnen dieser Trostschrift sind mit hoher Wahrscheinlichkeit die Ordensschwestern, die sich ihm während seiner seelsorglichen Tätigkeit anvertraut haben.[51] Fridolin wollte mit dieser Schrift ängstlichen Schwestern eine Hilfe anbieten, wenn sie an ihrer Erwählung zum ewigen Leben Zweifel bekamen. Zum besseren Verständnis seiner Darstellung zitiert er den Psalm 139,8, der die Gegenwart Gottes in den Höhen und auch in den Tiefen des Lebens beschreibt. Den Psalmvers: „Steige ich hinauf in den Himmel, so bist du dort, bette ich mich in der Unterwelt, bist du zugegen", deutet Fridolin in theologisch fast absurder Weise auf eine allumfassende Herrlichkeit Gottes in der Seligkeit oder in der Verdammnis.[52]

Die strenge klösterliche Erziehung, wie sie von der franziskanischen Observanzbewegung eingefordert wurde, stellte hohe Ansprüche an das geistliche Leben einer Ordensschwester. Da diese Ansprüche aus menschlicher Schwäche nicht immer erfüllt werden konnten, zweifelten einige Schwestern oft am Stand der Gnade und stellten ihre Zugehörigkeit zu Christus und zum ewigen Leben immer wieder in Frage. Fridolin entkräftet diese Selbstvorwürfe, verweist mehrfach auf den inneren, guten Kern im Selbstbewusstsein einer Ordensfrau. Er rät den Schwestern, die selbst errichteten hohen Ansprüche an das Ordensleben auf ein vernünftiges und realisierbares Maß zu reduzieren. Er erklärt, dass der Wille zu einer guten Tat von Gott bereits anerkannt werde und befürwortet die Hingabe an Gott,

---

51 Vgl. SEEGETS, *Passionstheologie*, 127f.
52 Vgl. BONMANN, *Konferenz*, 369. Dieser Vortrag findet sich im Codex germ. 4439 der Münchener Staatsbibliothek. Er ist eine Mitschrift einer anonymen Klarisse und literarisch nach dem Verständnis der Schwester während des Vortrags abgefasst. Vgl. Cod. germ. 4439, Blatt 51: „jch pit dich, daz du mich auch wolst prauchen zu deiner glori, es sey in der seligkeit oder in der verdammnis".

der die Menschen vor Höllenängsten, caritativem Leistungsdenken und quälender Selbsterforschung bewahrt. Es war sein Versuch als Seelsorger, diesen in sich geschlossenen Kreis von Gewissenserforschung, Angst und Zweifel zu durchbrechen.[53] Man kann davon ausgehen, dass Schwester Caritas auch diese Ausführungen Fridolins kannte. Von Heilsängsten und Erwählungszweifeln erfährt man in ihren Schriften nichts.

Etwa 20 Jahre nach Fridolins Tod im Jahr 1498 werden die Predigten des Franziskaners Kaspar Schatzgeyer für sie bedeutsam. Nach seinem Ordenseintritt lehrte Schatzgeyer von 1489 bis 1496 zunächst Bibelwissenschaften in Ingolstadt. Später behandelte er in seinen Predigtzyklen ganze biblische Bücher. Nach seinem ersten Mandat als Provinzial der Straßburger Franziskanerprovinz wurde er 1517 zum Guardian des Nürnberger Franziskanerkonventes ernannt und übernahm in seiner Amtszeit bis 1520 auch die Seelsorge im Klarissenkloster. Während der Schwerpunkt von Fridolins Predigten in der Passionsfrömmigkeit des Spätmittelalters lag, war Schatzgeyer bereits mehr von den humanistischen Idealen beeinflusst. Ebenso waren ihm Luthers Thesen und die Anfänge der protestantischen Bewegung bekannt. Dieser theologiegeschichtliche Hintergrund beeinflusste auch seine seelsorgliche Tätigkeit bei den Klarissen.

Es ist nicht leicht, den Einfluss von Kaspar Schatzgeyer auf Schwester Caritas zu beschreiben, denn es liegen keine Predigtmanuskripte Schatzgeyers vor, die über seine Predigten im Klarissenkloster Auskunft gäben. Seine erste theologische Schrift, die in versöhnlicher Weise zur neuen, protestantischen Lehre Luthers Stellung nahm,[54] erschien erst im Jahr 1522, als Schatzgeyer Nürnberg bereits wieder verlassen hatte. Ob er seine Gedanken zu Luthers Theologie bereits als Manuskript vorliegen hatte und darüber im Klarissenkloster gepredigt hat, ist nicht mit Sicherheit zu sagen. Auch seine Schriften zur Verteidigung der Eucharistie, die er in der Auseinandersetzung mit Andreas Osiander schrieb, sind späteren Datums.[55] Die neuere Forschung spricht jedoch von einer aszetisch-mystischen

---

53 Vgl. SEEGETS, *Passionstheologie*, 133-141.
54 Vgl. KASPAR SCHATZGEYER, *Scrutinium divinae scripturae pro conciliatione dissidentium dogmatum*, hrsg. von U. SCHMIDT, Münster 1922.
55 Vgl. ISERLOH, *Kaspar Schatzgeyer*, 56-64.

Frühschrift Schatzgeyers mit dem Titel „Formula vitae christianae", in der er neben einigen Hinweisen zur christlichen Lebensführung seine besondere Vorliebe zur Theologie Bonaventuras ausdrückte. In ihr sah er die spekulative Theologie und die mystische Hingabe des Menschen an Gott beispielhaft vereinigt.[56] Darüber hinaus fühlte er sich ebenso dem theologischen Erbe des Johannes Duns Skotus verpflichtet. Das wird ausdrücklich von seinem Mitbruder Konrad Pellikan (1478-1556) in der Einleitung zu Schatzgeyers Stellungnahme zur protestantischen Theologie betont.[57] Die Hauptquelle für Schatzgeyers Theologie ist jedoch die Heilige Schrift. Er ist Bibeltheologe und predigte auch häufig über biblische Themen. Als er im Jahr 1522 schließlich in die konfessionelle Auseinandersetzung eingriff, konnte er Luther als ebenbürtiger Exeget gegenübertreten. Die biblische Exegese und seine spirituelle Ordenstheologie charakterisieren am besten seinen theologischen Standpunkt. Schatzgeyers Charakter wird als äußerst friedvoll und versöhnlich beschrieben. Einige Forscher sehen in ihm sogar „den durch seine Tiefe und religiöse Kraft bedeutendsten katholischen Schriftsteller dieser Zeit."[58]

Aus diesem geistigen Umfeld müssen auch der Gedankenaustausch mit der Äbtissin Caritas Pirckheimer und seine Predigten im Klarissenkloster hervorgegangen sein. Noch 1525 schrieb ihm Schwester Caritas einen vertraulichen Brief über den gewaltsam herbeigeführten Ordensaustritt von drei Ordensschwestern. Die Unterweisungen Schatzgeyers im Nürnberger Klarissenkloster in den Jahren 1517 bis 1520 müssen also für die Glaubenshaltung von Schwester Caritas sehr bedeutsam gewesen sein.

---

56 Vgl. HEYNCK, *Rechtfertigungslehre*, 134.
57 Vgl. KASPAR SCHATZGEYER, *Scrutinium divinae scipturae pro conciliationem dissidentium dogmatum*, hrsg. von U. SCHMIDT, Münster 1922, 2: „Quanquam in illa Scotia palestra iam inde a puero feliciter institutus fuisset ac multos annos non sine laude versatus".
58 Vgl. ISERLOH, *Eucharistie*, 11.

5.2. Die Lektüre

Der Glaube von Schwester Caritas war von Anfang an stark von der Lektüre humanistischer und theologischer Schriftsteller geprägt, mit deren Hilfe sie in entscheidendem Maße ihren Glauben aufbauen konnte. So wie ein Baum seine Nahrung durch ein weitverzweigtes Wurzelwerk aus der Erde aufnimmt, so ernährte sich ihr Glaube aus der kirchlichen Tradition und der zeitbedingten Geistesströmung des deutschen Humanismus.

Ihr humanistisches Wissen, das sie bereits in ihrer Jugend erworben hatte, vertiefte sie durch die Lektüre zahlreicher Abhandlungen des Erasmus von Rotterdam. Vor allem aber las und überdachte sie seine Abhandlung „De libero arbitrio". Geht man davon aus, dass sie dem humanistischen Geist folgte, so benutze sie auch seine Bibelübersetzung und kritischen Editionen der Kirchenväter.

Ihr großes theologisches Hintergundwissen gewann sie aus vielen Büchern der scholastischen Theologen und der Kirchenväter. Sie las nachweislich die Abhandlungen „De mystica theologia" von Johannes Gerson, die „Sermones super cantica canticorum" von Bernhard von Clairvaux, die „Moralia in Job" von Papst Gregor, dem Großen, die „Commentaria in quatuor libros sententiarum magistri Petri Lombardi", das „Breviloquim" und das „Itinerarium mentis in Deum" des Bonaventura von Bagnoregio, den „Libellus de virginitate servanda" des Kirchenlehrers Hieronymus, einige nicht näher definierte Abhandlungen des Gregor von Nazianz zu trinitarischen und christologischen Fragen, einige nicht näher bestimmte Traktate zur Gnadenlehre des Fulgentius von Ruspe, die Schrift „De ecclesiae catholicae unitate" des Cyprian von Karthago und die religionsphilosophische Schrift „Von der späten Rache der Gottheit" des Plutarch von Chaeronea.

Untersucht man die Entstehungsgeschichte dieser philosophischen, theologischen und humanistischen Schriften, so wird erst recht deutlich, wie tief die Ursprünge ihres Glaubenskonzeptes in der christlichen Tradition verwurzelt waren. Durch die Lektüre der Bibel weiß sie um biblische Glaubenskonzepte, durch die theologischen Schriften baut sie ihr Hintergrundwissen auf und durch die Lektüre einiger Schriften des Erasmus von

Rotterdam vermag sie wesentliche Elemente ihrer eigenen Familientradition zu vertiefen. Ihr Glaube war gut begründet.

5.3. Die Begegnungen

Schwester Caritas ist in ihrem Leben vielen Menschen begegnet, von denen einige einen bleibenden Eindruck hinterlassen oder ihr sogar Impulse zum Glauben vermittelt haben. Die Begegnung mit einem charismatischen Menschen lässt oftmals eingeprägte Erinnerungen zurück, die im Innern des Menschen etwas auslösen können. Durch die persönliche Ausstrahlung solcher Menschen können andere nachdenklich und erfreulich gestimmt werden oder sich auch zur Nachahmung eines hohen Ideals berufen sehen. Obwohl derartige Begegnungen real sind und genau datiert werden können, wird der innerlich im Menschen ausgelöste Prozess nur selten beschrieben. Der Glaube eines Menschen baut sich immer auf sehr verschiedenen Impulsen auf, von denen nicht alle aufgeschrieben und überliefert werden. Dennoch können sie für die vertrauensvolle und motivierte Hingabe des Menschen an Gott entscheidend sein.

Auf der Suche nach einflussreichen Persönlichkeiten im Leben von Schwester Caritas, muss man zunächst ihre gelehrte Großtante Katharina Pirckheimer nennen, die schon in frühen Jahren den Charakter der jungen Barbara entscheidend formte. Den größten Einfluss auf ihren christlichen Glauben hatten jedoch die Franziskaner der deutschen Observanzbewegung. Über die bereits untersuchten Kontakte zu Stephan Fridolin und Kaspar Schatzgeyer hinaus bezeugt Schwester Caritas in einem Kondolenzbrief an Kaspar Nützel, wie sehr sie die Seelsorgstätigkeit des verstorbenen Franziskaners Johannes Macheysen schätzte. Macheysen war längere Zeit im Franziskanerkloster als Seelsorger tätig, hat die Schwestern auf dem Weg der Nachfolge geistlich begleitet und ihnen die Sakramente gespendet. Der Eindruck, den er auf Schwester Caritas ausübte, muss groß gewesen sein, denn im Brief an Kaspar Nützel beschreibt sie ihn als eine Säule in ihrem

Leben und bezweifelt, dass das Kloster jemals wieder so einen fähigen Seelsorger bekommen werde.[59]

Ähnliches gilt auch für die Visitationstätigkeit der Observantenvikare Wilhelm Bertho und Oliver Maillard im Klarissenkloster. Bertho war am 26. Januar 1481 zur Durchführung der kanonischen Visitation im Klarissenkloster eingetroffen. Da er die ernsthafte Nachfolge der Schwestern innerhalb der Observanzbewegung sehr schätzte, dankte er dem Kloster durch geistliche Zuwendungen.[60] In den Tagen der Visitation trat die junge Barbara Pirckheimer zum ersten Mal einer Autorität im Franziskanerorden gegenüber. Bedenkt man zudem noch die Tatsache, dass jede kanonische Visitation den Glauben der Schwestern in der Nachfolge Christi stärken will, so ist es wahrscheinlich, dass das Gespräch mit Bertho die junge Barbara Pirckheimer beeindruckt hat. Auch die Präsenz von Oliver Maillard hinterließ im Klarissenkloster einen nachhaltigen Eindruck. Der Dank der Schwestern für seine geistlichen Impulse[61] und seine vielfache Unterstützung drückt sich im Eintrag ihres Totenbuches aus.[62] Man darf annehmen, dass in den Gesprächen mit diesen Seelsorgern zeitgeschichtliches Wissen, theologische Lehrmeinungen, liturgische Vollzüge und geistliche Lebenshaltungen zur Sprache kamen. Auch wenn diese Gesprächsinhalte nicht aufgezeichnet und überliefert worden sind, bleibt ihre Funktion, den Glauben der Schwestern aufzubauen, dennoch gültig.

Auch der Nürnberger Patrizier und Wohltäter Anton Tucher gewann das Vertrauen von Schwester Caritas und wurde sogar in einer ordensinternen

---

59 Vgl. *Briefe* Nr. 99, 181, Caritas Pirckheimer an Kaspar Nützel: „Wir clagen inn pillig, wann wir inn geistlichen sachen vil lieb unnd trew ob 33 jarn von im entpfangen haben, die jar alle er sich tapferlich, ersam, peßerlich und tugentlich gegen unns gehalten hat. Glaub nit, das ich erleben wer, das wir erfarnus halb seinen geleichen überkumen weren [...] Ich hab inn in geistlichen sachen und E.W. in zeitlichen als fur 2 seul gehalten, an die ich mich geleynt hab. Die ein ist umbgefallen".

60 Vgl. KIST, *Klarissenkloster*, 102.

61 Vgl. STRAGANZ, *Ansprachen*, 68-85.

62 Vgl. KIST, *Klarissenkloster*, 103: „Der allerwürdigste Vater Oliverius Mayllardi ist III mal vicarius generalis gewest. Er hat unser convent XII mal heimgesucht mit aller vetterlichen trew, gunst und füderung; obiit zu Thalaß (Toulouse, Anm. des Autors) anno Domini MCCCCIII an sant Antonius tag von Padua; cuius anima requiescat in abisso benedicte Trinitatis".

Angelegenheit ins Vertrauen gezogen.⁶³ Doch dieses Vertrauen kann sie nur einem Mann gewähren, von dessen christlichem Glauben, seiner Diskretion und lokalpolitischen Kompetenz sie überzeugt war. Auch die langjährige caritative Tätigkeit Tuchers zugunsten der Schwestern hat mit Sicherheit ihren Eindruck auf Schwester Caritas hinterlassen.

All diese Begegnungen, Vertrauenserweise, die beeindruckenden, wohlwollenden Gesten und besonders die geistlichen Gespräche mit den Seelsorgern des Klosters bauten den Glauben von Schwester Caritas auf. Das gilt auch dann, wenn man keine direkten Textabhängigkeiten dieser geistlichen Impulse in ihren Schriften nachweisen kann.

5.4. Die erhaltenen Briefe

Die Briefe, die den Glauben von Schwester Caritas am meistens aufbauten, wurden ihr von Propst Sixtus Tucher (1459-1507) vor der Reformationszeit zugestellt. Liest man sie genauer, so erkennt man ihren lehrhaften Charakter, der bisweilen traktathafte Dimensionen erreicht. Sie enthalten vor allem frömmigkeitstheologische und humanistische Themen. Dabei berief er sich, ganz im Stil der spätmittelalterlichen Betrachtungsliteratur, auf die Interpretation des heiligen Hieronymus, den er als Lehrer des Gehorsams, der stoischen Weltüberwindung, der Kontemplation, der Gelehrsamkeit und der Jungfräulichkeit darstellte. Da er oftmals seine theologischen Gedanken mit der Figur dieses Kirchenlehrers in Einklang brachte, erscheint es fast, als wenn er das Lehrverhältnis des heiligen Hieronymus zu seiner römischen Freundinnen Paula und Eustochium auf sich und Schwester Caritas übertrage.⁶⁴

---

63 Vgl. *Briefe* Nr. 83, 165f., Caritas Pirckheimer an Anton Tucher: „das wir die Elßpet Teczlin, die auß dem closter Abenwergk mit cleinem gelympf gangen ist, in unßer closter aufnemen, fleuch ich zw E.W. als zw unßerm allergetrewsten vater und zwflucht und berger rat, wie ich mich verantwurten soll".

64 Vgl. ebd., Nr. 6, 37, Sixtus Tucher an Caritas Pirckheimer: „gehab dich wol allerliebst schwester und so du mit Paula und Eustachium unsers seligmachers und seiner hochwirdigen gepererin geschicht und that, als sant Hieronymus leret, bescheuelich betrachtet".

Kapitel III: Ursprünge des Glaubenskonzeptes

Bei der Lektüre der Briefe, die sie von ihrem Bruder Willibald erhalten hat, gewinnt man den Eindruck, dass Willibald zwar über ein großes philosophisches Wissen verfügte, aber dieses Wissen keineswegs als Ziel der menschlichen Glückseligkeit verstand. Bei all seinem politischen, juristischen, editorialen und administrativen Engagement war er durchaus ein gläubiger Christ, auch wenn sein Glaube zu Beginn der Reformationszeit angefochten war. Sein Glaube stand immer im Zusammenhang mit der von ihm durchdachten humanistischen Bildungsreform seiner Heimatstadt. Das innere Zusammenspiel von Humanismus und Religion spiegelt sich auch in den Briefen an seine Schwester.[65] Als er ihr seine lateinische Übersetzung von Plutarchs Werk „Von der späten Rache der Gottheit" widmete, erklärte er, dass nicht die verfängliche, sophistische Philosophie zum Glück führe, sondern die Philosophie, die die Seelen heile, die Sorgen nähme, die Leidenschaften banne und die Furcht besiege.[66] Als er ihr zwei Jahre später seine Glückwünsche zur Äbtissinnenwahl übermittelte, enthielt sein Brief christliche Gedanken zum Gehorsam. Bei aller Ehre, die die Stellung einer Äbtissin mit sich bringe, solle sie sich dennoch am Vorbild des gekreuzigten Christus orientieren, der Gott, dem Vater, bis zum Tod gehorsam ergeben war.[67] Pirckheimer versuchte stets die heidnische Gedankentiefe mit den Impulsen christlicher Spiritualität zu verbinden und seine Leser auf diese Weise für die ethischen Werte zu sensibilisieren.[68] Es war sein Zugang zum Christentum, und diese Geisteshaltung vermittelte er auch seiner Schwester Caritas. Seine literarische Position wird deutlich, wenn man ihren Mahnbrief an Konrad Celtis unter dem Gesichtspunkt der Weiterentwicklung heidnischer Gedanken liest. Obwohl Schwester Caritas

---

65 Vgl. VON IMHOFF, *Äbtissin*, 154-159.
66 Vgl. *Briefe*, Nr. 39, 87, Willibald Pirckheimer an Caritas Pirckheimer: „Non de captiosa (philosophia) illa et caviltrice loquor, quae nil aut parum ad bene beatque vivendum confert, sed de ea, quae Cicero inquit animis medetur, inanes sollicitudines detrahit, cupiditatibus liberat, timorresque omnes pellit".
67 Vgl. ebd., Nr. 36, 83, Willibald Pirckheimer an Caritas Pirckheimer: „oboedire necesse est tibique altissimi filium praeponas, qui usque ad mortem factus est oboediens, mortem autem crucis nobis ostendens, non decere condicionem servi esse meliorem domini".
68 Vgl. WUTTKE, *Widmung*, 141.

die Idee vom stufenweisen Emporsteigen zu Gott aus den Schriften des heiligen Bonaventura entnimmt, erkennt man dennoch den Einfluss ihres Bruders Willibald, der diesen Brief zudem sprachlich korrigiert hat. Der Weg zu Glaube und Ethik, der vom humanistischen Gedankengut ausgeht, war auch immer der Weg der Familie Pirckheimer.

Einige Impulse zum Glauben erhielt Schwester Caritas auch aus den Briefen des Humanisten und Juristen Christoph Scheurl (1481-1542). Als er ihr den edierten Sammelband über die Nützlichkeit der Heiligen Messe übersandte, fügte er dieser Sendung einige von ihm übersetzte und edierte antike Briefe hinzu, die über die Person, den Tod und die Auferstehung Jesu Christi berichten.[69] Darüber hinaus bestätigte er den Glaubensweg der Äbtissin, die Gelehrsamkeit mit der christlichen Spiritualität zu verbinden. In einem Brief aus Bologna vom 1. September 1506 benutzte er einen poetischen Vergleich, um den Glauben von Schwester Caritas zu würdigen. Wie ein Edelstein in Gold eingefasst und eine Rose von Lilien umgeben sei, so erhebe sich ihr Glaube aus der Bildung.[70] Scheurls Initiative bestätigte ihre Glaubenspraxis, verschaffte ihr eine neue theologische Lektüre und verhalf ihr zu größerem liturgischem Wissen.

Liest man die Briefe, die Kaspar Nützel an Schwester Caritas geschrieben hat, so spiegelt sich darin sein zwiespältiges Verhältnis von Verständnis und Ablehnung gegenüber der Äbtissin. Es gibt Textstellen, in denen er den Namen Gottes anruft, und oft verwendet er auch christliche

---

69 Vgl. *Briefe,* Nr. 66, 139, Christoph Scheurl an Caritas Pirckheimer: „Collegi etiam apud ecclesiasticos doctores maxima quaedam commoda, quae ex autitione missae et oratione pro defunctis assequimur, quae omnia in unum libellum redigi, qui ut in iustam magnitudinem excreseret, subnexa sunt nonnulla alia ab instituto nostro non aliiena, quae ut brevi lectione digneris et boni consulas". Pfanner fügt in einer Fußnote hinzu, dass es sich bei diesen antiken Briefen um folgende Schriften handelte: einen Brief an Kaiser Tiberius über die Gestalt Christi, einen Brief von Pilatus an Kaiser Tiberius über den Tod Christi, einen Brief des Pilatus an Claudius über Tod und Auferstehung Christi und um ein Zeugnis des Flavius Josephus aus dessen Buch „Antiquitates judaicae".
70 Vgl. *Briefe,* Nr. 66, 139, Christoph Scheurl an Caritas Pirckheimer: „Caeterum quam doctrina et religio nodo pulcherimo inter se copulentur conscienturque, tanquam bene conveniat, quam bene gemma auro clauditur et rose lilius contextur".

Kapitel III: Ursprünge des Glaubenskonzeptes

Grußformeln zu Beginn seiner Briefe.[71] Er versteht das zentrale Anliegen der Schwestern sehr wohl.[72] Sein verständnisvoller Vorschlag, die Auseinandersetzung um den wahren Glauben im gemeinsamen Gebet vor Gott zu tragen, muss zwischenzeitlich auch Hoffnungen in Schwester Caritas ausgelöst haben.[73] Aber grundsätzlich vertrat Kaspar Nützel in Glaubensfragen eine gegenteilige Meinung. Teilweise wurde die Auseinandersetzung mit Nützels Glaubenskonzept für Schwester Caritas sogar ein Impuls zum eigenen Glauben. Als Nützel nämlich seinen Glauben in einem Brief ohne den Einfluss der Vernunft beschrieb,[74] da erkannte sie auch deutlicher den Wert ihres eigenen, vernunftbezogenen Glaubens. Der christliche Glaube kann für sie niemals ohne den Gebrauch der Vernunft, ohne Pflichtbewusstsein und persönliche Verantwortung erfolgen. Sie verweist dazu auf viele ausgetretene Ordensleute in Nürnberg, die in freier Entscheidung diesem gefühlsbetonten Glauben folgten und nun unglücklich, verspottet und verzweifelt lebten.[75] In diesem Fall kam der Impuls für ihre eigene Glaubenskonzeption aus der Tatsache, dass viele ausgetretene Ordensleute, die den protestantischen Predigern gefolgt waren, im alltäglichen Leben ihr Glück nicht mehr fanden.

---

71 Vgl. *Denkwürdigkeiten,* 41: „Genad und fryd von got, unßerm vater und seinem eingeborn sun Jesu Cristo, unßerm erloßer und einigem furpitter".
72 Vgl. ebd., 42: „daz ir nit liebers wollt, denn den wollgefelligen willen gottes zu wißen [...] aber unwissend desselben wider ewr selbs gewissen in dem, daz dy selligkeit berurt, werd euch ganz beschwerlich einzulossen".
73 Vgl. ebd., 42: „so bed teyl in dem got, den almechtigen anruffen, sein genad werd darein mitgeteylt, dadurch wir zu rechter erkantnis kumen, darzu helf uns got, der vater, der sun und der heillig geist: Amen".
74 Vgl. ebd., 90: „myr auch die gnad von got so reylich teglich daut und regent... also das ich nachent gancz verzweyfelt euch wider die starcken groben strick, damit ir pisher gegürt und vor ewr eygner vernunft".
75 Vgl. ebd., 47: „das man uns gern auß dem closter betrügen wolt ls mancher armen tröpfin leyder geschehen ist, die sich solches ding haben lossen verfüern, sind darnarch zu gespot der leut und zu verzweyflung in ir gewissen kumen"; Woodford, *Nuns,* 86f.

5.5. Die Liturgie im Kloster

Nach den Normen der Kirche waren die Schwestern zum Breviergebet der kanonischen Horen verpflichtet und folgten dabei den Anweisungen der franziskanischen Observanzbewegung. Zu Beginn des 16. Jahrhunderts wurden im Kloster die Matutin, die Laudes, die Prim, die Terz, die Sext, die Non, die Vesper und die Komplet gebetet. Das Chorgebet wurde teilweise gesungen, und die Schwestern waren bekannt für ihre gute musikalische Interpretation der Psalmen.[76]

Weiterhin wurden den Klarissen im Laufe ihrer Geschichte einige liturgische Sondergenehmigungen erteilt. So erhielten sie bereits im Jahr 1379 durch eine päpstliche Vollmacht die Erlaubnis, am Fest der heiligen Klara und in der Oktav eine „nova historia" der heiligen Klara zu singen, sofern sie darüber nicht das vorgeschriebene Breviergebet vernachlässigten. Ebenso wurden die Devotionen der Laien in der Liturgie der Schwestern berücksichtigt.[77] Hinzu kamen weitere Schriftlesungen während der Mahlzeiten, die Buß- und Fastenvorschriften, die täglichen Zeiten des Schweigens, das persönliche Gebet einer jeden Schwester und die Benutzung gestifteter und wertvoller Gebrauchsgegenstände für die Liturgie, wie Kelche, Messbücher, Altartücher, Alben und Messgewänder.

Durch die Liturgie prägten sich im Bewusstsein der Schwestern bekannte Texte ein, die zugleich theologische Ideen, Konzepte und Lehrmeinungen vermittelten. Diese Gebetstexte erweiterten nicht nur den eigenen Kulturkreis der Schwestern über die aktuelle Problematik hinaus, sondern formten auch ihren Wortschatz, die Hermeneutik der alltäglichen Ereignisse, ihre Logik und ihre Rhetorik. Sie wurden zu Schlüsselelementen, mit deren Hilfe sie ihre gegenwärtige Situation verstanden und beschrieben.[78]

---

76 Vgl. KIST, *Klarissenkloster*, 105; TOGNALI, *Lasciateci la libertá*, 12.
77 Vgl. KIST, *Klarissenkloster*, 105. Kist erwähnt hier die liturgische Gestaltung am Fest der heiligen Barbara, die von den Laien Nürnbergs sehr verehrt wurde.
78 Vgl. MESSA, *Le fonti*, 200-204. Messa beschreibt hier diesen für Ordensgemeinschaften typischen Formationsprozess am Beispiel des heiligen Franziskus von Assisi. Padovese verweist sogar auf einen Zusammenhang zwischen einem Kommentar des heiligen Augustinus zum Johannesevangelium (Joh 12,1-16) im Breviergebet und dem

Die innere Dynamik der klösterlichen Liturgie war prägend für die Schwestern. Durch die ständige Wiederholung des Psalmengebets und durch die getragene Melodie des Chorgesangs drangen die Geheimnisse Gottes immer tiefer in ihre menschliche Existenz ein. Die Schwestern gaben Gott die empfangene Zeit zurück und empfingen sie erneut, durch das Ostergeheimnis bereichert. In diesem Prozess wird die Gottesbegegnung geschenkt. Durch die Unterordnung unter die kirchlich-liturgische Norm konnten sie zum Teil die beschwerlichen Alltagsereignisse relativieren und den tragenden Grund der göttlichen Verheißung zuverlässig erfahren. Dadurch kam es zur Selbstfindung der Schwestern, zur Vertiefung der theologischen Botschaft der Psalmen und zu Wirkungen auf das Alltagsleben im Kloster.[79]

Diese Gebetspraxis war ohne Zweifel ein entscheidender Impuls zum Glauben. Sie führte letztlich zu der Glaubensstärke, die für Schwester Caritas in der Auseinandersetzung mit den Protestanten so charakteristisch war.

6. Synthese zu den Ursprüngen des Glaubenskonzeptes

Die Ursprünge des Glaubenskonzeptes von Schwester Caritas sind vielfältig und berühren fast alle Bereiche des Lebens. Sie sind vergleichbar mit dem verzweigten Wurzelwerk eines Baumes, der seine Nährstoffe aus allen Schichten des Erdreichs aufnimmt.

Zunächst ist die Familientradition der Pirckheimers zu nennen. Der Wohlstand, der politische Einfluss, das Studium in Italien, der humanistische Zeitgeist, die Nutzung der Privatbibliothek und die große Gastfreundschaft waren unverkennbare Bestandteile im Familienleben der Pirckheimers.

Initiationsritus der heiligen Klara in das franziskanische Ordensleben am Tage ihrer Flucht aus dem Elternhaus; vgl. PADOVESE, La „tonsura", 402f.

79 Zur Theologie und Wirkung des Stundengebets vgl. DAHLGRÜN, Stundengebet, 278; HÄUSSLING, Identität, 214-281.

Diese Komponenten bildeten ohne Zweifel die Grundlage, auf der sich der Glaube von Schwester Caritas heranbilden konnte.

Der theologiegeschichtliche Hintergrund in Nürnberg ergänzte ihre bisherigen Lebenserfahrungen. Sie bemerkte den von Staupitz eingeleiteten religiösen Paradigmenwechsel, der vor allem die Auslegung des gnadenhaften Wirkens Gottes betraf. Anstatt des spätmittelalterlichen Begriffs der „nahen Gnade" Gottes, die immer auch ein mediales Ereignis war, stand nunmehr die prädestinierende Gnade Gottes im Mittelpunkt der Predigten. Gleichzeitig wurden die paulinische Theologie und die Aufforderung zur Bibellektüre artikuliert. Beide theologischen Konzepte findet man in den Schriften von Schwester Caritas.

Durch die Untersuchung der intertextuellen Ausdrucksweise wird deutlich, wie sehr ihr Glaube in der kirchlichen Tradition verwurzelt war. Dabei werden ihre Kenntnisse der patristischen und scholastischen Theologie ebenso klar wie ihr Verständnis biblischer Glaubenskonzepte. In diesem Zusammenhang verweist die intertextuelle Ausdrucksweise vor allem auf die Rechtfertigungslehre des Apostels Paulus. Seine Erklärung, dass die Rechtfertigung des Menschen vor Gott aus dem Glauben geschieht, der sich in der Liebe erfüllt, ist für das Glaubenskonzept von Schwester Caritas entscheidend. Weiterhin bezeugt die intertextuelle Untersuchung die rechte christliche Haltung gegenüber dem Leid. Ihre zahlreichen Anspielungen auf das Buch Hiob und die Endzeitreden im Matthäusevangelium lassen darauf schließen, dass auch die leidvollen Erfahrungen im Kloster ihren Glauben entscheidend geprägt haben.

Die Vermittlung dieses Glaubens geschah vor allem durch die Predigten der Franziskaner Heinrich Vigilis, Stephan Fridolin und Kaspar Schatzgeyer. Durch die Lektüre philosophischer, theologischer und humanistischer Literatur konnte sie die empfangenen Impulse zum Glauben noch vertiefen. Ihre Begegnungen mit den Visitatoren, Seelsorgern und Wohltätern hinterließen oftmals einen nachhaltigen Eindruck. Sie wurden für die Vermittlung und Stärkung ihres Glaubens bedeutsam, ohne dass man diese Impulse direkt in ihren Schriften nachweisen kann. Ähnliches gilt auch für den Briefverkehr mit Propst Sixtus Tucher, dem Juristen Christoph Scheurl, ihrem Bruder Willibald und dem Wohltäter Anton Tucher. Die Zuneigung dieser Menschen schuf in der Äbtissin die Bereitschaft zu hören, auch wenn die Briefe dieser Vertrauenspersonen nicht immer theologische Themen behandelten. Ein entscheidender Faktor zur Festigung ihres Glaubens war letztlich die Liturgie im Kloster. Durch das ständig wiederholte liturgische Gebet kam es zur Festigung ihres Glaubens, zur Selbstfindung ihrer Persönlichkeit und zur Begegnung mit dem Geheimnis Gottes.

Abschließende Wertung und Zusammenfassung

Wenn man voraussetzt, dass sich der christliche Glaube immer mit einem konkreten menschlichen Leben verbindet, kann man sagen, dass die Biographie von Schwester Caritas und die Verschriftlichung ihrer Erfahrungen die unerlässliche Grundlage bilden, um über ihren Glauben zu sprechen.

Die große Familie Pirckheimer war durch die Renaissance in Italien und durch das humanistische Gedankengut im Deutschen Reich stark geprägt. Die neuen Impulse im Geistesleben der Kultur und in Theologie nahm die junge Barbara Pirckheimer schon in frühen Jahren ihrer Erziehung in sich auf. Dabei erwies sich die Freiheit des Gewissens als ein wesentlicher Bestandteil der Familientradition. Ihre gebildete Großtante Katherina und die Diskussionen vieler gelehrter Gäste im Haus der Familie weckten schon frühzeitig in ihr eine Bildungsneugierde, die in ihren ersten Jahren im Klarissenkloster noch vervollständigt wurde.

Den Klarissen in Nürnberg war es nämlich gelungen, ihr Ordenscharisma durch eine eigenständige Übersetzung der Ordensregel und durch die Sammlung der damals verfügbaren Klaratradition zu aktualisieren. Der tägliche Lebensrhythmus im Kloster, der durch das Chorgebet, die Sakramente, die Hauskapitel, die Andachts- und Fastenvorschriften und die häuslichen Arbeiten streng geregelt war, verhalf dazu, dass die Schwestern ihr Ordenscharisma gut assimilieren konnten. Durch die ständige geistliche Begleitung der Franziskaner, die ihr eigenes Ordenscharisma durch die Observanzbewegung bereits erneuert hatten, erhielten die Klarissen die ordnenden Elemente, welche die neuen humanistischen Geistesströmungen dem christlichen Glauben zuordneten.

Der Briefkontakt von Schwester Caritas mit einigen führenden Humanisten, ihre humanistisch-rhetorische Gewandtheit und die andauernde Lektüre der Kirchenväter und scholastischen Theologen erhöhten ihr Bildungsniveau ständig. Durch ihre christliche Lebensführung vermochte sie zudem noch

Abschließende Wertung und Zusammenfassung

ihre menschlichen und intellektuellen Fähigkeiten derart zu entwickeln, dass sie schon bald zu einer anerkannten Persönlichkeit des geistlichen Lebens wurde. So war Schwester Caritas gut auf die Leitungsaufgabe des Klosters als Äbtissin vorbereitet und konnte in der konfliktreichen Auseinandersetzung mit den Protestanten ihren Glauben ausgezeichnet darstellen und verteidigen.

Aus der Untersuchung der Lebensdaten und des Bildungsstandes ergibt sich die Glaubenspraxis von Schwester Caritas. Trotz ihrer Leitungsaufgabe als Äbtissin traf sie alle Entscheidungen gemeinsam mit den Schwestern. Da die Schwestern aufgrund der veränderten zivilen Gesetzgebung plötzlich zur konfessionellen Minderheit in Nürnberg zählten, bemühte sich Schwester Caritas durch kluges Verhalten, ein friedliches Einvernehmen mit dem protestantischen Stadtrat zu erlangen und zugleich die unaufgebbaren Elemente des Ordenscharismas zu wahren. Ihr respekt- und spannungsvolles Verhältnis zum Klosterprokurator Kaspar Nützel war dabei ebenso ein Teil ihrer Glaubenspraxis wie auch die theologische und ethische Standfestigkeit in ihrem Briefwechsel.

Diese Ausdrucksformen ihres Glaubens sind um so höher zu bewerten, da sie auf dem Hintergrund von dauerhaften Leiderfahrungen geschahen. Die Drohungen mit den aufständischen Bauern, die ultimativen Forderungen des protestantischen Stadtrats, das zivilrechtliche Eingreifen in klosterinterne Strukturen, die demagogischen Predigten der Protestanten in der Klosterkirche, die ungebührlichen Reaktionen des Nürnberger Stadtpöbels und das gewaltsame Eingreifen von drei Patrizierfamilien in die Ordensberufung ihrer Töchter konnten das korrekte Verhalten der Äbtissin aus dem Glauben letztlich nicht beeinflussen. Hinzu kommt noch, dass ihr Handeln aus dem Glauben ohne den Beistand geistlicher Begleiter und ohne die Kraft der Sakramente geschah. Dieses bewundernswerte Glaubenszeugnis, in dem ihr Glaube zur Tat und zum „actus credendi" wird, wurde allein durch die Kraft des Gebets und der klösterlichen Liturgie getragen.

Dieser Glaube drückt sich in ihren Schriften aus und beruht oft auf biblischer oder theologischer Grundlage. Hier muss man vor allem die Klosterchronik der Klarissen aus den Jahren 1524 bis 1528 nennen, die unter dem Namen „Die Denkwürdigkeiten der Äbtissin Caritas Pirckheimer" bekannt geworden ist. Obwohl sie zunächst als chronologische Geschichtsschreibung der frühen Reformationszeit und als kollektives Selbstzeugnis des Nürnberger Klarissenkonventes zu bewerten ist, weist die Quelle doch entschieden über die Kriterien der Geschichtsschreibung hinaus. Immer wieder verbindet sie die geschichtlichen Ereignisse mit christlich-katholischer Spiritualität. Die Argumentation zu den Themen des christlichen Glaubens ist so überzeugend, dass man den Eindruck eines Glaubenszeugnisses bekommt, das tief in der christlichen Spiritualität verwurzelt ist.

Der Glaubenspraxis von Schwester Caritas steht ihr Glaubenskonzept gegenüber. Hier bringt die lexikographische Untersuchung ihre Überzeugung zum Ausdruck, die diese leidvolle und standhafte Glaubenspraxis inspiriert hat. Die hermeneutische Analyse der semantischen und syntaktischen Struktur sowie deren ontologischer Funktion führt zur Sinngebung dessen, was Schwester Caritas unter „Glaube" verstand.

Zunächst wird deutlich, dass sowohl der deutsche wie auch der lateinische Wortstamm sprachlich einen persönlichen, vertrauensvollen und mit der Vernunft begründeten Akt der Hingabe ausdrücken. Im Sprachgebrauch des beginnenden 16. Jahrhunderts wurde dieser Wortstamm teilweise auch vom Demutsgedanken durchdrungen, so dass „glaub" eher die demütige, vertrauensvolle und bewusste Hingabe bezeichnete, bevor Martin Luther mit einem neuen religiösen Paradigma auch die Wortbedeutung dieses Schlüsselwortes variierte. Wendet man diese Erkenntnisse auf die Schriften von Schwester Caritas an, so wird deutlich, dass „Glaube" für sie die persönliche, vertrauensvolle, demütige und begründete Hingabe ihres Lebens an Gott bedeutet. Ihr Glaube unterscheidet sich von Leichtgläubigkeit und Vertrauensseligkeit, da er plausible Argumente in die Erkenntnis integriert. Dies wird in ihrem Umgang mit der protestantischen Erkenntnistheorie deutlich erkennbar.

Die Adjektive, die sie dem Wort „Glaube" hinzufügt, präzisieren diesen Begriff nochmals. Diese Eigenschaftsworte erweitern zusätzlich die Bedeutung des Schlüsselwortes und wirken als semantischer Kegel in den Text hinein. Dabei erschließen sich anthropologische Kriterien ihres Glaubens. Ihr Glaube ist frei, ungezwungen, wahrhaft, ungeheuchelt, handlungsorientiert und gebunden an die Normen der damaligen Rechtsprechung. Von besonderer Bedeutung ist das Kriterium der Gewissensfreiheit, das in der Familientradition der Pirckheimers äußerst wichtig war. In Verbindung mit diesen anthropologischen Merkmalen wird ihr Glaube zum Existential.

Die Deklinierung des Schlüsselwortes „Glaube" im Hinblick auf die syntaktische Struktur im Text führt anschließend zu ersten theologischen Ergebnissen. Die Deklinierungen des Schlüsselwortes „Glaube" lassen Bezüge zu den theologischen Formalprinzipien der scholastischen Theologie erkennen, und man bemerkt feine Differenzierungen, wenn sie von ihrem Glauben spricht. Sie unterscheidet nämlich mit den angewendeten theologischen Formalprinzipien den Glauben, den sie bekennt vom Glaubenszeugnis anderer, was sie bestärkte. Sie unterscheidet den vernünftig durchdachten Glauben von dem übermittelten Glauben der Apostel. Sie trennt das innere Gefühl des wahren Glaubens vom ausdrücklichen Glaubensbekenntnis der Kirche. Damit bindet sie ihren Glauben an das traditionelle Glaubensverständnis der Kirche. Selbst dort, wo die theologischen Differenzen mit den Protestanten dogmatisch noch nicht geklärt waren, ist ihre grundsätzliche Zustimmung zum Glauben der Kirche nicht berührt. Allerdings lässt sich aufgrund der Quellenlage nicht sagen, inwieweit ihr die theologischen Formalprinzipien bewusst waren. An der exakten Ausdrucksweise ihres Glaubens ändert diese Tatsache jedoch nichts.

Setzt man anschließend das Schlüsselwort „Glaube" in den „Denkwürdigkeiten" zu anderen bedeutsamen Worten in Beziehung, erscheinen neben den anthropologischen Kriterien ihres Glaubens auch einige theologische Elemente. Weiterhin ergeben sich Hinweise auf einen lehrmäßigen Kontext, an dem sich die Darstellung ihres Glaubens orientiert hat. Die Untersuchung der soteriologischen Begriffe des christlichen Glaubens, wie „Glaube", „Rechtfertigung", „Liebe" und „Werke" führt zur Rechtfertigungstheologie des Apostels Paulus. Wie Paulus erklärt auch sie, dass der Mensch durch den Glauben vor Gott gerechtfertigt sei, doch erfülle sich der Glaube in der Liebe und werde in den Werken der Nächstenliebe sichtbar. Das scholastische Formalprinzip „fides caritate formata" wird deutlich in ihren Schriften erkennbar. Damit bezieht sie die Werke der Nächstenliebe in ihren Glauben ein, öffnet ihn auf die Bedürftigkeit der

Mitmenschen und entgeht damit der Versuchung, den Glauben nur auf die eigene Rechtfertigung zu beziehen.

Die Ursprünge dieses Glaubenskonzeptes sind vielschichtig. Zu Beginn steht sicherlich die humanistische Familientradition der Pirckheimers, in der die lebensspendende Kraft des Geistes und die Freiheit des Gewissens eindeutige Grundsätze waren. Bedeutsam wurde auch der theologische Paradigmenwechsel in Nürnberg, der zur Frömmigkeitstheologie führte. Durch Staupitz' Predigten eingeleitet, wurde eine Theologie verkündet, die Intelligenz und Frömmigkeit in sich vereinigte und sich dann der Verkündigung zuwandte. Die Auswirkungen dieses neuen theologischen Verständnisses findet man auch in den Schriften von Schwester Caritas. Den Großteil ihrer Argumente entnahm sie ihrem bewundernswerten theologischen Hintergrundwissen. Da sie die Angewohnheit der ständigen Lektüre besaß, konnte sie in ihrer Beweisführung auf die Gedanken vieler patristischer, monastischer und scholastischer Theologen zurückgreifen, deren Ideen sie wenigstens in Grundzügen kannte. Diese Gedanken sowie auch biblische Glaubenskonzepte treten in ihren Schriften durch die intertextuelle Ausdrucksweise deutlich hervor. Doch auch die leidvolle Situation im Klarissenkloster hinterließ ihre Spuren im Glaubensverständnis von Schwester Caritas. Es waren eben nicht nur die großen Ideen, die ihren Glauben formten, sondern auch das tägliche Gemeinschaftsleben der Schwestern, die unter dem vom protestantischen Stadtrat herbeigeführten Druck litten. Hier sind es die Zitate aus den Endzeitreden im Matthäusevangelium oder die Anspielungen auf die beschwerliche Missionstätigkeit des Apostels Paulus in Korinth, welche die eigenen Erfahrungen beglaubigen.

Ein solcher Glaube muss vermittelt werden. Neben der Lektüre waren es besonders die franziskanischen Seelsorger, wie Heinrich Vigilis, Stephan Fridolin und Kaspar Schatzgeyer, die den Glauben von Schwester Caritas durch ihre unermüdliche Predigt- und Seelsorgstätigkeit nachhaltig beeinflusst haben. Sie erklärten die Grundzüge der Frömmigkeitstheologie und erteilten in ihren Kanzelvorträgen kathechetische Unterweisungen. Aufgrund der theologischen Bildung von Kaspar Schatzgeyer darf man annehmen, dass er ab 1517 auch versuchte, die neuen theologischen Impulse von Martin Luther einzuschätzen. Auch die Begegnungen mit den kanonischen Visitatoren und den Wohltätern haben Schwester Caritas beeindruckt, auch wenn man diese Impulse nicht direkt in ihren Schriften nachweisen kann. Ähnliches gilt für die empfangenen Briefe von ihrem Bruder Willibald, dem Patrizier Anton Tucher, dem Juristen Christoph Scheurl und von Propst Sixtus Tucher, dessen Korrespondenz aufgrund seiner tiefen Freundschaft zu Schwester Caritas eine Sonderstellung einnimmt. Von besonderer Bedeutung war allerdings die tägliche Liturgie im Kloster. Das Psalmengebet und die tägliche Schriftlesung bewahrten durch den Wiederholungscharakter des Gebetes und seiner musikalischen Ausgestaltung die christliche Identität von Schwester Caritas. Das gilt vor allem für die Jahre 1525 bis zu ihrem Tod, als ihr die geistliche Begleitung und der sakramentale Beistand verwehrt blieben.

Der so herangereifte Glaube von Schwester Caritas Pirckheimer, der in ihren Schriften bezeugt ist, darf daher als ihre persönliche, vertrauensvolle, demütige und wissende Hingabe ihres Lebens an Gott verstanden werden. Mit all seinen anthropologischen und theologischen Kriterien stützte sich ihr Glaube während der Reformationszeit hauptsächlich auf die Rechtfertigungslehre des Apostels Paulus. Er hat sich in einer konfliktreichen Zeit bewährt und mag heute wie ein leuchtender Diamant erscheinen, der sich unter ungeheurem Druck geformt hat.

Anhang:
Die Zuordnung der Briefliteratur zu den Lebensdaten

Die Zuordnung der Briefliteratur zu den Lebensdaten der Äbtissin hilft, die Briefe besser in die Biographie und den Gesamtkontext der deutschen Geschichte einzuordnen. Durch die periodischen Tabellen werden Absender, Empfänger, Datum und Inhalt des Briefes ersichtlich, Für den Lebensabschnitt von 1479 bis 1503 ergibt sich folgendes Bild:

Brief Nr.	Absender	Empfänger	Datum	Inhalt	Ereignis im Umfeld
1	Caritas Pirckheimer	Konrad Celtis	25. April 1502	Mahnung an Celtis bezgl. seines sittl. Verhaltens	
99	Sixtus Tucher	Caritas Pirckheimer	Juli 1503	Stellungnahme zu einem Ordenseintritt	
110	Sixtus Tucher	Caritas Pirckheimer	Dezember 1503	Gedanken zum Thema Jungfräulichkeit	
111	Sixtus Tucher	Caritas Pirckheimer	Dezember 1503	Zerstreuung bei geistlichen Übungen	
112	Sixtus Tucher	Caritas Pirckheimer	vor 20. Dez. 1503	Sorge um Caritas´ Gesundheit	
113	Sixtus Tucher	Caritas Pirckheimer	vor 20. Dez. 1503	Widerstand gegen die Versuchung	

Anhang

Brief Nr.	Absender	Empfänger	Datum	Inhalt	Ereignis im Umfeld
114	Sixtus Tucher	Caritas Pirckheimer	20. bis 25. Dez. 1503	Glückwunsch zur Wahl	20. Dez. 1503 Wahl zur Äbtissin
115	Sixtus Tucher	Caritas Pirckheimer	vor 25. Dez. 1503	Wünsche zum Weihnachtsfest	
116	Sixtus Tucher	Caritas Pirckheimer	ohne Datum	geistliches Wohl von A. Tucher	
117	Sixtus Tucher	Caritas Pirckheimer	ohne Datum	Empfindungen für Caritas Pirckheimer	

Caritas' erste Jahre als Äbtissin waren geprägt von der Verwaltungsarbeit und auch von ihrem Bildungsstreben. Die aus diesen Jahren erhaltene Korrespondenz spiegelt diese Themen auch genau wieder. So ergibt sich für den Lebensabschnitt von 1503 bis 1524 folgendes Bild:

Brief Nr.	Absender	Empfänger	Datum	Inhalt	Ereignis im Umfeld
36	Willibald Pirckheimer	Caritas Pirckheimer	nach 20. Dez. 1503	Glückwunsch zur Wahl	Wahl zur Äbtissin
19	Sixtus Tucher	Caritas Pirckheimer	Fastenzeit 1503	Wunsch, Gottes Gaben zurück zu erstatten	
21	Sixtus Tucher	Caritas Pirckheimer	nach Neujahr 1504	Dank für ein Geschenk	
37	Willibald Pirckheimer	Caritas Pirckheimer	vor 14. März 1504	Dank für Gebet	
20	Sixtus Tucher	Caritas Pirckheimer	nach 17. Mai 1504	Beileid zum Tod der Schwägerin	17. Mai 1504 †C. Rieter

Brief Nr.	Absender	Empfänger	Datum	Inhalt	Ereignis im Umfeld
22	Sixtus Tucher	Caritas Pirckheimer	1505	Dank für geistl. Rat bei Krankheit	
23	Sixtus Tucher	Caritas Pirckheimer	1505	Sorge um körperliche Gesundheit	
24	Sixtus Tucher	Caritas Pirckheimer	1505	Sorge um Besuch einer pestkranken Schwester	1505 Pestepidemie in Nürnberg
48	Caritas Pirckheimer	Papst Julius II.	19. Juli 1505	Bitte um Ablass	
25	Sixtus Tucher	Caritas Pirckheimer	nach 27. Aug. 1505	Beileid zum Tod eines Franziskaners	† 1505 Johannes Keller von Kaysersberg
26	Sixtus Tucher	Caritas Pirckheimer	nach Sept. 1505	Trost bei längerer Krankheit	
27	Sixtus Tucher	Caritas Pirckheimer	1505	Trost bei Krankheit	
28	Sixtus Tucher	Caritas Pirckheimer	Januar 1506	Neujahrsglück-wünsche	
66	Christoph Scheurl	Caritas Pirckheimer	1. Sept. 1506	Wertschätzung der Äbtissin	1. Sept. 1506 Edition der „Utilitates missae"
29	Sixtus Tucher	Caritas Pirckheimer	Sept. 1506	Begleitbrief für ein Geschenk	
30	Sixtus Tucher	Caritas Pirckheimer	ohne Datum	Nachdenken über Phasen geistlicher Trockenheit	
31	Sixtus Tucher	Caritas Pirckheimer/A. Tucher	ohne Datum	Leidensmystik	

Anhang

Brief Nr.	Absender	Empfänger	Datum	Inhalt	Ereignis im Umfeld
32	Christoph Scheurl	Caritas Pirckheimer und Konvent	ohne Datum	geistlicher Lehrbrief über das Glück des Menschen	
6	Christoph Scheurl	Caritas Pirckheimer/A. Tucher	23. Dez. 1506	Mitteilung seiner Promotion	
68	Christoph Scheurl	Caritas Pirckheimer	vor 1507	Mitteilung persönl. Wertschätzung	
49	Caritas Pirckheimer	Lazarus Holzschuher	ohne Datum	Frage nach verlorenem Pfandbrief	
70	Christoph Scheurl	Caritas Pirckheimer	September 1507	Bitte um Vermittlung an W. Pirckheimer	
51	Caritas Pirckheimer	Michael Behaim	1507	Neujahrsglück-wünsche	
69	Christoph Scheurl	Caritas Pirckheimer	12. Mai 1507	persönl. Anredeform	
78	Caritas Pirckheimer	Anton Tucher	22.Dez. 1507	Dank für Stücke aus dem Nachlass Tuchers	† 1507 S. Tucher
71	Christoph Scheurl	Caritas Pirckheimer, A. Tucher	5. Jan. 1509	Tod von Sixtus Tucher	
72	Christoph Scheurl	Caritas Pirckheimer	Juni bis Juli 1509	Bitte um einen Rosenkranz aus Tuchers Nachlass	
50	Caritas Pirckheimer	Bürgermeister, Stadtrat Nördlingen	13. Juli 1509	Änderung eines Zinstermins	
79	Caritas Pirckheimer	Anton Tucher	2. Dez. 1509	Dank für Geld u. Weinlieferung	

Brief Nr.	Absender	Empfänger	Datum	Inhalt	Ereignis im Umfeld
52	Benedictus Chelidonius	Caritas Pirckheimer	1511	Widmung zum „Marienleben"	
38	Caritas Pirckheimer	Willibald Pirckheimer	vor 1513	Rat in Zinsangelegenheit	
74	Christoph Scheurl	Caritas Pirckheimer	7. Mai 1513	Daten über Papst Leo X.	11. März 1513, Papstwahl Leo X.
39	Willibald Pirckheimer	Caritas Pirckheimer	1. Juni 1513	Widmungsbrief zur Edition von Plutarch	
40	Caritas Pirckheimer	Willibald Pirckheimer	Juni 1513	Dankesbrief für Eddition von Plutarch	
75	Christoph Scheurl	Caritas Pirckheimer	10. Aug. 1513	Erlaubnis, die Klausur zu betreten	
80	Caritas Pirckheimer	Anton Tucher	Sep. 1514	Dank für Almosen	
88	Caritas Pirckheimer	Kaspar Nützel	15. Dez. 1514	Glückwunsch zum Amt des Kurators	1514, Nützel zum Klosterkurator ernannt
89	Caritas Pirckheimer	Kaspar Nützel	1515	Abrechnung zur Finanzkontrolle	
83	Caritas Pirckheimer	Anton Tucher	1515	Rat bzgl. einer ausgetretenen Ordensfrau	
41	Willibald Pirckheimer	Caritas Pirckheimer	Weihnachten 1516	Widmungsbrief zu Werken des Gregor von Nazianz	
42	Caritas Pirckheimer	Willibald Pirckheimer	1517	Rückzahlung von Zinsen	
54	Caritas Pirckheimer	Veronika Bernhart	1517	Liegenschaftsfrage	

Anhang

Brief Nr.	Absender	Empfänger	Datum	Inhalt	Ereignis im Umfeld
55	Papst Leo X.	Caritas Pirckheimer	6.Aug. 1517	Indult zur Nutzung der Orgel	
90	Caritas Pirckheimer	Kaspar Nützel	13. Aug. 1517	Dank für Hilfe bei Gebäudeeinsturz	
81	Caritas Pirckheimer	Anton Tucher	14. Aug. 1517	Dank für Weinlieferung	
84	Caritas Pirckheimer	Anton Tucher	ohne Datum	Dank für Übersendung von Fischen	
85	Caritas Pirckheimer	Anton Tucher	ohne Datum	Vermittlung eines neuen Kaplans	
56	Johannes Macheysen	Caritas Pirckheimer	17.Sept. 1517	Lockerung der Fastenregel für kranke Schwestern	
82	Caritas Pirckheimer	Anton Tucher	13. Nov. 1517	Dank für eine neue Orgel	
86	Caritas Pirckheimer	Anton Tucher	2. Jan. 1518	Glückwunsch zum Neuen Jahr	
91	Caritas Pirckheimer	Kaspar Nützel	31. Aug. 1518	gute Wünsche für seine öffentl. Aufgaben	
92	Caritas Pirckheimer	Kaspar Nützel, Albrecht Dürer, Lazarus Spengler	3. Sept. 1518	Neuerungen in Augsburg und Nürnberg	
93	Caritas Pirckheimer	Kaspar Nützel	12. Sept. 1518	politische Angelegenheiten	1518 Reichstag zu Augsburg
94	Caritas Pirckheimer	Kaspar Nützel	um 11. Nov. 1518	Trost in Nützels Krankheit	

Anhang

Brief Nr.	Absender	Empfänger	Datum	Inhalt	Ereignis im Umfeld
95	Caritas Pirckheimer	Kaspar Nützel	Weihnachten 1518	Trost und Arznei bei Krankheit	
87	Caritas Pirckheimer	Anton Tucher	Dez. 1518	Dank für ein Geschenk	
96	Caritas Pirckheimer	Kaspar Nützel	7. Mai 1519	Einkleidungsfeier von Klara Nützel	
97	Caritas Pirckheimer	Kaspar Nützel	nach Mai 1519	Rat bzgl. einer Kapitalanlage	
57	Johannes Cochläus	Caritas Pirckheimer	22. Dez. 1519	Widmung zur Fulgentiusedition	
43	Willibald Pirckheimer	Caritas Pirckheimer	23. Dez. 1519	Genesis der Fulgentiusedition	
58	Caritas Pirckheimer	Hector Pömer	nach 4. Juli 1520	Glückwunsch zur Amtsübernahme als Propst	
98	Kaspar Nützel	Caritas Pirckheimer	11. März 1521	Bestätigung von Privilegien	27. Jan. bis 26. Mai 1521, Reichstag zu Worms und Wormser Edikt
99	Caritas Pirckheimer	Kaspar Nützel	21. März 1521	Brief zum Tod des Johannes Macheysen	† 8. März 1521 Johannes Macheysen
100	Caritas Pirckheimer	Kaspar Nützel	nach 28. Nov. 1521	Freude über Nützels Rückkehr aus Worms	
59	Caritas Pirckheimer	Felicitas Imhoff	28. Dez. 1521	Warnung vor Protestantismus	
60	Caritas Pirckheimer	Hieronymus Emser	6. Juni 1522	Lob seiner kathol. Schriften	
101	Caritas Pirckheimer	Kaspar Nützel	November 1522	Bitte um Rechnungsprüfung	

Anhang

Brief Nr.	Absender	Empfänger	Datum	Inhalt	Ereignis im Umfeld
103	Caritas Pirckheimer	Kaspar Nützel	Advent 1524	Bitte um Intervention im Stadtrat	

Für den Lebensabschnitt von 1524 bis 1528 ergibt sich für die Korrespondenz, die nicht in den „Denkwürdigkeiten" verarbeitet ist, folgendes Bild:

Brief Nr.	Absender	Empfänger	Datum	Inhalt	Ereignis im Umfeld
61	Caritas Pirckheimer	anonymer Ordensmann	18. Juni 1525	Situation im Konvent	
102	Caritas Pirckheimer	Kaspar Nützel	vor 15. Juli 1525	Zinserhebung	
104	Caritas Pirckheimer	Kaspar Nützel	Oktober 1525	leidvolle Situation im Konvent	
105	Caritas Pirckheimer	Kaspar Nützel	November 1525	Immobilienstreit eines Mitbürgers	
106	Caritas Pirckheimer	Kaspar Nützel	1525	Zinsverhalten des Klosters	
62	Caritas Pirckheimer	Markgraf Georg von Ansbach	8. Nov. 1525	Mahnbrief Protestantismus	
44	Willibald Pirckheimer	Caritas Pirckheimer	vor 1529	Vorrede zur Schutzschrift (unvollendet)	

Für ihren letzten Lebensabschnitt von 1529 bis 1532 ergibt sich folgendes Bild:

Brief Nr.	Absender	Empfänger	Datum	Inhalt	Ereignis im Umfeld
63	Caritas Pirckheimer	Rat der Stadt	23. Juni 1529	Verteidigung gegen Verleumdung	

64	Caritas Pirckheimer	Kilian Leib	7. März 1530	Rat bzgl. Gelübde	
65	Sebald Pfinzig	Caritas Pirckheimer	ohne Datum	Liegenschaftsfrage	

Bibliographie

1. Quellen

AURELIUS AUGUSTINUS, *De Trinitate*, in: CCL 50 A, Turnhout 1968.
– *Sermones de Vetere Testamento*, in: CCL 41,1, Turnhout 1961.
BERNARDUS DE CLARAVAL, *Sermones super cantica canticorum, Sermo 43*, in: *S. Bernardi Opera*, Bd. 2, Roma 1958, 41-44.
BONAVENTURA DE BAGNOREGIO, *Commentaria in quatuor libros sententiarum magistri Petri Lombardi*, Bd. 2, in: BONAVENTURA DE BAGNOREGIO, *Opera omnia*, Bd. 2, Quaracchi 1885.
– *Breviloquium*, in: BONAVENTURA DE BAGNOREGIO, *Opera omnia*, Bd. 5, Quaracchi 1891.
– *Itinerarium mentis in Deum*, in: BONAVENTURA DE BAGNOREGIO, *Opera omnia*, Bd. 5, Quaracchi 1891.
CYPRIANUS THASCIUS CAECILIUS, *De ecclesiae catholicae unitate*, in: CCL 3, Turnhout 1972, 249-268.
GREGORIUS MAGNUS, *Moralia in Job*, in: CCL 143, Turnhout 1979.
HIERONYMUS, *Ad Eustochium*, in: CSEL 54, *Sancti Hieronymi Epistulae*, Wien 1996, 143-211.
– *Ad nepotianum presbyterum*, in: CSEL 54, *Sancti Hiernonymi Epistulae*, Wien 1996, 418-441.
– *Ad Paulinum presbyterum*, in: CSEL 54, Sancti Hieronymi Epistulae, Wien, 1996, 527-541.
JOHANNES GERSON, *De mystica theologia, pars 2*, hrsg. von André COMBES, Lugano 1957.
KASPAR SCHATZGEYER, *Scrutinium divinae scripturae pro conciliatione dissidentium dogmatum*, hrsg. von Heinz Ulrich SCHMIDT, Münster 1922.
LUTHER MARTIN, *Kirchenpostille*, in: WA 10/1, Weimar 1910.
– *In XV Psalmos graduum*, in: WA 40/3, Weimar 1930.
– *De captivitate Babylonica ecclesiae praeludium*, in: WA 6, Weimar 1888.

Bibliographie

- *De votis monasticis Martini Lutheri iudicum*, in: WA 8, Weimar 1889.
- *Die Promotionsdisputation von Palladius und Tilemann*, in: WA 39/1, Weimar 1926.
- *In epistolam S. Pauli ad Galatas commentarius*, in: WA 40/2, Weimar 1914.
- *Vorrede zum Römerbrief*, in: WA 56, Weimar 1897.
- *De servo arbitrio*, in: WA 18, Weimar 1908.
- *Vom Abendmahl Christi*, in: WA 26, Weimar 1909.

PFANNER, Josef (Hrsg.): *Briefe von, an und über Caritas Pirckheimer aus den Jahren 1498-1530*, in: *Caritas-Pirckheimer-Quellensammlung*, Heft 3, Landshut 1966.

- *Die „Denkwürdigkeiten" der Caritas Pirckheimer*, in: *Caritas-Pirckheimer-Quellensammlung*, Heft 2, Landshut 1962.

REICKE, Emil (Hrsg.): *Willibald Pirckheimers Briefwechsel*, Bd. 1, München 1940.

RENNER, Frumentius (Hrsg.): *Die Denkwürdigkeiten der Äbtissin Caritas Pirckheimer*, St. Ottilien 1982 [zitiert als **Denkwürdigkeiten**]

THOMAS DE AQUINO, *Summa Theologiae, II-II*, in: THOMAS DE AQUINO, *Opera Omnia* (Editio Leonina), Bd. 8, Rom 1895.

2. Literatur

ALMQUIST, Helge: *Plutarch und das Neue Testament. Ein Beitrag zum Corpus Hellenisticum Novi Testamenti*, Uppsala 1946.

AUGUSTIJN, Cornelis: *Erasmus von Rotterdam. Leben, Werk, Wirkung*, München 1986.

BARR, James: *The semantics of biblical language*, London 1961.

BARTOLINI, Rino (Hrsg.): *Nella tua tenda per sempre. Storia delle Clarisse, un'avventura di ottocento anni*, Assisi 2005.

BIZER, Ernst: *Fides ex auditu. Eine Untersuchung über die Entdeckung der Gerechtigkeit Gottes durch Martin Luther*, Neukirchen 1966.

BONMANN, Ottokar: *Eine unbekannte, alte Weihnachtsansprache der Äbtissin*

von St. Clara-Nürnberg anläßlich einer Visitation, in: An heiligen Quellen 30 (1937), 8-10.
- *Eine unbekannte Weihnachtsansprache der Caritas Pirckheimer*, in: FS 24 (1937), 182-189.
- *Eine Konferenz des Mystikers Stephan Fridolin bei den Nürnberger Klarissen. Erste Veröffentlichung eines alten Textes*, in: An heiligen Quellen 29 (1936), 367-373.

BURGER, Christoph: *Direkte Zuwendung zu den „Laien" und Rückgriff auf Vermittler in spätmittelalterlicher, katechetischer Literatur*, in: HAMM, Berndt / LENTES, Thomas (Hrsg.): *Spätmittelalterliche Frömmigkeit zwischen Ideal und Praxis*, Tübingen 2001, 85-109.

BUSSMANN, Hadumod: *Lexikon der Sprachwissenschaft*, Stuttgart 2008.

DAHLGRÜN, Corinna: *Stundengebet*, in: TRE 32, 276-280.

DEICHSTETTER, Georg (Hrsg.): *Caritas Pirckheimer, Ordensfrau und Humanistin, Vorbild für die Ökumene. Festschrift zum 450. Todestag*, Köln 1982.
- *Kurzbiographie der Äbtissin Caritas Pirckheimer*, in: RENNER, Frumentius (Hrsg.): *Die Denkwürdigkeiten der Äbtissin Caritas Pirckheimer*, St. Ottilien 1982, VII-XV.

Deutsches Wörterbuch von Jakob und Wilhelm Grimm, Bd. 2, Leipzig 1860; Bd. 5, Leipzig 1897; Bd. 7, Leipzig 1949.

DIEFENBACHER, Michael: *Nützel von Sündersbühl*, in: NDB 19, Berlin 1999, 373.

DI MAIO, Andrea: *Piccolo glossario bonaventuriano. Prima introduzione al pensiero e al lessico di Bonaventura da Bagnoregio*, Roma 2008.

DI SCIASCIO, Francesco: *Fulgenzio di Ruspe, un grande discepolo di Agostino contro le „Reliquiae Pelagianae pravitatis" nei suoi epigoni*, Roma 1941.

DREYER, Mechthild: *Fides quaerens intellectum*, in: LThK 3, Freiburg – Basel – Rom – Wien 1995, 1275f.

DROBNER, Hubertus R.: *Lehrbuch der Patrologie*, Freiburg – Basel – Wien 1994.

DURWEN, Anna: *Zum Verhältnis der „Chronica Ordinis Minorum" Nikolaus Glasbergers und der lateinischen Fassung der Klarissenchronik*, in: VOSDING, Lena (Hrsg.): *Schreib die Reformation in Munchen gancz daher. Teiledition und historische Einordnung der Nürnberger Klarissenchronik (um 1500)*, Nürnberg 2012, 59-87.

ECKERT, Willehad Paul / VON IMHOFF, Christoph: *Willibald Pirckheimer, Dürers Freund im Spiegel seines Lebens, seiner Werke und seiner Umwelt*, Köln 1971.

EMEIS, Dieter: *Sakrament, praktisch, theologisch*, in: LThK 8, Freiburg – Basel – Rom – Wien 1999, 1450f.

FABRIS, Rinaldo: *Prima lettera ai Corinzi*, Milano 1999.

FAGIOLI VERCELLONE, Guido: *Fedele, Cassandra*, in: *Dizionario biografico degli Italiani*, Bd. 45, Rom 1995, 566-568.

FEHRING, Günter Paul / RESS, Anton: *Die Stadt Nürnberg*, München 1982.

FLEISCHMANN, Peter: *Älteste Nachricht über Caritas Pirckheimer im Klarakloster (1481)*, in: Pirckheimer-KAT, 110.

– *Baubüchlein des Klaraklosters*, in: Pirckheimer-KAT, 115.

FORCELLINI, Egidio: *Lexicon totius latinitatis*, Bd. 2, Padua 1940.

FUCHS, Franz: *Hans Pirckheimer (†1492), Ratsherr und Humanist*, in: Pirckheimer-JB 21, Mainz 2006, 9-44.

FÜRST, Heinrich:*„Ecclesia semper reformanda". Reformen des Klarissenklosters Nürnberg*, in: Pirckheimer-FS, Köln 1982, 86-102.

GAMMERSBACH, Suitbert: *Studien zu Caritas Pirckheimer, Äbtissin des St. Klara Klosters in Nürnberg, 1467-1532*, in: Rhenania Franciscana 4 (1990), 7-78; in Kurzfassung auch veröffentlicht in: JAUCH, Robert (Hrsg.), *Franziskanische Frauengestalten*, Kevelaer 2001, 130-140.

GATZ, Erwin (Hrsg.): *Die Bischöfe des Heiligen Römischen Reiches, 1448 bis 1648, ein biographisches Lexikon*, Berlin 1996.

GATZ, Johannes: *Was unternahmen die Franziskaner für einen Caritas Pirckheimer Prozeß?*, in: Vita Fratrum 7 (1970), 128-149.

GNILKA, Joachim: *Das Matthäusevangelium*, Bd. 1-2, Freiburg – Basel – Wien 1986; 1988.

GRIMM, Heinrich: *Emser*, in: NDB 4, 488f.

GUTH, Klaus: *Caritas Pirckheimer (1467-1532). Kloster und Klosterleben in der Herausforderung der Zeit*, in: Pirckheimer-KAT, München 1982, 13-25.

HÄUSSLING, Angelus Albert: Christliche Identität aus der Liturgie, Münster

1997.

HAMM, Berndt: *Religiösität im späten Mittelalter*, Tübingen 2001.
- *Hieronymus-Begeisterung und Augustinismus vor der Reformation. Beobachtungen zur Beziehung zwischen Humanismus und Frömmigkeitstheologie (am Beispiel Nürnbergs)*, in: HAGEN, Kenneth (Hrsg.): *Augustine, the harvest and theology (1300-1650). Essays dedicated to Heiko Augustinus Oberman in honor of his sixtieth birthday*, Leiden – New York – Kopenhagen – Köln 1990.
- *Promissio, pactum, ordinatio. Freiheit und Selbstbindung Gottes in der scholastischen Gnadenlehre*, Tübingen 1977.
- *Wollen und Nicht-Können als Thema der spätmittelalterlichen Bußseelsorge*, in: HAMM, Berndt / LENTES, Thomas (Hrsg.): *Spätmittelalterliche Frömmigkeit zwischen Ideal und Praxis*, Tübingen 2001, 111-146.
- *Between severity and mercy: Three models of pre-reformation, urban preaching: Savonarola, Staupitz, Geiler*, in: BAST, Robert J. / GOW, Andrew C. (Hrsg.): *Continuity and Change: The Harvest of Late Medieval and Reformation History; Essays dedicated to Heiko A. Oberman on his seventieth birthday*, Leiden – Boston – Köln 2000, 312-358.

HARMENING, Dieter: *Eine unbekannte Handschrift aus dem Klarakloster zu Nürnberg mit einer Briefnotiz über Caritas Pirckheimer*, in: Jahrbuch für fränkische Landesforschung 32 (1972), 45-54.

HAUSCHILD, Wolf-Dieter: *Gnade, dogmengeschichtlich*, in: TRE 13, 490.

HENTZE, Willi: *Kirche und kirchliche Einheit bei Desiderius Erasmus von Rotterdam*, Paderborn 1974.

HESS, Ursula: *Oratrix humilis. Die Frau als Briefpartnerin von Humanisten am Beispiel der Caritas Pirckheimer*, in: WORSTBROCK, Franz J. (Hrsg.): *Der Brief im Zeitalter der Renaissance* (Mitteilung der Kommission für Humanismusforschung, 9), Weinheim 1983, 173-203.

HEUZEY, Jules-Philippe: *Un convent persécuté au temps de Luther: Mémoires de Charité Pirckheimer*, Paris 1905.

HEYNK, Valens: *Zur Rechtfertigungstheologie des Kontroverstheologen Kaspar Schatzgeyer*, in: FS 28 (1941), 129-151.

HILPERT, Konrad: *Gewissen, theologisch*, in: LThK 4, 621-626.

HIRSCH, Emanuel: *Drei Kapitel zu Luthers Lehre vom Gewissen*, Gütersloh 1954.

HOLZHEY, Helmut (Hrsg.): *Grundriss der Geschichte der Philosophie* (Die Philosophie der Antike), Bd. 2,2, Basel 2007.

HORST, Friedrich: *Hiob*, Neukirchen-Vluyn 1968.

HÜBNER, Hans: *Wahrheit*, in: EWNT, Stuttgart 1992, 161-206.

VON IMHOFF, Christoph: *Das Donauried, Urheimat der Pirckheimer*, in: Pirckheimer-KAT, 47f.

– *Die eigenwillige Nürnberger Äbtissin. Caritas Pirckheimer und ihr Bruder Willibald*, in: Pirckheimer-FS, Köln 1982, 154-159.

– *Willibald Pirckheimer, Bürger, Ratsherr, Kriegsmann und Humanist*, in: ECKERT, Willehad Paul / VON IMHOFF, Christoph: *Willibald Pirckheimer, Dürers Freund im Spiegel seines Lebens, seiner Werke und seiner Umwelt*, Köln 1971, 7-41.

ISERLOH, Erwin: *Luther auf der Wartburg und die reformatorische Bewegung in Wittenberg*, in: HKG 4, 11-44.

– *Der Bauernkrieg*, in: HKG 4, 140-145.

– *Der gebannte Mönch vor dem Reichstag zu Worms*, in: HKG 4, 77, 81

– *Die Protestation von Speyer und das Marburger Religionsgespräch*, in: HKG 4, 250-262.

– *Der Reichstag zu Augsburg*, in: HKG 4, 263-274.

– *Kaspar Schatzgeyer (1463-1527)*, in: ISERLOH, Erwin (Hrsg.), *Katholische Theologen der Reformationszeit, Bd. 1*, Münster 1984, 56-64.

– *Die Eucharistie in der Darstellung des Johannes Eck*, Münster 1950.

JUNG, Martin H.: *Die Begegnung Melanchtons mit Caritas Pirckheimer*, in: Jahrbuch für fränkische Landesforschung 56 (1996), 235-258.

KASPER, Walter: *Katholische Kirche, Wesen, Wirklichkeit, Sendung*, Freiburg – Basel – Wien 2011.

KERTELGE, Karl: *Gerechtigkeit*, in: EWNT 1, Stuttgart 1982.

– *Rechtfertigung bei Paulus. Studien zur Struktur und zum Bedeutungsgehalt des paulinischen Rechtfertigungsbegriffs*, Münster 1966.

KIST, Johannes: *Das Klarissenkloster in Nürnberg bis zu Beginn des 16. Jahrhunderts*, Nürnberg 1929.

- *Heinrich Vigilis, ein Franziskanerprediger am Vorabend der Reformation*, in: Zeitschrift für bayrische Kirchengeschichte 13 (1938), 144-150.
- *Caritas Pirckheimer, ein Frauenleben im Zeitalter des Humanismus und der Reformation*, Bamberg 1948.

KNACKMUSS, Susanne: *Die Äbtissin und das schwarze Schaf*, in: Collectanea Fraciscana 73 (2003), 93-159.

- *„Meine Schwestern sind im Kloster..." Geschwisterbeziehungen des Nürnberger Patriziergeschlechts Pirckheimer zwischen Klausur und Welt, Humanismus und Reformation*, in: Historical Social Research / Historische Sozialforschung 30 (2005), Nr. 3, 80-106.
- *Fuit studiosissima collectrix insignis bibliotecae*, in: Marginalien 1 (2003), 32-40.

KÖPF, Ulrich: *Passionsfrömmigkeit*, in: TRE 27, Berlin – New York 1997, 722-764.

KRABBEL, Gerta: *Caritas Pirckheimer, ein Lebensbild aus der Zeit der Reformation*, Münster 1940.

KRÜGER, Friedhelm: *Gewissen, Mittelalter und Neuzeit*, in: TRE 13, Berlin – New York 1984, 219-225.

KURRAS, Lotte: *Gutachten zum Prozeß um das Eheversprechen der Barbara Löffelholz mit Sigmund Stromer*, in: Pirckheimer-KAT, 51

- *Stephan Fridolin, Predigten für die Nürnberger Klarissen*, in: Pirckheimer-KAT, 98.
- *Thascius Caecilius Cyprianus, Gesammelte Werke*, in: Pirckheimer-KAT, 101

KURRAS, Lotte / MACHILEK, Franz (Hrsg.): *Caritas Pirckheimer 1467-1532. Eine Ausstellung der katholischen Stadtkirche Nürnberg*, München 1982.

KUSTER, Niklaus: *San Damiano und der päpstliche Damiansorden. Die spannungsvolle Gründungsgeschichte der Klarissen im Licht der neuesten Forschung*, in: ZAHNER, Paul (Hrsg.), *Lebendiger Spiegel des Lichtes: Klara von Assisi*, Münster 2013, 19-121.

LAGIER, Annuntiata: *Festliche Tage in St. Klaren in Nürnberg*, in: Pirckheimer-FS, Köln 1982, 161-169.

LANDMANN, Florenz: *Zum Predigtwesen der Straßburger Franziskanerprovinz in der letzten Zeit des Mittelalters*, in: FS 15 (1928), 316-348.

LECLERCQ, Jean: *La dottrina dei sermoni sul cantico*, in: *Opere di San Bernardo, Sermoni sul Cantico dei cantici Bd. 1*, Milano 2006, 11-14.

LIES, Lothar: *Fides qua – Fides quae*, in: LThK 3, 1274f.

LIPPE-WEISSENFELD HAMER, Eva: *Virgo docta, virgo sacra. Untersuchungen zum Briefwechsel Caritas Pirckheimers*, in: Pirckheimer-JB 14, Wiesbaden 1999, 121-156.

– *Caritas Pirckheimer, das Klara-Kloster und die Einführung der Reformation*, in: Pirckheimer-JB 15/16, Wiesbaden 2000/01, 239-247.

VON LOEWENICH, Walther: *Charitas Pirckheimer*, in: Jahrbuch für fränkische Landesforschung 31 (1971), 35-51.

LORZ, Jürgen: *Kommentar zu den beiden Unterweisungen des Wenzeslaus Link*, in: Pirckheimer-FS, Köln 1982, 119-129.

LOHSE, Bernhard: *Luthers Theologie in ihrer historischen Entwicklung und in ihrem systematischen Zusammenhang*, Göttingen 1995.

LYONS, John: *Semantik, Bd. 1*, München 1980.

– *Einführung in die moderne Linguistik*, München 1995.

MACHILEK, Franz: *Menschenwürde und Gewissensfreiheit. Caritas Pirckheimer und die Reformation in Nürnberg*, in: BUCHER, Rainer / FUCHS, Ottmar / KÜGLER, Joachim (Hrsg.): *In Würde leben. Interdisziplinäre Studien zu Ehren von Ernst Ludwig Grasmück*, Luzern 1998, 49-71.

– *Klosterhumanismus in Nürnberg um 1500*, in: Mitteilung des Vereins für Geschichte der Stadt Nürnberg 64 (1977), 10-45.

MACKENZIE, Paul A.: *Caritas Pirckheimer, a journal of the Reformation years 1524-1528*, Cambridge 2006.

H. MASCHEK, Hermann: *Zur Geschichte des Humanismus im Franziskanerorden*, in: Archivum Franciscanum Historicum 28 (1935), 574-579.

MATTICK, Renate: *Eine Nürnberger Übertragung der Urbanregel für den Orden der hl. Klara und der ersten Regel für die Armen Schwestern*, in: FS 69 (1987), 171-232.

MCGRATH, Alister E.: *The intellectual origins of the european reformation*, Cambridge 1987.

MESSA, Pietro: *Le fonti patristiche negli scritti di Francesco di Assisi*, Assisi 1999.

MÜLLER, Gerhard / SEEBASS, Gottfried (Hrsg.): *Andreas Osiander d. Ä.,*

Gesamtausgabe: Schriften und Briefe April 1525 bis Ende 1527, Gütersloh 1977.

MUSSNER, Franz: *Der Jakobusbrief*, Freiburg – Basel – Wien 1981.

NEUMANN, Hans: *Der „Minne-Spiegel" und Mechthild von Magdeburg*, in: Zeitschrift für deutsche Philologie 73 (1954), 217-226.

NEUNER, Peter: *Der Glaube, subjektives Prinzip der theologischen Erkenntnis*, in: HFTh 4, Freiburg 1968, 48.

OBERMAN, Heiko A.: *Werden und Wertung der Reformation. Vom Wegstreit zum Glaubenskampf*, Tübingen 1977.

– *The reformation, roots and ramifications*, Edinburgh 1994.

– *Wir sein pettler. Hoc est verum. Bund und Gnade in der Theologie des Mittelalters und der Reformation*, in: Zeitschrift für Kirchengeschichte 78 (1967), 232-252.

OLIGER, Livarius: *De quibusdam operibus Fr. Nicolas Glasberger*, in: Archivum Franciscanum Historicum 13 (1920), 388-402.

OSIANDER, Wolfgang: *Die Reformation in Franken. Andreas Osiander und die fränkischen Reformatoren*, Gunzenhausen 2008.

PADBERG, Rudolf: *Erasmus als Katechet*, Freiburg 1956.

PADOVESE, Luigi: *La „tonsura" di Chiara: gesto di consacrazione o segno di penitenza?*, in: COVI, Davide / DOZZI, Dino (Hrsg.): *Chiara, francescanesimo al femminile*, Napoli 2004, 393-406.

PESCH, Otto Hermann: *Glaube, anthropologisch*, in: LThK 4, Freiburg – Basel – Rom – Wien 1995, 666f.

– *Rechtfertigung, Begriff*, in: LThK 8, Freiburg – Basel – Rom – Wien 1999, 882.

– *Hinführung zu Luther*, Ostfildern 2004.

– *Zur Frage nach Luthers reformatorischer Wende. Ergebnisse und Probleme der Diskussion um Ernst Bizer, Fides ex auditu*, in: Catholica 20 (1966), 216-243.

PETERS, Christian: *Werke, kirchengeschichtlich*, in: TRE 35, 633-641.

PFANNER, Josef: *Caritas Pirckheimer – Biographie der Äbtissin*, in: Pirckheimer-FS, Köln 1982, 45-59.

PRÜMM, Karl: *Das Dynamische als Grundaspekt der Heilsordnung in der Sicht des Apostels Paulus*, in: Gregorianum 42 (1961), 643-700.

RAFFELT, Albert: *Gratia supponit naturam*, in: LThK 4, Freiburg – Basel – Rom – Wien 1995, 986-988.

RATSCHOW, Carl Heinz: *Konfession, Konfessionalität*, in: TRE 19, 419-426.

RAPP, Francis: *La pieté d´une maîtresse femme. La dernière abbesse des Clarisses de Nuremberg: Caritas Pirckheimer (1467-1532)*, in: SCHMITT, Jean-Claude (Hrsg.): *Femmes, art et religions au Moyen Âge*, Strasbourg 2004, 195-212.

ROSE, Miriam: *Fides caritate formata; Das Verhältnis von Glaube und Liebe in der Summa Theologiae des Thomas von Aquin*, Göttingen 2007.

ROUSSEY, Marie Colette: *Regard sur l'histoire des clarisses*, Paray-le-Monial 1979-1982.

RUH, Kurt: *Das St. Klara Buch*, in: Wissenschaft und Weisheit 46 (1983), 192-206.

SCHEFFCZYK, Leo: *Der Mensch als mittätiger Empfänger der Gnade*, in: SCHEFFCZYK, Leo / ZIEGENAUS, Anton (Hrsg.): *Katholische Dogmatik*, Bd. 6, Aachen 1998, 324-492.

SCHLIER, Heinrich: *Der Römerbrief*, Freiburg – Basel – Wien 1977.

SCHLOTHEUBER, Eva: *Humanistisches Wissen und geistliches Leben. Caritas Pirckheimer und die Geschichtsschreibung im Nürnberger Klarissenkonvent*, in: Pirckheimer-JB 21, Wiesbaden 2006, 89-118.

SCHMIDT, Georg: *Protestation von Speyer*, in: TRE 27, Berlin – New York 1997, 580-582.

SCHNEIDER, Gerhard: *Die Apostelgeschichte, Bd. 2*, Freiburg – Basel – Wien 1982.

SCHNEIDER, Johannes: *Klara nördlich der Alpen: Das Nürnberger „Sand Claren Buch"*, in: ZAHNER, Paul (Hrsg.): *Lebendiger Spiegel des Lichtes: Klara von Assisi*, Münster 2013, 143-160.

SCHOCKENHOFF, Eberhard: *Gewissensfreiheit*, in: LThK 4, 628f.

SCHOTTENLOHER, Karl: *Die Widmungsvorrede im Buch des 16. Jahrhunderts*, Münster 1953.

SCHÜRMANN, Heinz: *Das Lukasevangelium, Bd. 1-2*, Freiburg – Basel –Wien 1982; 1994.

SECKLER, Max: *Christentum*, in: LThK 2, 1105-1117.

– *Katholisch als Konfessionsbezeichnung*, in: Theologische Quartalschrift

145 (1965), 401-431.
- *Glaube, systematisch, theologisch und theologiegeschichtlich*, in: LThK 4, 672-685.
- *Fides ex auditu*, in: LThK 3, 1995, 1273f.

SEEBASS, Gottfried: *Der Nürnberger Rat und das Religionsgespräch vom März 1525*, in: Jahrbuch für fränkische Landesforschung 34/35 (1975), 467-499.
- *Osiander*, in: NDB 19, 608-610.

SEEGETS, Petra: *Passionstheologie und Passionsfrömmigkeit im ausgehenden Mittelalter. Der Nürnberger Franziskaner Stephan Fridolin († 1498) zwischen Kloster und Stadt*, Tübingen 1998.

SERAPHIM, Hans-Christian: *Geben und Nehmen oder Nehmen und Geben. Caritas Pirckheimer und Sixtus Tucher*, in: Pirckheimer-FS, Köln 1982, 147-153.

SLENCZKA, Reinhard: *Glaube im reformatorischen Verständnis*, in: LThK 4, 686-689.

SÖDING, Thomas: *Das Liebesgebot bei Paulus. Die Mahnung zur Agape im Rahmen der paulinischen Ethik*, Münster 1995.

STAMM, Heinz-Meinolf: *Luthers Stellung zum Ordensleben*, Wiesbaden 1980.

STOCK, Konrad: *Vernunft*, in: TRE 34, Berlin – New York 2002, 737.

STRAGANZ, Max: *Ansprachen des Fr. Oliverius Maillard an die Klarissen zu Nürnberg*, in: FS 4 (1917), 68-85.

STUMPF, Christoph A.: *Scheurl*, in: NDB 22, 715-717.

SYNDIKUS, August (Hrsg.): *Das Grab der Caritas Pirckheimer, Äbtissin des St. Klaraklosters in Nürnberg*, Landshut 1961.

TERZER, François: *La résistance de l'abbesse Caritas Pirckheimer (Nuremberg 1525)*, in: Revue des sciences religeuses 80 (2006), 21-41.
- *Caritas Pirckheimer 1467-1532, une femme voilée de liberté, une biographie historique*, Strasbourg 2010.

THEOBALD, Michael: *Rechtfertigung, Frühjudentum, Neues Testament*, in: LThK 8, 884-889.

TOGNALI, Chiara Amata: *Lasciateci la libertá! Caritas Pirckheimer e la vita religiosa nella bufera della riforma*, Padova 2013.

VEUTHEY, Léon: *La connaissance mystique*, in: Miscellanea franciscana

54 (1954), 29-54.
VORGRIMLER, Herbert: *Sakrament, theologie- und dogmengeschichtlich*, in: LThK 8, 1999, 1440.
WAILES, Stephen L.: *The literary relationship between Conrad Celtis and Caritas Pirckheimer*, in: METZGER, Erika A. / SCHADE, Richard E. (Hrsg.), *Sprachgesellschaften – Galante Poetinnen* (Literary Societies / Literary Women), Amsterdam – Atlanta 1989, 423-440.
WENDEL, Saskia: *„Handle danach, und du wirst leben ". Ein Rückblick auf das „Jahr des Glaubens"*, in: Herder Korrespondenz 67 (2013), 565-569.
WIENAND, Adam: *Caritas Pirckheimer und Konrad Celtis*, in: Pirckheimer-FS, Köln 1982, 129-139.
WOODFORD, Charlotte: *Nuns as historians in early modern Germany*, Oxford 2002.
WRIEDT, Markus: *Staupitz*, in: NDB 25, 95f.
WUTTKE, Dieter: *Widmung einer Schrift Plutarchs an Caritas Pirckheimer*, in: Pirckheimer-KAT, 141.

Über den Autor

Michael Kleinhans, Jahrgang 1958, ist seit 1977 Franziskaner und seit 1986 Missionar in Brasilien. Dort arbeitete er von 1989 bis 2009 in der Priesterausbildung und den Basisgemeinden. An der päpstlichen Universität der Franziskaner in Rom erwarb er im Juni 2011 die Lehrerlaubnis für Universitäten. Mit der vorliegenden Doktorarbeit über den Glauben der Äbtissin Caritas Pirckheimer wurde er 2014 zum Doktor in Theologie promoviert.

In der Reihe
Werkstatt Franziskanische Forschung
sind bisher erscheinen

Band 1:
Regel und Leben. Materialien zur Franziskus-Regel, 1.
Norderstedt: Books on Demand GmbH, 2007. – 148 S.
ISBN 978-3-8370-0388-8 / Preis 8,90 € (D)

Band 2:
„Vena vivida – Lebendige Quelle". Texte zu Klara von Assisi und ihrer Bewegung.
I: Deutsche und niederländische Zeugnisse zur hl. Klara.
Norderstedt: Books on Demand GmbH, 2008. – 209 S.
ISBN 978-3-8370-4189-7 / Preis 11,50 € (D)

Band 3:
Johannes Schneider (Hrsg.):
Regel und Leben. Materialien zur Franziskus-Regel, 2.
Norderstedt: Books on Demand GmbH, 2009. – 184 S.
ISBN 978-3-8370-2709-9 / Preis 9,90 € (D)

Band 4:
Sigismund Verheij:
„Ins Land der Lebenden". Die Regel der Franziskus von Assisi für die Minderbrüder. Materialien zur Franziskus-Regel, 3.
Norderstedt: Books on Demand GmbH, 2009. – 192 S.
ISBN 978-3-8391-0375-3 / Preis 10,00 € (D)

Band 5:
Leonhard Lehmann / Johannes Schneider (Hrsg.):
Die Heilige Klara in Kult und Liturgie. Vena vivida – Lebendige Quelle. Texte zu Klara von Assisi und ihrer Bewegung, II.
Norderstedt: Books on Demand GmbH, 2010. – 212 S.
ISBN 978-3-8391-6434-1 / Preis 11,50 € (D)

Band 6:
Elisabeth Bäbler / Susanne Ernst / Elisabeth Zacherl (Hrsg.):
Katharina (Vigri) von Bologna (1413–1463). Leben und Schriften. Vena vivida – Lebendige Quelle. Texte zu Klara von Assisi und ihrer Bewegung, III.
Norderstedt: Books on Demand GmbH, 2012. – 311 S.
ISBN 978-3-8482-1026-8 / Preis 16,00 € (D)

Band 7:
Leonhard Lehmann (Hrsg.):
Das Testament des hl. Franziskus. In Erinnerung an Kajetan Eßer OFM (1913–1978) zum 100. Geburtstag. Regel und Leben – Materialien zur Franziskus-Regel, 4 Norderstedt: Books on Demand GmbH, 2013. – 284 S.
ISBN 978-3-7322-4120-0 / Preis 14,90 € (D)

Band 8:
Michael Kleinhans:
Der Glaube in den Schriften der Äbtissin Caritas Pirckheimer. Vena vivida – Lebendige Quelle. Texte zu Klara von Assisi und ihrer Bewegung, IV. Norderstedt: Books on Demand GmbH, 2015. – 205 S.
ISBN 978-3-